民國歷史與文化研究

初　編

第 23 冊

抗戰期間國民政府僑務政策及其實施（上）

陳　國　威　著

花木蘭文化出版社

國家圖書館出版品預行編目資料

抗戰期間國民政府僑務政策及其實施（上）／陳國威 著 -- 初
版 -- 新北市：花木蘭文化出版社，2015〔民104〕
目 2+166 面；19×26 公分
（民國歷史與文化研究 初編；第 23 冊）
ISBN 978-986-404-159-6（精裝）
1. 僑務 2. 國民政府
628.08   103027672

ISBN-978-986-404-159-6

民國歷史與文化研究
初　編　第二三冊   ISBN：978-986-404-159-6

抗戰期間國民政府僑務政策及其實施（上）

作　　者　陳國威
總 編 輯　杜潔祥
副總編輯　楊嘉樂
編　　輯　許郁翎
出　　版　花木蘭文化出版社
社　　長　高小娟
聯絡地址　235 新北市中和區中安街七二號十三樓
　　　　　電話：02-2923-1455／傳真：02-2923-1452
網　　址　http://www.huamulan.tw 信箱 hml 810518@gmail.com
印　　刷　普羅文化出版廣告事業
初　　版　2015 年 3 月
定　　價　初編 32 冊（精裝）台幣 56,000 元

抗戰期間國民政府僑務政策及其實施（上）

陳國威　著

作者簡介

陳國威，1968 年出生廣東湛江，曾求學於南京大學，獲歷史學博士學位。現為廣東嶺南師範學院基礎教育學院副教授，講授《史學概論》、《中外文化交流史》、《中國古代經濟史》、《廣東民俗》等課程；主要從事民國華僑史、中外文化交流史、心理史學等方面的研究，曾在《華僑華人歷史研究》、《史學月刊》、《社會科學戰線》等刊物發表學術論文 25 篇，參與編寫著作 3 部，參與國家級項目與教育部課題各 1 項，主持市級項目 1 項。

提　　要

　　本書將抗戰時期國民政府的僑務政策及其實施作為研究對象，詳細分析了相關僑務理念、僑務機構組織結構、政策內容及運作等，指出了此期間國家僑務政策運作實際有兩大中樞存在。僑委會主管國內僑務，歸屬行政系統；海外部統轄海外工作，隸屬黨務系統；兩者都在運行僑務政策。黨務系統的加入，壯大了僑務行政的力量，促使僑務政策得以更好地執行。在僑務政策上，國民政府或出臺，或調整動員政策、僑團政策、保僑政策、經濟政策、文化教育政策等。一方面動員華僑積極捐輸支持國內抗戰，為華僑的捐輸創造條件、掃除障礙；另一方面盡力保證戰時華僑的安全和利益，有效保僑護僑；同時也不放鬆文教事業，鞏固和加大與海外華僑之間的維繫力。其中最得力的是動員政策。此外僑務政策運作過程中出現的中央和地方權力紛爭情況，也是值得關注的一個重要問題。從總體上來講，抗戰時期國民政府的僑務政策取得了不錯的效果，包括支持抗戰；保僑護僑以及整合海外僑團，促進了民族主義的培養等，這為國家的僑務工作法制化、組織化、協調化積累了寶貴的經驗。抗戰時期國民政府的僑務政策及實施雖然也存在不少缺陷和不足，但整體上我們應給予一個肯定的評價。

緒　論

一、選題與意義

　　客觀地說，將研究視角投射於華僑這一領域，無疑地受到了筆者來自廣東這一因素的影響。廣東被譽爲中國第一僑鄉，據廣東省僑辦統計，目前全球粵籍華僑華人已超 2000 萬，港澳同胞 500 多萬。對於近代以來始引人注目的廣東來說，其近現代的發展又與海外華僑華人發生著千絲萬縷的聯繫，特別是現代。學者龍登高就說過：「改革開放前，人們探討廣東省落後原因，幾乎都會眾口一詞地認爲，最重要的原因之一是『毗鄰港澳，華僑眾多』，導致『階級鬥爭複雜……』。改革開放後，廣東迅速崛起，人們又一致評說其重要原因仍然是『毗鄰港澳，華僑眾多』。可見，無論在什麼時代背景下，『毗鄰港澳，華僑眾多』的確都是深刻影響廣東社會經濟發展的極其重要的因素。這個變量是如此重要，以致它能影響社會經濟發展的速度和水平。」〔註 1〕不僅如此，放眼全球看，華僑華人廣泛分佈，對世界政治、經濟、文化都產生過並仍在繼續產生著影響。據統計，目前華僑華人總數 3300 萬人，主要分佈在五大洲的 151 個國家。其中，亞洲 34 個國家，華僑華人人數爲 2664 萬，占全球華僑華人總數的 80%。美洲 39 個國家，華僑華人爲 502 萬，占總數的 15.1%；歐洲 25 個國家，華僑華人 94 萬人，占 2.8%；大洋洲 17

〔註 1〕 龍登高：《僑鄉經濟發展論綱》，載周南京主編：《華僑華人百科全書·總論卷》，中國華僑出版社，2002 年，第 573、572 頁。

個國家，56.3 萬人，占 1.7%；非洲 36 個國家，125650 人，占 0.4%。華僑華人最多的國家是印尼，711.5 萬；其次是泰國 649.7 萬；再其次是馬來西亞551.54 萬。新加坡 243.56 萬；菲律賓 102 萬；緬甸 100 萬；越南 100 萬；老撾 16 萬，文萊 5.3 萬；東南亞 9 國佔了全球華僑華人總數的 74.5%。美國華僑華人人數約為 280 萬，若加上加拿大的 96 萬，北美 2 國占總數的 11.6%。〔註2〕隨之而來的，華僑華人研究的領域也是比較寬廣的。「華僑華人歷史是一門新興的國際性學科，涉及到中外關係和國際關係，又是一門邊緣性學科，涉及到歷史學、民族學、社會學、政治學、經濟學、人口學、考古學和心理學等等，這是一門尚待開拓、探索和深入研究的新興學術領域。」〔註3〕臺灣學者陳烈甫甚至認為，華僑華人研究應上昇為一門學科 —— 華僑華人學〔註4〕。

　　不過，也正因為如此，究竟從何角度切入這個也許將成為一門新學科的領域，曾令筆者躊躇不已。求學之地南京給了我第二個靈感。南京，作為南京國民政府的首都，曾經是中國的心臟，筆者在關注中華民國這段歷史的時候發現，國民黨、南京國民政府與華僑一直保持著密切的關係。尤其是在特殊的抗戰時期，海外華僑華人為祖國抗戰勝利做出了巨大的貢獻，他們捐款輸物，甚至直接走上打擊日本帝國主義的戰場。個中原因，最受宣揚的是愛國主義精神、民族主義情感等等 —— 當然這是非常主要的 —— 不過，我們都知道任何事情如果僅憑熱情和感性，沒有周密的計劃、合乎規範的操作和理性的制約是無法成功地完成的；而且也不是單方面的努力就能達成的。而事實上，八年（或者更長）時間的捐助和支持，持續時間之長，實施之有組織性，以及成果和績效，都顯示出國外華僑的援助是有組織的，國內也是有與其相呼應的主體的。查閱資料的過程中，筆者發現，當時的南京國民政府在其中扮演了十分重要的角色。

　　制度、政策是政府行為的重要標誌，研究國民政府的僑務工作，自然要研究其僑務政策，但有關這段歷史的僑務政策的研究目前顯得相當薄弱，李

〔註2〕 丘立本：《經濟全球化與華僑華人研究》，載周南京主編：《華僑華人百科全書‧總論卷》，第 50 頁。

〔註3〕 周南京：《華僑華人問題概論》，載周南京主編：《華僑華人百科全書‧總論卷》，第 6 頁。

〔註4〕 見陳烈甫：《華僑學與華人學總論》，臺灣商務印書館，1987 年。

安山在他的《中國華僑華人研究的歷史與現狀概述》中說：「對民國時期的僑務政策及 1949 年以來的華僑政策尚缺乏力作」。〔註 5〕筆者發現，此文雖寫於 2002 年，但這一判斷放在目前的境況仍然適用——有關研究狀況，筆者將在學術史部分詳細論及。沿著這樣的思路，我最終將研究對象確定爲「抗戰時期國民政府的僑務制度和僑務政策」。

對於這一課題的研究，我認爲有兩方面的意義。

首先，史學方面的意義：1、關於南京國民政府相關制度政策研究的專著不少，涉及諸多領域。如，陳雁《抗日戰爭時期中國外交制度研究》（復旦大學出版社，2002 年）、姜良芹《南京國民政府內債問題研究（1927～1937）——以內債政策及運作績效爲中心》（南京大學出版社，2003 年）、馬軍《國民黨政權在滬糧政的演變及後果》（上海古籍出版社，2006 年）、黃建華《國民黨政府的新疆政策研究》（民族出版社，2003 年）、王淩霄《中國國民黨新聞政策之研究（1928～1945）》（〔臺北〕近代中國，1996 年）、黃振鋮《土地政策與土地法》（中國土地經濟學社，1949 年）等等。但有關專門論述抗戰時期僑務政策方面的專著卻未見，少量的論述只於其他一些研究體系當中。本文則專門地、系統地對國民政府抗戰時期的僑務政策做了梳理。2、南京國民政府的僑務政策是其行政運行機制的內容之一，對其研究有助於我們更完整地把握整個中華民國政治史。3、在今天的學術領域，由於受到文化史的衝擊，制度史、政治史大有旁落的趨勢。其實，上層史學的研究對於史學本身具有更核心的價值和意義，更能體現出史學研究的精神；以史資政，更是中國治史的傳統。

其次，現實方面的意義。「史學如若不能爲現實服務，也許它將失去存在的價值。將會爲社會所遺忘，目前史學地位的旁落就是這一問題的客觀折射。」〔註 6〕中華民國時期的僑務政策研究的現實意義在於：1、如今，全球化不斷推進，移民行爲仍在繼續。如 2002 年大約就有 13 萬中國人向法國申請簽證，法國給其中的 11 萬人發放了簽證〔註 7〕；而自 20 世紀 80 年代以來，法國華人社會的總量是持續攀升的；據 2003 年 9 月 27 日《歐洲時報》

〔註 5〕 李安山：《中國華僑華人研究的歷史與現狀概述》，周南京主編：《華僑華人百科全書‧總論卷》，第 1027 頁。

〔註 6〕 蘇全有：《清末郵傳部研究》，中華書局，2005 年，第 28 頁。

〔註 7〕 宋全成：《歐洲移民研究：20 世紀的歐洲移民進程與歐洲移民問題化》，山東大學出版社，2007 年，第 358 頁。

的報導，法國華僑華人人口總數已經從上世紀 50 年代的不足 3000 人，猛增到大約 45 萬人。〔註8〕同時海外華僑社會對世界的影響也愈來愈大。而這些華僑華人無論走得多遠，都同中國、中華民族存在著一種難以割斷的聯繫。總結歷史上的經驗，無疑對今天的中國政府處理同海外華僑華人的關係會有所幫助。歷史上各個階段都存在著排華事件，以後還會存在下去，如何保護我國域外公民以及與我國具有血統、文化淵源的海外民眾，無疑也是中國現實僑務工作需要考慮的重要內容。總結歷史上中國政府的相關保僑經驗，對現實大有助益。2、目前中國在進行全面的經濟建設，而海外華僑華人的經濟力量是舉世矚目的，如何加強同海外華僑華人的經濟聯繫？如何有效利用海外華僑華人的經濟力量支持國家經濟快速發展？研究歷史上相關的中央政府的僑務政策內容，對現實的借鑒不無意義。3、行政制度改革是每一個國家在進行社會管理過程中所需進行的一項工程，它往往是為了適應社會政策的實施而變化的。總結歷史上國家行政制度變革的經驗，對中國的政治體制改革的推進是有所幫助的。

二、學術史述評

　　華僑華人研究經過幾十年的發展，已取得一定的成就。現根據筆者所接觸的研究成果以及相關的綜述〔註9〕──它們或綜述，或提供目錄線索──對華僑華人的研究情況進行了相關的述評。目前有關華僑華人研究的成果從方向與內容上劃分，大致可分為以下幾個方面：

（一）有關華僑華人稱謂問題

　　隨著社會之發展，形勢的改變，有關華裔移民的稱謂也發生相關的變化。在中國傳統的古籍上往往對移民國外的中國人稱之為「漢人」、「唐人」、「北人」、「閩粵人」、「內地民人」、「華民」、「華工」、「華商」等等。而隨著現代

〔註8〕 李明歡：《法國的中國新移民人口構成分析──以傳統、制度與市場為視角》，《廈門大學學報（哲學社會科學版）》2008 年第 3 期，第 106 頁。

〔註9〕 如李安山的《中國華僑華人研究的歷史與現狀概述》（載周南京主編《華僑華人百科全書‧總論卷》）和《中華民國時期華僑研究述評》（《近代史研究》2002 年第 4 期），馬唯超、陳蕊和保駿的《「中國華僑華人研究：優勢、挑戰與展望」學術研討會綜述》（《華僑華人歷史研究》2007 年第 1 期等）；還有所接觸到的書目（含相關網站），如中山圖書館文德分館，新加坡國立大學中文圖書館海外華人研究網，香港中文大學圖書館海外華人特藏書目庫等。

國家的建立，以及世界各國民族主義運動的興起，如何稱謂居留地那些具有中國血統的居民，成為各國學術界、政治界關注的問題。諸多有關華僑華人的研究著作一般都有一小部分來對之界定、詮釋。此一方面比較專門的研究成果則有：王賡武《「華僑」一詞起源詮釋》（載王賡武著，姚楠編《東南亞與華人——王賡武教授論文選集》，中國友誼出版公司，1987 年），鄭民《華僑概念、定義問題初探》，莊國土《「華僑一詞名稱考》（二文同載鄭民、梁初鳴編《華僑華人史研究集》（一），海洋出版社，1989 年）；楊山《「華僑」與「華人」的稱呼是科學的概念》（刊於《華僑華人歷史研究》1995 年第 4 期）等。

（二）排華問題

自 17 世紀以來，我國海外移民不斷地遭到殖民者、民族主義者之排斥甚至屠殺。17～19 世紀西班牙殖民者在菲律賓 6 次大規模屠殺華僑；1740 年荷印政府在巴達維亞（即今印尼雅加達）製造「紅溪事件」，屠殺約 1 萬名華僑。19 世紀後半期至第二次世界大戰之前，美洲（包括美國、加拿大、墨西哥等國）及大洋洲（澳大利亞、新西蘭）都出現程度不同的排華運動。而占華僑華人人口總量最多的東南亞地區，在二戰前後，尤其是戰後，排華運動連續不斷。因而有關海外排華情況、海外各國政府的華僑華人政策研究成績不少。專著有：沈己堯《海外排華百年史》（中國社會科學出版社，1980 年）；張慶松《美國百年排華內幕》（上海人民出版社 1998 年）；暨南大學東南亞研究所、廣州華僑研究會編著《戰後東南亞國家的華僑華人政策》（暨南大學出版社，1989 年）；陳衍德《對抗、適應與融合：東南亞的民族主義與族際關係》（嶽麓書社，2004 年）；朱東芹《衝突與融合：戰後商聯總會與戰後菲華社會的發展》（廈門大學出版社，2005 年）等等。論文有：周南京《戰後東南亞排華運動探索》（載於《風雨同舟——東南亞與華人問題》，中國華僑出版社，1995年）；溫北炎《印尼對華僑華人政策及其發展趨勢》（刊於《華僑華人歷史研究》1996 年第 1 期）；林德榮《印尼排華根源及華人前景淺析》（刊於《華僑華人歷史研究》1999 年第 3 期）；王保山《淺析印尼排華騷亂的成因、後果及印尼政府的態度》（刊於《東南亞探索》1998 年第 2 期）；鄒雲保《二戰後印尼排華根源再探》（刊於《八桂僑刊》2000 第 4 期）；黃昆章《論印尼排華運動的特點和背景》（刊於《八桂僑史》1998 年第 3 期）；喬印偉《澳大利亞歷史上排華淺析》（刊於《八桂僑史》1999 第 1 期）；孫穎《試論加拿大中國移

民政策的變化原因及特徵（1948～1988））》（刊於《南京師大學報（社科版）》1997 年第 1 期）；施雪琴《菲律賓排華運動諸因素探析》（刊於《南洋問題研究》1997 年第 4 期）等等。資料彙編則有：周南京、梁英明等編譯的《印度尼西亞排華問題資料彙編》（北京大學亞太研究中心，1998 年）；何鳳嬌編《排華史料彙編（墨西哥）》（上下）（〔臺北〕「國史館」，1991 年）等等。

（三）華僑華人與文化融合問題

　　文化是各個民族在各自的發展中逐漸積累和形成的物質與精神財富，它包括各個民族的行為準則、行為模式和生活方式等。由於各個民族的發展環境不同，由此形成的文化模式也自然有所差異。同時，由於社會發展的需要，各個民族之間自然而然地產生相互的文化交流，以此促進文化發展。移民的歷史其實也是文化交流、文化融合的歷史。海外華僑華人背井離鄉，遠奔他國謀生，如何才能夠有效地消融自身帶有的文化模式與他文化模式之間的差異和衝突，以有利謀生，這也成為眾多學者所關注的內容。趙小建著的《重建家園：動盪中的美國華人社會：1940～1965》（復旦大學出版社，2006 年）一書關注的是華僑華人在美國相關法律鬆動之下，如何通過建立家庭融入當地社會。而曾少聰的《漂泊與根植：當代東南亞華人族群關係研究》（中國社會科學出版社，2004 年），則是從民族學的視角出發，全面、系統地對東南亞華人在族群認同、文化互動及與其他民族的關係等方面進行了深入的研究，指出不同族群之間的衝突不是因為文化差異而引起，主要是由於政治和經濟的原因，使得族群文化差異被政治化和經濟化之後，才會發生衝突。陸益龍的《嵌入性適應模式：韓國華僑文化與生活方式的變遷》（中國社會科學出版社，2006 年）則是從社會學的角度進行相關研究，指出「韓國的華僑的散居生活並非真正意義上的同化，而是一種嵌入（embeddedness）。華僑通過嵌入於韓國社會而不是融為一體的方式，既能避免大社會的排斥，從大社會獲得資源，同時又能保持自身的民族性。」〔註10〕曹雲華著述的《變異與保持——東南亞華人的文化適應》（中國華僑出版社，2001 年）可謂是以文化融合為切入點的力作。該書以戰後東南亞華人與當地民族關係的發展演變為研究對象，把文化適應的角度作為切入點，全面系統地研究東南亞華僑華人「與東南亞當地民族之間是怎樣在各方面互相做

〔註10〕陸益龍：《嵌入性適應模式：韓國華僑文化與生活方式的變遷》，中國社會科學出版社，2006 年，第 22 頁。

出調整與相互適應的」〔註11〕。

（四）經濟角度

隨著世界經濟的發展，世界各地華僑華人經濟也出現了令人驚奇的內容，尤其是東南亞地區。除亞洲「四小龍」外，在東南亞地區，無論是馬來西亞、印度尼西亞，抑或是泰國，華僑華人在當地的經濟地位都是表現突出的。故有關華僑華人經濟方面的研究，成果頗為豐富。影響較大的述作有：陳懷東《海外華人經濟概論》（臺北黎明文化事業公司，1986 年）；陳文壽《華僑華人的經濟透視》（香港社會科學出版社，1999 年）；汪慕恒主編《東南亞華人經濟》（福建人民出版社，1989 年）；〔英〕凱特著，王雲翔、蔡壽康等譯《荷屬東印華人的經濟地位》（廈門大學出版社，1988 年）；丘守愚編著《東印度與華僑經濟發展史》（正中書局，1947 年）；《世界華僑華人經濟研究：世界華僑華人經濟國際學術研討會論文集》（汕頭大學出版社，1996 年）；《戰後海外華人變化國際學術研討會論文集》（中國華僑出版公司，1990 年）等。有關華僑經濟的專門資料彙編則有林金枝、莊為璣編著《近代華僑投資國內企業史資料選輯》（福建卷、廣東卷）（由福建人民出版社分別於 1985 年與 1989 年出版）、林金枝編著《近代華僑投資國內企業史資料選輯》（上海卷）（1994 年由廈門大學出版社出版）等。有學者歸納指出，「在學術界有關海外華人方面的研究中，中國學者偏重於對華僑歷史方面的研究，日本學者著重於海外華人經濟方面的探討，而歐美學者傾向於把海外華人群體視為在當地社會和政治上都居於『少數』地位的族群來研究。」〔註12〕日本學者確在海外華僑華人經濟史方面做了大量探索，如日本學者游仲勳就發表了一系列的華僑華人經濟方面的論文：《華僑收入與華僑投資》（《南洋資料譯叢》1982 年第 2 期）、《華僑經濟是資本主義經濟嗎？》（《南洋資料譯叢》1985 年第 2 期）、《誰支配著華僑經濟？》（上下）（《南洋資料譯叢》1985 年第 3、4 期）、《東南亞的華僑、華人財閥——泰國、馬來西亞、印度尼西亞實例研究》（《南洋資料譯叢》1987 年第 1 期）、《新中國經濟圈與環太平洋經濟——中國的經濟發展和大陸外中國人的經濟》（《南洋資料譯叢》1987 年第 2 期）、《華僑和華人在

〔註11〕曹雲華：《變異與保持——東南亞華人的文化適應》，中國華僑出版社，2001 年，第 5 頁。

〔註12〕郝時遠序，曾少聰：《漂泊與根植：當代東南亞華人族群關係研究》，中國社會科學出版社，2004 年，第 1 頁。

東南亞的投資》(《南洋資料譯叢》1991 年第 3 期)、《華人經濟網絡的潛力》(《南洋資料譯叢》1992 年第 1 期)、《亞洲太平洋時代海外華人的經濟發展》(《南洋資料譯叢》1993 年第 1 期)等等。

(五)華僑華人地區國別史

中國海外移民遍佈全世界,「凡有海水的地方,必有華人之足跡。」「無論太陽走到何處,都照著中國人作工」。由於海外華僑與祖籍國息息相關,早在民國期間即有專著、專文出版,有關這方面的研究也是中外學者普遍關注、比較成熟的一個領域。李長傅《中國殖民史》(商務印書館,1937 年)、《南洋華僑史》(商務印書館,1935 年)、陳里特編著《中國海外移民史》(中華書局,1946 年)、姚枬《馬來亞華僑史綱要》、《中南半島華僑史綱要》(商務印書館,1943 年)、朱傑勤著《東南亞華僑史》(高等教育出版社,1990 年)、陳碧笙《世界華僑華人簡史》(廈門大學出版社,1991 年)、李春輝、楊生茂主編《美洲華僑華人史》(東方出版社,1990 年)、張秋生著《澳大利亞華僑華人史》(外語教學與研究出版社,1998 年)、李學民、黃昆章著《印尼華僑史(古代至 1949 年)》(廣東高等教育出版社,2005 年)、黃昆章、吳金平著《加拿大華僑華人史》(廣東高等教育出版社,2001 年)、〔英〕布賽爾《東南亞的中國人》(分別載於《南洋問題資料譯叢》1957 年第 4 期、1958 年第 1 期)、〔前蘇聯〕H.A.西莫尼亞《東南亞各國的中國居民》(載於《南洋問題資料譯叢》1963 年第 1 期)、〔美〕G.W.史金納(G.William Skinner)《泰國華僑社會,史的分析》(分別刊於《南洋問題資料譯叢》1962 年第 2 期,1964 年第 1~4 期。)等等,都是這方面的傑出研究成果。

(六)與祖籍國關係問題

長期研究華僑華人方面的學者任貴祥先生在《華僑與中國民族民主革命》(中央編譯出版社,2006 年)一書中曾說到:「筆者認為,不重視華僑華人與祖籍國關係的研究,不但是華僑華人史研究的缺頁,而且有某種舍本逐末之感。」(氏書第 3 頁。)此觀點筆者深有同感。任氏之書是國家社科基金研究項目優秀成果,其時間跨度頗大,從辛亥革命始到 1949 年終,在書中任先生對中國華僑華人與中國的關係進行一番有系統的梳理,指出他們對中國民族民主革命作出了巨大貢獻。同時書中還提出一個觀點——此觀點是研究民國僑務政策諸多學者有所忽視的:「戰時國民黨政府的僑務機構分為兩大系統,

即國民政府的行政系統與國民黨中央的黨務系統，表明了對僑務工作比以前大大加強。」〔註 13〕除了此書外，在華僑華人與祖籍國關係方面的研究，任先生還與趙紅英著有《華僑華人與國共關係》（武漢出版社，1999 年）一書，是從政黨政權角度敘述華僑華人與中國之關係的。而廈門大學的莊國土教授則論述了當今華僑華人對中國發展可能會產生的影響和作用：「華僑華人已成爲中國對外開放和增強綜合國力可供利用的重要資源」，「海外華人與中國密切合作導致的雙贏局面以及由此引起亞太政治、經濟格局的變化」，因而海外華僑華人與其祖籍國 —— 中國的關係很自然「成爲各國政府、企業界和學術界關注的熱點。」〔註 14〕在《華僑華人與中國的關係》一書中，莊先生敘述了自漢代以來，一直到改革開放以後，華僑華人在海外的情況，從宏觀角度對海外華人與祖籍國之關係進行論述，可以說該書是各時期各代中央政府（特別是清、民國、中華人民共和國）總體僑務政策的彙編。此外還有，吳前進《國家關係中的華僑華人和華族》（新華出版社，2003 年）是從國際關係之角度分析二戰後華人社會發展變化，採用史論結合的方法，勾勒了中國、華僑華人和居住國三者之間的互動關係。

（七）華僑政策

研究情況大致如下：黃小用的博士論文《晚清華僑政策研究》（湖南師範大學 2003 年博士論文）對晚清華僑政策進行了詳細的概述分析。杜裕根《北洋政府的僑資政策及其評價》（《華僑華人歷史研究》2004 年第 3 期）則是對北洋政府時期的僑資政策進行研究，認爲北洋政府延續了晚清的僑務政策部分內容，採取吸納僑資的政策措施。沈雲鷗編譯《中國歷代華僑政策的變遷》（刊於吳澤主編《華僑史研究論集（一）》，華東師範大學出版社，1984 年）則是對南京國民政府前的相關僑務政策進行概述性的梳理。而對於南京國民政府時期的僑務工作情況，時人就有相關的涉足，他們以自己的親身經歷來描述、記敘當時的僑務工作，這些描述同時無疑也爲我們現代的研究提供了豐富的史料。如陳樹人《抗戰期中的僑務工作》（《現代華僑》第 2 卷第 5 期）、梁恒盧《僑政機構九十年》（《華僑月刊》，第 1 卷第 3 期）、莊心在《僑

〔註 13〕 任貴祥：《華僑與中國民族民主革命》，中央編譯出版社，2006 年，第 294 頁。可惜任先生沒有對之進行更深入的論述。

〔註 14〕 莊國土：《華僑華人與中國的關係》，廣東高等教育出版社，2001 年，第 1、3 頁。

務行政檢討》（《華僑月刊》第 1 卷第 3 期）、李樸生《華僑問題導論》（獨立出版社，1945 年）一書等等。而當代人的研究成果則有李盈慧博士的著作《華僑政策與海外民族主義（1912～1949）》（臺北：「國史館」，1997 年）、任貴祥著的《華僑與中國民族民主革命》（中央編譯出版社，2006 年）與《華夏向心力──華僑對祖國抗戰的支持》（廣西師範大學出版社，1993 年）、莊國土著的《華僑華人與中國的關係》、陳傳仁著的《海外華人的力量──移民的歷史和現狀》（世界知識出版社，2007 年）和黃小堅、趙紅英、叢月芬合著的《海外僑胞與抗日戰爭》（北京出版社，1995 年）等書皆涉及到一些論題。論文方面則有：任貴祥《抗日戰爭時期國共兩黨僑務政策比較研究》（《開放時代》1995 年第 4 期）；武菁《抗戰時期的僑務政策與華僑的歷史作用》（《安徽大學學報（哲學社會科學版）》2006 年第 1 期）；楊世紅《國民黨政府 1945～1949年僑務工作述評》（《民國檔案》2000 年第 4 期）；包愛芹《1925～1945 年國民政府僑務政策及工作述論》（《華僑華人歷史研究》2000 年第 2 期）；竇文金《南京國民政府僑務工作剖析（1927～1949 年）》（《八桂僑史》1996 年第 4期）；黃利新的《抗戰時期的國民參政員對海外華僑的統戰思想》、賀金林的《太平洋戰事前後國民政府救濟難僑的活動》（均發表在《華僑華人歷史研究》2005 年第 5 期）；臺灣學者張希哲《抗日戰爭時期國民政府的僑務工作》等等。在這些研究成果中，以李盈慧博士的著作《華僑政策與海外民族主義（1912～1949）》為翹楚，可謂是全面涉及這一主題的集大成者，其書洋洋灑灑近 700 頁，涉及頗廣，以一種面面俱到的寫作手法，涵蓋了整個中華民國時期的相關政府──如北洋政府、南京國民政府和汪偽政策──的僑務行政機構、僑務措施、相關政策等內容，提出了海外民族主義的興起是與這些政府的僑務政策是有著密切的關係。全書分九章，每一章涉及一個領域，然後在用節來論述每個政府在該領域的具體情況，綜述性是比較強的。但對海外黨務與僑務關係著墨不多，尤其是抗戰時期的僑務主管中樞之一的中央海外部，無論是機構組織、人事情況，抑或是經費概略，幾乎沒有涉及，此多少令人遺憾。除了這本專著外，李博士還有其他相關的論著是專門針對僑務政策方面的研究，如：《抗日與附日──華僑‧國民政府‧汪政權》（〔臺北〕水牛出版社，2003 年）；《戰時國民政府的僑務機構與海外抗日活動》（載《抗戰勝利五十週年國際研討會論文集》，〔臺北〕「國史館」，1997 年）；《淪陷前國民政府在香港的文教活動》（載港澳與近代中國學術研討會論文集編輯委員

會編：《港澳與近代中國學術研討會論文集》，〔臺北〕「國史館」，2000 年）。

三、文獻資料概述

　　有關南京國民政府時期的華僑方面的文獻資料大致有：中國第二歷史檔案館館藏檔案，該類檔案主要以行政部門作為分類標準，由於僑務是涉及內容比較廣泛的行政業務，所以相關僑務信息散見各處，有僑務委員會檔案、國民政府和總統府檔案、立法院檔案、行政院檔案、內政部檔案、社會部檔案、賑濟委員會檔案、外交部檔案、教育部檔案等等，分佈得甚為零散。而福建省檔案館、廣東省檔案館、江門市檔案館等也藏有豐富的檔案資料。同時在這裡想說的，據《八桂僑刊》雜誌社陳金雲老師相告，廣西來賓市華僑農場安置一批解放時歸國的印度華僑，也保存了一些資料。惜時間及財力情況，只能盡力進行查閱。除了檔案資料外，民國時期的期刊也是本文重要的資料來源。涉及華僑方面的期刊，筆者接觸到的有：《僑務月報》、《現代華僑》、《華僑先鋒》、《華僑經濟》、《華僑動員》、《華僑月刊》、《華僑青年》、《海外月刊》、《新亞細亞》、《海外歸僑月刊》、《南洋》、《南洋研究》、《中央黨務月刊》、《中央周報》、《教育雜誌》、《東方雜誌》等等。還有，在民國期間，華僑研究已蔚然成風，其研究成果也為我們提供了參照。如：《荷印華僑教育年鑒》、《華僑》、《華僑寶鑒》、《華僑概況》、《華僑殉難烈史》、《日本南進政策與華僑》、《南洋華僑》、《暹羅政府摧殘華僑慘狀》、《暹羅問題專集》、《越南華僑年鑒》、《僑樂村》、《廣東華僑匯款》、《福建華僑匯款》、《海外十年》、《海外僑訊彙刊》、《中國海外移民史》、《華僑志》、《南洋殖民史》、《南洋華僑與閩粵社會》、《戰時粵政》、《中國政府》、《戰時行政研究》、《抗戰六年來之黨務》、《廣東人口與土地》、《廣東統計彙刊》、《戰時廣東經濟政策》等等。建國後，有關民國歷史、華僑華人則出版了不少資料彙編，主要有：中國第二歷史檔案館編《中華民國史檔案資料彙編》（一至五輯）〔註15〕、廣東省檔案館等編《華僑與僑務史料選編》（二冊）〔註16〕、福建省檔案館編：《福建華僑檔案史料》（上、下）〔註17〕、林金枝等編著《近

〔註15〕江蘇古籍出版社，1994〜2001 年等出版。
〔註16〕廣東人民出版社，1991 年。
〔註17〕檔案出版社，1990 年。

代華僑投資國內企業史資料選輯》（福建卷、上海卷、廣東卷）、蔡仁龍、郭
梁主編：《華僑抗日救國史料選輯》〔註18〕、陳鵬仁主編，劉維開編輯的《中
國國民黨黨務發展史料：海外黨務工作》〔註19〕、中國第二歷史檔案館編《中
國國民黨中央執行委員會常務委員會會議錄》（影印本）〔註20〕、陳翰笙主
編《華工出國史料彙編》（全十一冊）〔註21〕、耿素麗選編《民國華僑史料
彙編》（全十五冊）〔註22〕等等；除了這些外，一些傳記文集也能給我們提
供資料：《孫中山全集》（全十一冊）（中華書局，2006年）、陳真魂主編《陳
樹人先生年譜》（嶺南美術出版社，1994年）、周元高、孟彭興、舒穎雲編：
《李烈鈞集》（上下）（中華書局，1996年）、吳鐵城《吳鐵城回憶錄》（〔臺
北〕三民書局有限公司，1968年）、《吳鐵城傳記資料》（二冊）（〔臺北〕天
一出版社，1985年）、陳嘉庚《南僑回憶錄》（嶽麓書社，1998年）、全國政
協文史資料研究委員會華僑組編《崢嶸歲月：華僑青年回國參加抗戰紀實》
（中國文史出版社，1988年）等等，都是我們研究華僑華人問題的重要資料。

四、研究理論與方法

　　既然本課題是一篇關於政策研究的歷史學論著，自然要遵循政策學和歷
史學兩方面的理論和研究方法。

　　政治學中，有句話叫做決策就是政治，意在突出政策的協調和制衡特
性，即，政策的出臺實質上體現的是多方利益的平衡。因此，「制定什麼樣
的政策，政府首先是選擇利益，選擇那些與社會整體利益一致的方面，也選
擇那些與政府自身最大利益相一致的方面。」〔註23〕與此相適應，政策學還
強調：「具體地說，政策的形式、類型、淵源、範圍及受支持度、社會對政
策的印象；執行機關的結構與人員，主管領導的方式和技巧、執行的能力與
信心；目標群體的組織或制度化程度、接受領導的情形以及先前的政策經
驗、文化、社會經濟與政策環境的不同，凡此種種均是政策執行過程中影響

〔註18〕中共福建省黨史工作委員會、中國華僑歷史學會，1987年。
〔註19〕〔臺北〕近代中國發行，1998年。
〔註20〕廣西師範大學出版社，2000年。
〔註21〕中華書局，1980年～1985年。
〔註22〕國家圖書館出版社，2011年。
〔註23〕陳慶雲主編：《公共政策分析》，北京大學出版社，2006年，第8頁。

其成敗所需考慮和認定的因素。」〔註24〕因此，進行政策研究並不是簡單地停留在政策本身，必須要涉及政策以外的多方面的因素。

同時，政策學理論還認爲：政策其實就是一個目的，一個行動。「行政就是政府組織運用公共權力和公共資源，爲了達成社會總體目標，實施法律、執行政策所做的事情。行政的目的在於執行，行政是促進觀念形態的決策方案向現實行動轉化的政府活動。這種活動非常重要，沒有行政，所有的決策都將是一紙空文。」〔註25〕「《牛津英語詞典》在界定『政策』這一概念時，是這樣概括它『現有的主要內涵』的：『政府、政黨、統治者和政治家等採取或追求的一系列行動；所採取的任何有價值的行動系列。』……首要的是要理解政策不僅僅是一種決定——它也是一系列的行動。」〔註26〕該理論無疑告訴了我們：研究政策還要關注政策的執行和績效。

此外，「政策過程是在一定的組織環境中運作的，其中存在著既定的標準、價值、關係、權力結構和『構造程序的規範』，政策過程因此就應該在一定的組織環境中進行考察。」〔註27〕進一步說，「個人、組織和國家都是在比較複雜的制度和環境下發展演化的。制度不只是反映組成制度的各種單元的偏見和權力，制度本身塑造這些偏好和權力。制度構成行爲體，行爲體也構成制度。」〔註28〕由於政策與制度之間存在著比較密切的關係，所以制度方面的理論自然也在考慮之列，有時從制度研究法的角度去分析對理解戰時僑務政策、制度也是有幫助的。

在歷史研究中，最重視的是文獻，文獻史料是對歷史的記載，是今天進行歷史研究最可靠的依據。歷史學講求「有一份材料，講一份話」。作爲記載歷史事件、活動過程中的記錄，文獻對歷史研究具有不可代替的作用！作爲

〔註24〕 T.B.Smith, "The Policy Implementation Process", Policy Sciences, Vol.4, No.2. 1973, pp.203～205.轉自陳振明編著：《公共政策學——政策分析的理論、方法和技術》，中國人民大學出版社，2005年，第250頁。

〔註25〕 張金馬主編：《公共政策分析：概念‧過程‧方法》，人民出版社2004年，第3頁。

〔註26〕 〔英〕米切爾‧黑堯（Michael Hill）著，趙成根譯：《現代國家的政策過程》，中國青年出版社，2004年，第5～6頁。

〔註27〕 〔英〕米切爾‧黑堯（Michael Hill）著，趙成根譯：《現代國家的政策過程》，第73頁。

〔註28〕 見陳雁：《抗日戰爭時期中國外交制度研究》，復旦大學出版社，2002年，第11頁。

一個歷史研究者，筆者完全同意需要將對歷史文獻資料的閱讀和分析放在極為重要的位置上。

社會科學研究理論是對某種社會現象給出的一種解釋和說明，往往表現出簡潔性的特徵，它「旨在通過建立模型或因果等方式，對現實世界中的事件給出邏輯一致並且較為簡單的說明」〔註 29〕。也就是說，「理論或概念模式表達的是一種由動力連接起來的『假如／那麼』的關係」，從而「為了能夠預測將發生什麼事情，人們並不需要把所有現有的條件和因素都收集起來，而只需要收集那些理論告訴你對產生結果具有決定作用的條件和因素就可以了。」但不可否認的是，「在大多數問題上，可得到的事實真是浩如瀚海。」〔註 30〕尤其是在歷史研究上，由於歷史的複雜演變，留給我們的史實不僅多而且相當複雜！比如，「對於現代政策分析者而言，《貝弗里奇報告》已經成為一座礦山，既可以從中採掘批評性的言語，也可以從中獲得支持性的引用。」〔註 31〕真正的困難往往「在於找到任何或所有與要解決的問題相關的事實」，有時甚至發現「大多數數據資料與要解決的問題並無關連或沒有什麼意義。」〔註 32〕而我們不得不承認的是，我們的研究只能夠無限接近但終不能窮盡所有的歷史史實。因此，一些研究人員就會自覺或不自覺地從浩如瀚海的史實中挖掘自己需要的史實，而拋棄對自己不利的史實。筆者完全反對那種「史實＋理論＝理論需要的史實」的做法。因此，在研究的過程中，特別是當使用到一些相關學科的概念、理論時，筆者會盡力做到在相應

〔註 29〕 〔英〕布賴恩‧特納編，李康譯：《社會理論指南》（第 2 版），上海人民出版社，2003 年，第一版序。

〔註 30〕 〔美〕羅傑‧希爾斯曼、勞拉‧高克倫、帕特里夏‧A‧韋茨曼著，曹大鵬譯：《防務與外交決策中的政治——概念模式與官僚政治》，商務印書館，2000年，第 55、56 頁。

〔註 31〕 〔英〕霍華德‧格倫內斯特著，苗正民譯，李秉勤校：《英國社會政策論文集》，商務印書館，2003 年，第 26 頁。《貝弗里奇報告》是現代社會保障事業發展過程中具有重要價值和影響的著作，它第一次提出了在全社會建立全方位社會保障體系的福利國家思想。1941 年，英國成立社會保險和相關服務部際協調委員會，著手制定戰後社會保障計劃。貝弗里奇為該委員會主席，負責對當時的國家社會保險方案及相關服務進行調查，並就戰後重建社會保障計劃進行構思設計，提出具體方案和建議。1942 年，貝弗里奇提交了題為「社會保險和相關服務」的報告，這就是著名的「貝弗里奇報告」。

〔註 32〕 〔美〕羅傑‧希爾斯曼、勞拉‧高克倫、帕特里夏‧A‧韋茨曼著，曹大鵬譯《防務與外交決策中的政治——概念模式與官僚政治》，第 57 頁。

的歷史背景之下加以應用，在尊重史實客觀性的前提下來說明理論的有效性。

五、基本思路和論述框架

筆者認為，一部比較系統的民國政府僑務政策研究的著作，應當籠括社會與政府相關的僑務觀、政府的僑務措施、僑務機構以及制定政策後政策的運行機制及效果的情況等等。此外，華僑對僑務政策的反應及中外人士對之影響也應在考察之列。本著具體論述框架如下：第一章　華僑華人社會的形成──這一章主要依據前人研究的成果，同時補充新材料，點述出至少在抗戰前海外各地僑社已相繼形成，這是國民政府僑務政策的出現和實施的前提。第二章　民國時期僑務理念試析──理念與行動之間存在著不可分割的關係，理念往往是行動的指引，考察民國期間相關僑務理念有助於深刻理解國民政府僑務政策的制定及執行。第三章　戰前僑務機構與政策簡論──主要論述國民政府時期僑務行政主管機構僑務委員會的組織、人事、經費等，以及戰前僑務政策的一些情況，政策畢竟具有延續性。第四章　抗戰期間僑務機構之調整──抗戰爆發後，國民政府為了爭取海外華僑社會的力量，加強對海外華僑社會的控制，對僑務系統作了調整，特別是恢復了歸屬黨務系統的海外部，使戰時處理僑務政策出現行政、黨務兩個中樞；同時，在這一章裏筆者也對駐外使領館這一僑務政策的重要執行機構進行了一番梳理。第五章　抗戰期間僑務政策及其實施──主要概述戰時僑務政策的內容及其實施的情況。第六章　兩大系統的僑務政策運作考察──主要考察僑務政策在國內外運作採用何種方式，以及在運作過程中出現的中央與地方權力紛爭的情況。第七章　績效與評價──這一部分裏主要考察僑務政策的實際執行後效果，並給出相應的評價。結語部分對全文作一個點評式的概括，同時揭示國民政府僑務政策及其實施帶給我們的啟示意義。

六、關鍵詞界定

本書有幾個關鍵詞或概念需要界定：

1、華僑：一般地，「華僑」指的是具有中華民族的特徵、移居海外但仍保持中國國籍的人；「華人」指具有中華民族特徵、移居海外並加入外國國籍的人。由於在 1949 年前，包括清政府、民國政府等中國中央政府採用血統主

義原則等，故文中「華僑」、「華人」及「華僑華人」的稱呼都具有同等意義，都指具有中國血統、移居海外、以謀求生活爲主的人。引用史籍的「唐人」、「華人」、「華民」、「華工」、「華商」等也是如此，其含義均指移居海外、謀求生計的中國人。

2、抗戰時期：本文抗日戰爭的時間界定主要採自史界的普遍觀點，即1937 年 7 月 7 日到 1945 年 9 月日本投降止。

3、國民政府：文中若沒有特殊說明，一般指是 1927 年奠基南京後以國民黨爲執政黨的中央政府，又稱南京國民政府。

七、創新與不足

創新：

1、從歷史學的角度，結合政策學分析方法，對抗戰時期僑務政策進行了系統的、全面的研究，釐清了僑務政策運作的線索，清除了以往抗戰時期僑務行政研究的盲點。

2、理清了國民政府僑務行政主管機構僑務委員會組織、人事等方面的情況。同時對在僑務工作範圍內佔據重要地位的中央海外部進行梳理，對海外部制度史進行系統的、深入的研究。

3、根據當時特定的國內環境及國際環境，對當時僑務政策的兩大運作系統——行政與黨務系統——進行了比照敘述和分析，這有利於更全面、更動態地把握抗戰時期國民政府的僑務政策。

4、對僑眷歸僑情況進行了一些探討，這有助於認識民國僑務問題的全境。

不足：

1、華僑華人遍佈世界各地，相關資料亦散見各處，零亂不均。僅是佔有史料已是不易，要完全收集一手資料，有限時間期間，實難做到。因此，不得不假以二手，但仍會多加考證其切實性，然後再決定是否使用，以免錯漏。

2、本書涉及了歷史學、行政管理學與政策學等，但由於學科差異和缺少政府工作經驗，對政策的把握度上可能有所欠缺，也許難免失之於理性化而對南京國民政府的僑務政策有求全之意。

3、對於民國華僑史的關注筆者是近六年才開始，雖盡力而爲，但其中的疏漏和錯誤、一些未能深入的問題在所難免，還請各方家多多指教。

第一章　華僑華人社會的形成

　　雖然有人感歎「哪裏有煙與火，哪裏就有中國人」，但作爲一個社會格局並不是一有人即形成，也不是僅據人數多寡就可斷定的。從全球範圍觀察，最晚至清末各地相繼形成了以華僑華人爲元素的、具有自治性質的社會格局，這標誌著海外華僑社會的形成。

　　既然要討論海外華僑華人社會的形成，我們有必要對「社會」這一概念加以明確。因爲，據筆者所見，雖然有關華僑華人的論著鱗次櫛比，但對華僑社會形成的標準、如何才算是華僑社會形成，諸多學者並沒有給出明確的答案，只有個別學者留意到這並非是一個約定俗成的概念。比如有學者提到，明朝中葉至鴉片戰爭前，即從 16 世紀中葉到 19 世紀中葉的近 300 年間，中國人移向海外的人數迅速增加。其中除了商人和政治避難者外，大部分爲到海外謀生的沿海貧苦農民。而在華僑集中的社區內，華僑社團組織和華僑領袖也隨之產生，海外華僑社會已初步形成。〔註 1〕研究華僑華人方面的專家顏清湟在《新馬華人社會史》〔註 2〕這本書裏把對新馬華人社會的研究分爲「結構與職能」、「秘密會社與社會結構」、「階級結構與社會的變動」、「社會分化與社會衝突」、「社會問題及其控制」、「文化與教育」等幾個單元。這些無疑都在提示我們：並非有了一定的華僑華人群體數量，華僑社會就會存在，海外華僑社會的形成需要一定的條件。這其中，黃松贊算是說得比較清楚的：「怎樣才算是一個華僑社會，其標準如何？我的意見是應有下列四個條件，即：一、在海外某個同一地區有一定數量的華人聚居，而不

〔註 1〕林金枝主編，李國梁、林金枝、蔡仁龍著：《華僑華人與中國革命和建設》，
　　　　福建人民出版社，1993 年，第 2 頁。
〔註 2〕中國華僑出版公司，1991 年。

是分散於各地互不通氣；二、這群華人在該地定居，經營一定的事業，而不是一群流民或過往商人；三、他們大體上保存著中華民族的生活方式，如華人的傳統習俗和語言文字（包括各種方言）等，而不是雖有中華血統但已完全被當地同化了的人們；四、這群聚居的華人，並非各自營生互不相干，而是建立一定的關係進行活動，他們有自己的組織如宗親會、同鄉會、行會等，並有領導人。」〔註3〕筆者據此總結，認爲華僑社會形成有以下標準：1、人口達到一定規模；2、以相對聚居的狀態生活；3、長期定居某處；4、有經濟來源，能夠獨立生活；5、保存著中華文化，思維方式、生活方式有著明顯的中華文明的烙印；6、建立自己的組織，有一定的自治能力。其中前四點是基本條件，後兩點才是華僑社會的核心精神〔註4〕。因此，本章介紹各大洲華僑社會的時候兼顧以上各點，尤重後者。

一、亞洲的華僑華人社會

在世界五大洲中，亞洲是華僑華人人口最多的洲，而其中尤以東南亞爲甚。東南亞地區主要包括現在的越南、老撾、柬埔寨、泰國、緬甸、馬來西亞、新加坡、印度尼西亞、菲律賓、文萊等國家和地區，即我國史籍、華僑華人傳統上所稱的南洋地區。地理位置上的瀕近，造成歷史上東南亞國家比較早與中國產生政治、經濟和文化的關係，民間交往更是源遠流長，中國人前往該地區經商謀生的時間最早，人數也最多。從歷史到現在，該地區一直都是海外華人居住的主要地區。

（一）馬來西亞、新加坡與文萊

地理上，馬來西亞、新加坡、文萊都位於馬來半島上；歷史上，三國之間的密切聯繫由來已久〔註5〕，故此將三國華僑社會的形成歸入一個單元論述。

〔註3〕 黃松贊：《試論新、馬華僑社會的形成和歷史分期》，載於廣東華僑歷史學會：《華僑論文集》（第一輯），1982年，第44～45頁。

〔註4〕 王賡武先生在回答有關客家人問題，提到的一個觀點也給筆者一個啓發：「主要的是它是不是一個社會，這個社會有它自己的組織，有它的自覺性，它能夠自治，它有它的計劃，它有它發展的生活方法，跟他們自己的文化特殊的地方，有自己的語言」。見王賡武：《移民與興起的中國》，〔新加坡〕八方文化創作室，2005年，第34頁。

〔註5〕 林遠輝、張應龍：《新加坡馬來西亞華僑史》，廣東高等教育出版社，1991年，第10頁。

　　自古以來，馬來半島即爲東西交通和貿易往來之要衝。《漢書‧地理志》記載漢使出使路線中有一「都元國」，據考證就是今馬來半島東岸克拉（Kra）地峽一帶。據我國歷代的正史和相關典籍記載，從五世紀開始，馬來半島上的古國先後派遣使者入訪中國，建立邦交。〔註6〕與此相應，中國人中也有到達馬來半島，如唐代高僧義淨就到過室利佛逝（唐時南海一大國，勢力覆蓋馬來半島和蘇門答臘），並居住在那裡。到明代鄭和下西洋時，隨員費信已在馬六甲看到不少華僑〔註7〕。而歐洲人向亞洲——特別是英國人在東南亞——的擴張，爲南洋海外華僑華人社會的形成和穩定奠定了基礎〔註8〕。比如，1641 年馬六甲約有華僑 1000 人，1759 年英國控制馬六甲以後，當地華人數量迅速增加，1901 年已達 19464 人〔註9〕。而在檳榔嶼，英人弗朗西斯‧萊特（Francis Light）以東印度公司名義於 1786 年與吉打蘇丹簽約開發，僅過一年，就有包括中國移民在內的許多移民到來，形成多個民族的移民新村。〔註10〕而馬來亞的其它地方的華僑群落也都基本形成於這個時間〔註11〕。

〔註6〕　余定邦、黃重言等編：《中國古籍中有關新加坡馬來西亞資料彙編》，中華書局，2002 年，第 1～25 頁。

〔註7〕　見馮承鈞撰：《星槎勝覽校注》「滿剌加國」條，商務印書館，1938 年，第 20頁。《星槎勝覽》爲明代費信所著，是費氏跟隨鄭和下西洋時所見的記錄。

〔註8〕　顏清湟著，粟明鮮、陸宇生、梁瑞平、蔣剛譯，巫樂華、黃昆章、黃元煥校：《新馬華人社會史》第 3 頁：「事實上，在我們研究的這一時期內，如果沒有歐洲人在亞洲的擴張，也許新馬大規模的華人社會就不可能存在。中國人大規模移入新馬，在很大程度上是歐洲人在東南亞擴張、尤其是英國人在該地區取得進展的結果。」前蘇聯學者也認爲「馬來亞中國居民的增長，是和馬來亞的經濟發展有最密切關係的。直至 19 世紀初期的數十年間，馬來亞中國商人和手工業者的主要集中中心是在馬六甲、檳榔嶼、威士利省和新加坡等英國殖民地。」見〔前蘇聯〕H.A.西莫尼亞：《東南亞各國的中國居民》，載《南洋問題資料譯叢》1963 年第 1 期，第 13 頁。我國學者也認爲：「馬來西亞和新加坡的華僑絕大多數都是在 19 世紀中葉以後才移入的。」見林遠輝、張應龍著：《新加坡馬來西亞華僑史》，第 15 頁。「華人出洋不多，一方面固然由於中國政府限制出口，另一方面，亦與南洋各地的經濟發展大有關係。」朱傑勤：《東南亞華僑史》，高等教育出版社，1990 年，第 108 頁。

〔註9〕　參閱朱傑勤：《東南亞華僑史》，第 108～110 頁。及朱國宏：《中國的海外移民——一項國際遷移的歷史研究》，復旦大學出版社，1994 年，第 197 頁表5.5。另有學者認爲 1641 年，馬六甲華人爲三四百人。見林遠輝、張應龍著：《新加坡馬來西亞華僑史》，第 77 頁。

〔註10〕　朱傑勤：《東南亞華僑史》，第 108～109 頁。

〔註11〕　參閱何啓拔：《馬來亞華族的形成問題初探》載梁初鴻、鄭民編：《華僑華人史研究集》（二），海洋出版社，1988 年，第 30 頁。及朱傑勤：《東南亞華僑

　　新加坡，古稱為單馬錫、淡馬錫，早在 14 世紀上半期，新加坡已居住著中國人。元代大商人、航海家汪大淵曾經親眼見到居住在新加坡的華僑〔註12〕。不過當英人萊佛士（Sir Stanford Raffles）1819 年登上新加坡時，全島總人口僅 150 人，其中華人 30 人。其後隨著開發的需要，新加坡的華僑華人人口數量也不斷攀升：1821 年華人 1150 名，占總人口的 24.3%；1823 年 3317 名，占 31%〔註13〕；到 1840 年，新加坡華人已超過當地總人口的半數〔註14〕；1931 年此比例更升至 75%〔註15〕。新加坡的華人不僅多，而且生活優裕，這給 1854 年至 1862 年在新加坡進行科學考察的英國博物學者華萊士（Alfred Russel Wallace）留下深刻的印象：「新加坡形形色色的人種中最為引人注目的是華人，他們最能吸引陌生人的注意。這裡的華人人口眾多，而且非常活躍，使得這個城市極具中國城市的風格。中國商人通常都是胖胖的圓臉，帶著很明顯的商人一樣的表情。和普通苦力一樣，他們總穿同一風格的衣服（寬鬆的白色工作服，褲子通常是藍色或者黑色的），但是衣服的布料很好，也很乾淨整齊。他們的長辮子用紅色的絲綢繫住，垂到膝蓋。這些中國商人在城鎮上有很華麗的貨棧或者店鋪，在鄉下有很精緻的住房。他們還有好馬。每天傍晚，你會看到在微風習習中，他們駕著雙輪馬車穿過街道。這些中國商人非常富有──擁有很多零售店和很多船隻；他們借高利貸給那些有可靠抵押的人，他們還盡力地討價還價，因此變得一年比一年富有。」〔註16〕

　　文萊，全稱文萊達魯薩蘭國，在中國古籍中曾被稱為渤泥、婆羅乃等。文中往來始於公元六世紀，見於唐・樊綽《蠻書》、宋・趙汝适《諸蕃志》等書。今南京雨花臺烏龜山發現明永樂年間來訪的文萊王墓，而在今文萊市的

　　　　史》，第 109 頁。

〔註12〕〔元〕汪大淵著，蘇繼廎校釋：《島夷志略校釋》，中華書局，2000 年，第 213 頁。

〔註13〕Victor Purchell 著，劉前度譯：《新嘉坡華僑早期歷史》，載高信、張希哲主編：《華僑史論集》，〔臺北〕華僑協會總會，1977 年，第 165～166 頁。

〔註14〕林芳聲：《新加坡華人社會的形成和早期經濟概觀》，載梁初鴻、鄭民編：《華僑華人史研究集》（二），第 12 頁。

〔註15〕〔前蘇聯〕H.A.西莫尼亞：《東南亞各國的中國居民》，《南洋問題資料譯叢》1963 年第 1 期，第 15 頁。

〔註16〕〔英〕阿爾弗萊德・拉塞爾・華萊士著，彭珍、袁偉亮等譯：《馬來群島自然科學考察記》，中國人民大學出版社，2004 年，第 20～21 頁。

惹蘭文萊愛丁堡僑（EdinburgBridg）也發現有南宋時期漢墓〔註17〕。華人定居於此的明確記載則比較晚見。1888 年，當張蔭桓到山打根（Sandakan）訪查華人情況時，受到「華人甲必丹馮明珊及華商金永發等二十餘人」的接待，同時瞭解到拉浦灣埠（Labuan）的華人「與土人互市已五十餘年」；山打根埠「有華人五六百名，華商南發祥等數家，生意未甚興盛。」〔註18〕20 世紀初，福建閩清人黃乃裳率其鄉人 1100 餘人在詩巫開發，促使該小鎮發展成爲一座著名的城市，有「新福州」之譽。

據統計，1921 年包括三國在內的英屬馬來共有人口 335 萬人，其中華僑117 萬，占總數的 34.9%。〔註19〕1931 年華人人口增至 171 萬；1941 年，238萬。〔註20〕

「東南亞華人社會的建構，離不開華人社會的組建原則。華人社會的組建原則主要有以血緣結合的宗親會、以地緣結合起來的同鄉會、以同業結合而形成的同業公會，這種組建原則在東南亞華人社會中已經綿延數百年。」〔註21〕馬來半島最早的秘密會黨記錄在 1799 年；到 1825 年，馬來亞已有 4個華人秘密會黨組織〔註22〕；亦有說，1826 年時馬六甲的華人秘密會黨成員已多達 4000 人〔註23〕。地域性的會館則有 1801 年成立的檳榔嶼嘉應會館、馬六甲惠州會館、檳城中山會館、新加坡寧陽會館等。據統計，到 19 世紀30 年代時，新馬地區至少有 11 個地域性會館〔註24〕。而「有可信記載且延存至今的最早的宗親組織之一，是邱氏宗親會館，它以龍山堂邱公司的名稱創設於 1835 年。」〔註25〕從事商業的華僑也建立了業緣性組織〔註26〕。20

〔註17〕林遠輝、張應龍：《新加坡馬來西亞華僑史》，第 38 頁。
〔註18〕張蔭桓：《三洲日記》卷五，見余定邦、黃重言等編：《中國古籍中有關新加坡馬來西亞資料彙編》，第 324～325 頁。
〔註19〕涂開輿：《華僑》，商務印書館，1934 年，第 10 頁。
〔註20〕轉朱國宏：《中國的海外移民——一項國際遷移的歷史研究》，第 257 頁。
〔註21〕曾少聰：《漂泊與根植：當代東南亞華人族群關係研究》，第 299 頁。
〔註22〕Lean Comber, Chinese Secret Societies in Malaya: A Survey of the Triad Society From 1800-1900. New York:J.J.Augustin Incorporated Publisher Locust Valley, 1959, p.37;p39。轉邱格屏：《世外無桃源：東南亞華人秘密會黨》，三聯書店，2003 年，第 52～53 頁。
〔註23〕邱格屏：《世外無桃源：東南亞華人秘密會黨》，第 53 頁。
〔註24〕顏清湟：《新馬華人社會史》，第 35～35 頁。
〔註25〕顏清湟：《新馬華人社會史》，第 3 頁。
〔註26〕部分相關的新馬地區地緣性會館、宗親性組織、業緣性的名稱、所在地、方言、創立時間、創建人、行業等，可參閱林遠輝、張應龍：《新加坡馬來西亞

世紀後，開始出現一些跨地域、超血緣、跨業緣的社團組織，常以總商會、商會命名〔註27〕。至於中國國民黨在新馬最早的組織是 1906 年 2 月成立的新加坡同盟分會，成員有陳楚楠、張永福、林義順等人。

關於僑教文化方面，馬來亞首先出現的學校形式是私塾，1815 年馬六甲已有 9 間私塾〔註28〕，其後崇文閣（1849）、萃英書院（1854）等私塾相繼成立〔註29〕。其後，由 1904 年檳榔嶼中華學校肇始〔註30〕，新馬地區開始創辦了一批新式華僑學校〔註31〕。據統計，到 1937 年上半年止，英屬馬來亞共有僑校 1106 間。〔註32〕馬來亞最早的華文報紙可追溯到 1815 年 8 月新教傳教士米憐（William Miline）在馬六甲創辦的《察世俗每月統記傳》（Chinese Monthly Magazine）。而 1828 年米憐的同事麥都思（Malter Henry Medhurst）創辦的《天下新聞》則是用活字排版報紙印刷的第一份華文報紙。〔註33〕而更具影響力的是 1881 年新加坡出版的第一份現代中文報紙《叻報》，更具影響力，它「對中國的種族和文化認同的發展具有重大的促進作用。」〔註34〕

（二）菲律賓

菲律賓在我國古籍中一般稱呂宋或小呂宋、蘇祿。因其地近閩，當地華僑以福建籍居多，民國時，約占當地華僑總數的 85%，餘下則多為廣東籍。〔註35〕

據菲律賓政府編纂的蘇祿史記載，1380 年一個中國隨從跟同一位名叫 Mukdumd 的阿拉伯傳教士來到此地，成為有籍可稽的第一位抵達蘇祿的華人。另有記載，1571 年（隆慶五年）西班牙殖民者佔領馬尼拉時見到「四十

華僑史》，第 252～259 頁。

〔註27〕 涂開輿：《華僑》，第 12 頁。

〔註28〕 林遠輝、張應龍：《新加坡馬來西亞華僑史》，第 488 頁。

〔註29〕 〔香港〕鄭良樹：《新馬兩地華教運動的互動關係》，載周望森主編：《華僑華人研究論叢》（第 5 輯），中國華僑出版社，2001 年，第 95 頁。

〔註30〕 陳育崧：《馬來亞華文教育發創史》，載高信、張希哲主編《華僑史論集》，第 130 頁。

〔註31〕 林遠輝、張應龍：《新加坡馬來西亞華僑史》，第 494 頁。另注，有部分創辦時稱為學堂，此為敘述方便概稱學校。

〔註32〕 《僑胞教育》，行政院新聞局印行，1947 年 7 月，第 1 頁。

〔註33〕 見許雲樵：《馬來亞華文報業史》，載高信、張希哲主編《華僑史論集》，第 149 頁。

〔註34〕 顏清湟：《新馬華人社會史》，第 265 頁。

〔註35〕 涂開輿：《華僑》，第 16 頁。

位有眷屬的中國人」。〔註36〕而中國人大規模移居菲律賓確係發生在明朝萬曆以後，人口以數萬計〔註37〕。菲律賓華僑之眾，令以殖民爲目的的西班牙殖民者有些恐懼。〔註38〕因此，在西班牙統治期間，菲律賓華人慘遭多次驅逐和屠殺。但是由於開發當地資源勞力缺乏、西班牙繁榮菲律賓貿易政策的吸引以及中國國內的情況等因素，中國移民還是源源不斷地來到菲律賓。1898年「美西條約」簽訂後，美國接管菲律賓。移民政策比較寬鬆，菲島華僑繼續增加，按照 1939 年的人口普查結果，在菲的中國僑民達 117487 人。〔註39〕諸般行業皆有華人身影，〔註40〕但以從商者居多。

菲律賓最早的華僑群體機構爲 1687 年成立的「比農多華人公會」（Gremio de Chino de Binondo），它是由比農多的華僑和華菲混血兒聯合組成，「兼有宗教和行政事務性質的組織」。〔註41〕隨後，西班牙殖民者採取甲必丹制度，在華人群體中行使收稅及初級司法權等職責，同時負責與政府交涉、請願。而華僑自己相互組織的社團有：「廣東會館」（1850）、「四知堂」（1877～1879）、「龍崗公所」（1884）——這屬於地緣組織；米商同業公會（1720）、華人馬車運輸同業公會、崇寧社、福聯益布商會、義和局布商會、福聯和布商會（均成立於 19 世紀）——這是業緣組織。這些組織在華僑群體中都有著重大影響，他們不僅維護各自群體的利益，而且還能抗禦外來壓迫、與殖民政府交涉、傳遞中國政府相關信息等，實際上控制著整個華人群體。

華僑社團、華僑教育、華僑報刊號稱海外華僑華人社會的「三寶」。菲律賓第一份華文報紙是光緒十四年（1888 年）由福建海澄人楊維洪創辦的

〔註36〕轉陳臺民：《中菲關係與菲律賓華僑》，〔香港〕朝陽出版社，1985 年，第 51～83 頁。

〔註37〕〔明〕張燮著，謝方點校：《東西洋考》，中華書局，2000 年，第 89 頁。

〔註38〕〔清〕張廷玉等撰：《明史》，中華書局，1974 年，卷三二三，列傳第二一一。

〔註39〕〔美〕海顛：《菲律賓與中國》，《南洋問題資料譯叢》1957 年第 3 期，第 23 頁。

〔註40〕〔美〕E.威克保（E.Wickberg）：《菲律賓華人早期的經濟勢力，1850～1898》，《南洋問題資料譯叢》1963 年第 2 期，第 117 頁。

〔註41〕黃滋生、何思兵：《菲律賓華僑史》，廣東高等教育出版社，1987 年，第 269 頁；以下會館內容若不另注者皆是參考該書有關內容。另有學者認爲「1680 年，『岷侖洛華人區公會』成立，這是一個兼具宗教和行政功能的混合組織，也是華人最早的社區機構。」見朱東芹：《衝突與融合：菲華商聯總會與戰後菲華社會的發展》，廈門大學出版社，2005 年，第 263 頁。

《華報》（後改名爲《岷報》），每天出版四版，惜不久即停刊。〔註42〕其後有《益友新報》（後改名《岷益報》）（1899）、《警鐸新聞》（1907）和《公理報》（1911）。其中，《公理報》是同盟會菲律賓支會機關報，後成爲國民黨在菲律賓的黨報。菲律賓的華文教育最初是由華僑聘國內塾師於家傳授中華傳統文化，或者將子弟送回祖國就學。第一所新式華校是1899年開辦的「小呂宋華僑中西學校」，到1937年上半年止，菲律賓共有華校149所。〔註43〕

（三）泰　國

泰國過去曾被稱作赤土、暹羅，中國人移居於此始於何時，目前尚無定論，但有16世紀中期以後華人聚居泰國南部北大年〔註44〕和阿瑜陀那城〔註45〕的記載。不過，在泰國早期華僑華人史上，最著名的也許莫過於1767年潮洲華僑的後代鄭昭（也有稱之爲鄭信，父鄭鏞爲廣東潮洲澄海人，母洛央爲暹羅人。）率軍擊退緬甸的進攻，重新統一泰國，建立吞武里王朝的壯舉，此也許是泰國華僑當中以潮洲人居多的原因之一。〔註46〕19世紀30年代曼谷就有華僑華人20萬人，占全曼谷人口的一半，而泰國南部的一個城市合艾則完全是由華僑華人建立起來的。〔註47〕以下爲1917年以前泰國華僑人口數量的一些情況：

1917年前泰國華人人口與泰國總人口估計數字選列表

大約年份	華僑人口數	總人口數（包括各民族）	大約年份	華僑人口數	總人口數（包括各民族）
1822	440000	2790500	1894	900000	9000000

〔註42〕劉芝田：《菲律賓華僑報業史》，載高信、張希哲編：《華僑史論集》，第109～110頁。

〔註43〕《僑胞教育》，第2頁。

〔註44〕〔明〕張燮著，謝方點校：《東西洋考》卷三「大泥」條，第59頁。

〔註45〕王小燕：《華人移居泰國的原因及其經濟活動》，載鄔啓宇編：《南洋問珠錄》，雲南人民出版社，1986年，第99頁。

〔註46〕參見〔美〕G.W.史金納（G.William Skinner）：《泰國華僑社會，史的分析》，《南洋問題資料譯叢》1964年第1期，第15頁。另據調查，1929年，此時44.5萬華僑出身地構成爲：潮州人60%，廣東人10%，瓊州人10%，福建人10%，客家人8%，其他（上海寧波人及其他）2%。見顧公任：《泰國與華僑》（外交部亞洲司研究叢書），1940年8月，第9、26頁。

〔註47〕王小燕：《華人移居泰國的原因及其經濟活動》，載鄔啓宇編：《南洋問珠錄》，第100頁。

1827	800000	3252650	1900	400000	——
1835	500000	3620000	1900	600000	——
1839	450000	3000000	1903	700000	5000000
1849	1100000	3653150	1903	2000000	6300000
1854	1500000	6000000	1903	2500000	——
1858	——	5000000	1903	480000	5029000
1862	1750000	7000000	1907	1400000	6000000
1864	——	4000000	1907	2755807	——
1878	1750000	7750000	1910	1200000	——
1885	1500000	5900000	1912	400000	6020000
1890	3000000	10000000	1912	650000	——
1891	500000	——	1916	1500000	
1892	1500000	5900000			

資源來源：見〔美〕G.W.史金納（G.William Skinner）：《泰國華僑社會，史的分析》，
《南洋問題資料譯叢》1964 年第 1 期，第 25 頁。另注：1913 年～1914
年時，泰國通過了國籍法，採用血統和出生地雙重原則來界定國籍。

　　泰國華僑主要集中於南部，包括東南和西南，其次是中部，最少是北部
和東北部邊區。〔註 48〕泰國「商賈多中國人」〔註 49〕，中泰之間的經濟往來
也十分頻繁。據統計，19 世紀 30 年代泰國從外國進口的貨物中，來自中國的
占 89%。〔註 50〕和很多地方一樣，在泰華人所從事的職業也往往以其祖居地
不同而不同。〔註 51〕

　　「語系社團和同鄉會的建立，是爲了滿足許多方面的需要。它們各自保
護會員在職業上的特殊利益；幫助從家鄉或僑鄉來的新移民謀職和定居；建
立和維持家鄉特有的神廟，以及建立和維持公墓供那些沒有經濟能力把已故
親人運回中國埋葬的人之用；供給來自同鄉或僑區的人以集會的場所和機會

〔註 48〕〔前蘇聯〕H.A.西莫尼亞《東南亞各國的中國居民》，《南洋問題資料譯叢》
　　　　1963 年第 1 期，第 24 頁。
〔註 49〕謝清高口述，楊炳南筆錄，安京校釋：《海錄校釋》「暹羅國」條，商務印書
　　　　館，2002 年，第 10 頁。
〔註 50〕朱傑勤：《東南亞華僑史》，第 214 頁。
〔註 51〕王小燕：《華人移居泰國的原因及其經濟活動》，載鄖啓宇編《南洋問珠錄》，
　　　　第 108 頁。〔美〕G.W.史金納（G.William Skinner）：《泰國華僑社會，史的分
　　　　析》，《南洋問題資料譯叢》1964 年第 3 期，第 70 頁。

等等。」〔註52〕在海外華僑華人群體中，地域組織、血緣組織，是構成海外華人社會的一個很重要的因素。「海外華人運用祖籍地傳統的地緣與血緣關係建立華人社團，以此作為華人社會的基本結構」。〔註53〕海外華僑華人往往利用這些組織來加強成員內部的聯繫和整合，協調群體與居住國社會的聯繫，促進群體與祖籍國的聯繫，加強與其他地區華僑群體的聯繫等等。泰國華僑組織中，秘密會社出現最遲不過19世紀初，早期被稱為大兄會，主要分佈在沿海城市、中部地區和南部華人比較集中的半島上，按居住地和方言組成不同幫派。〔註54〕此外，泰國華人還有五大語系組織：廣肇會館（1877）、海南會館（1900）、福建會館、客家人會館（1909）、潮州會館等。由泰國五大語系集團共同組成的天華醫院成立於 1904 到 1906 年期間，是一個跨越了地域、方言界限的組織。〔註55〕此外，還有最為重要的中華總商會（1908），以及保險業公會（1917）和米商公會（1917）等各行業公會。

　　而在華僑教育方面，經過傳統的私塾教育後，第一間新式華校——新民學校建立，該校在 1921 年華校調查時，有學生 303 人。〔註56〕其後新式華校入雨後春筍般，至 1929 年泰國華校已有 188 所，這意味著首個「僑教在泰國的黃金時代」的到來。但 1934 年，在泰國嚴格推行泰化政策的影響下，華校發展首遭挫折。由於中國政府的干預，華校的發展很快得到恢復，至 1937～1938 年，泰國華校 293 所，華文教師 492 人，學生 16711 人。〔註57〕

　　1903 年發行的《漢境日報》是泰國華文報的嚆矢。至 1937 年前，華文報紙先後有：《美日報》（後改名《湄南日報》）、《啓南日報》、《俠報》、《僑聲報》、《晨鐘日報》、《國民日報》、《曼谷日報》、《華僑日報》、《中南晨報》等。〔註58〕抗戰爆發後，跟隨日本的泰國打壓華文教育，當時華僑社會的四

〔註52〕〔美〕G.W.史金納（G.William Skinner）：《泰國華僑社會，史的分析》，《南洋問題資料譯叢》1964 年第 3 期，第 87～88 頁。

〔註53〕曾少聰：《漂泊與根植：當代東南亞華人族群關係研究》，第 291 頁。

〔註54〕邱格屏：《世外無桃源：東南亞華人秘密會黨》，第 61 頁。

〔註55〕〔美〕G.W.史金納（G.William Skinner）：《泰國華僑社會，史的分析》，《南洋問題資料譯叢》1964 年第 3 期，第 88～89 頁。

〔註56〕錢鶴編：《南洋華僑學校之調查與統計》〔上海〕暨南大學南洋文化事業部發行，1930 年，第 10 頁。

〔註57〕李玉年：《泰國華文學校的世紀滄桑》，《東南文化》2007 年第 1 期，第 72 頁。

〔註58〕方積根、胡文英：《海外華文報刊的歷史與現狀》，新華出版社，1989 年，第

家華文報紙《中華日報》、《華僑日報》、《民國日報》和《晨鐘日報》銷路只有七千份。1942 年日本佔領暹羅後，華文日報轉入地下工作，「均不定期發刊，出版後秘密分發華僑閱讀」。〔註 59〕

（四）印度尼西亞

有學者據考古發掘資料，將印尼有華僑之始追溯至兩千年前的漢代，稱「漢代可作爲印尼華僑史的序幕，唐代可作爲印尼華僑史的開端」。〔註 60〕

唐代於印尼華僑的記載可見阿拉伯遊歷家馬素提（Al Mas'oudi）的《黃金牧地》（Les Prairus d'or）一書，他說在巴鄰旁（巨港）一帶出現華人群體。〔註 61〕到了元朝，由於在 1293 年中央政府派兵 2 萬餘征討爪哇失敗，許多士兵流散當地與土著雜居，成爲華僑。〔註 62〕至明代印尼華僑聚族而居已成一定規模，在鄭和隨員馬歡的紀錄〔註 63〕和明代張燮《東西洋考》中都可得到印證〔註 64〕。至明末清初，印尼的華僑人口已達 10 萬人，〔註 65〕他們從事百業，尤以商人爲多。〔註 66〕由於契約華工輸入的關係，〔註 67〕儘管遭到荷蘭殖民者的屠殺、壓迫和限制，印尼華僑數量還是不斷增長，以下爲 1860～1930 年印尼華僑人口的部分統計數字：

69～73 頁。

〔註 59〕 旅渝暹羅華僑互助社編印：《暹羅問題專集》，1945 年 10 月，第 18 頁。

〔註 60〕 見李學民、黃昆章：《印尼華僑史（古代至 1949 年）》，廣東高等教育出版社，2005 年，前言。

〔註 61〕 轉李學民、黃昆章：《印尼華僑史（古代至 1949 年）》，第 19 頁。

〔註 62〕 參見〔清〕張廷玉等撰：《明史》卷三二三，列傳第二一一。〔元〕汪大淵著蘇繼廎校釋：《島夷志略校釋》，第 248 頁。

〔註 63〕 馬歡著，馮承鈞校注：《瀛涯勝覽校注》「爪哇國」條，中華書局，1955 年，第 8～9 頁。

〔註 64〕 〔明〕張燮著，謝方點校：《東西洋考》卷三「形勝名蹟」，第 44 頁。

〔註 65〕 朱國宏：《中國的海外移民——一項國際遷移的歷史研究》，第 113 頁。

〔註 66〕 〔英〕D・G・E・霍爾著，中山大學東南亞歷史研究所譯：《東南亞史》（上冊），商務印書館，1982 年，第 272 頁。

〔註 67〕 見李學民、黃昆章：《印尼華僑史（古代至 1949 年）》，第 274 頁。有學者據官方資料，認爲在 1912 年至 1932 年這一時期，總共輸入了 225000 名招募來的中國苦力。見〔蘇〕H.A.西莫尼亞：《東南亞各國的中國居民》，《南洋問題資料譯叢》1963 年第一期，第 65 頁。另有學者認爲邦加（Banka）及勿里洞（Billiton）兩地錫礦場的華人礦工皆爲契約工人。見黃競初：《南洋華僑》，上海商務印書館，1930 年，第 9 頁。

年　份	人　口	年　份	人　口
1860	221438	1900	537316
1880	343793	1905	563449
1885	381751	1920	809039
1890	461089	1930	1233214
1895	469524		

資源來源：荷印政府中央統計局《1930 年人口調查》第 7 卷，巴城，1935 年，第 48
　　　　頁。轉引自李學民、黃昆章：《印尼華僑史（古代至 1949 年）》，第 221 頁。

　　印尼福建籍華僑居多，在當地華人社會中的經濟勢力也較大，多從事商業，資金較雄厚；其他籍還有客家人、廣府人和潮州人等。〔註 68〕近代印尼華僑群體第一個社團為中華會館（1900）。其後華人社團不斷發展，據 1936年 8 月的統計，全荷屬東印度共有華僑社團 308 個，到 1941 年太平洋爆發前夕，估計華僑社團達 400 個。〔註 69〕

　　1690 年印尼華僑創辦印尼第一所傳統私塾──明誠書院，這也是東南亞第一所華文學校〔註 70〕。到 1900 年，全印尼有 439 間私塾。印尼第一間新式學校為中華學堂（1901），下表即為 1912 年至 1926 年印尼華校的情況：

1912～1926 年華僑學校發展統計表

年　份	學 校 數	學 生 數	老 師 數
1912	65	5451	──
1914	148	10840	──
1919	215	15948	600
1926	313	31441	1105

資源來源：據荷屬華僑學務總會編輯委員會編：《荷印華僑教育（年）鑒》，巴城，
　　　　1928 年，第 376、402、408、448 頁資源編製。轉李學民、黃昆章：《印
　　　　尼華僑史（古代至 1949 年）》，第 372～373 頁。另注：1912 年只為爪哇
　　　　華校數量。

〔註 68〕巫樂華主編：《華僑史概要》，中國華僑出版社，1994 年，第 48 頁。
〔註 69〕馮子平：《華僑華人史話》，〔香港〕天馬圖書有限公司，2004 年，第 94 頁。
〔註 70〕蔣尊國：《東南亞國家華文教育之比較研究》，《東南亞縱橫》2005 年第 8
　　　　期，第 36 頁。有學者認為該校為 1691 年設立，明誠書院為 1787 年改名的。
　　　　見李學民、黃昆章：《印尼華僑史（古代至 1949 年）》，第 362 頁。

至 1941 年止，全印尼華校約有 500 所，學生 65000 人，但高中學校僅爲一所。〔註71〕

印尼最早的華文報刊來自於 1823 年新教傳教士麥都思（Malter Henry Medhurst）於巴達維亞創辦的《特選撮要每月統記傳》，後於 1826 年停刊。1904 年，中文與馬來文混合版的周報《譯報》出版。其後如《中爪新聞》、《新報》、《東方之光》、《泗濱日報》、《華鐸報》等中文報紙相繼出現。其中《泗濱日報》是支持國民黨的華文報紙，主編是田桐。〔註72〕

（五）緬　甸

緬甸是中國的近鄰，在中國史書上稱撣國、驃國、蒲甘和緬甸。歷史上中緬之間陸路和海路貿易都很發達，清朝時，在上緬甸滇緬交界的波龍、茂隆銀礦區也曾聚集數萬華工從事銀礦開採。〔註73〕在英國殖民者入侵緬甸前（1824 年英發動第一次侵緬戰爭），華僑在緬甸已有了很大的發展，在仰光等地出現了華人社區，明清史籍皆有記載〔註74〕。到 20 世紀 20～30 年代，緬甸華僑超過十萬。〔註75〕第二次世界大戰前夕，在緬華僑中自立人口占 40%左右，而自立人口的 40%以上又是從事商業的；從事製造業和採礦業的約占 21%；從事農業和畜牧業的占 23%多些；從事運輸業的則占 6%以上。〔註76〕

「緬甸華校胚胎於清季，而興盛於近今。」據 1925 年的南洋華校調查，當時緬甸有中學一所，小學及女學一百九十餘所；中學以國語教學，小學則授閩粵滇等方言；經費主要來自英國殖民政府補助和僑商的捐助。〔註77〕

報紙方面有《覺民日報》、《仰光日報》、《緬甸晨報》等。《覺民日報》最早，是同盟會的機關報，之後相承爲國民黨機關報。「仰光（日報）與緬甸（日

〔註71〕廖自然：《印尼華僑社會史》，載高信、張希哲編：《華僑史論集》，第88頁。

〔註72〕方積根、胡文英：《海外華文報刊的歷史與現狀》，第98～100頁。

〔註73〕巫樂華主編：《華僑史概要》，第44頁。

〔註74〕參見〔明〕張燮著，謝方點校：《東西洋考》卷三「柬埔寨」條，第52頁；朱傑勤：《東南亞華僑史》，第120～121頁。

〔註75〕黃澤蒼：《英屬緬甸華僑之概況》，《東方雜誌》第二十五卷第五號（1928年3月10日），第45～46頁。另據1931年印度戶口冊緬甸之部所載，華僑有193594人。見朱傑勤：《東南亞華僑史》，第121頁。

〔註76〕〔前蘇聯〕H.A.西莫尼亞：《東南亞各國的中國居民》，《南洋問題資料譯叢》1963年第1期，第22頁。

〔註77〕黃澤蒼：《英屬緬甸華僑之概況》，《東方雜誌》第二十五卷第五號，第52頁。

報）則較趨向於社會。覺民每日銷行七八百份，仰光則有千份左右，緬甸僅五六百份，而股本則三者皆由僑商所聚成也。」〔註78〕

至於社團方面，首先出現是會館。〔註79〕到 20 世紀初期，陸續組建中華商會和青年團等組織。〔註80〕

（六）越南、柬埔寨、老撾

越南、柬埔寨、老撾一般被統稱爲印支三國。

越南舊稱安南，民國時西方人稱之爲法屬印支（1885 年越南正式爲法國殖民地）。外國學者認爲，早在公元 3 世紀時就有包括商人和工匠在內的中國移民在越南定居。〔註81〕後來，還有浙江胡氏成爲越南胡朝國君的之說。但大規模華人移民越南是在明清之交替，由於改朝換代的政治因素而引起的〔註82〕，惜此時期移民的具體數量不見史籍記載。近代越南華人人口不斷增加，至 1937 年，估計總數達 467000 人，分佈於堤岸、西貢等各大城市。〔註83〕1885 年，法殖民當局對華人幫會進行改組，將福州、瓊州兩幫會分別併入福建幫會和海南幫會，原有 7 個幫會改爲 5 個。越南華僑很少務農，以經商爲主，兼事他業；常以祖籍地不同來區分職業。〔註84〕在華文教育方面，越南也是首先出現私塾形式的教育機構，教授中國傳統文化。1907 年在堤岸成立的閩漳學校是越南第一間新式學校，其後各大幫會也陸續創辦華校。至 1942 年止，越南共有華校 201 所，學生人數達 1.2 萬多人。〔註85〕越南的華文報紙有《南圻日報》、《華僑報》、《群報》、《中國日報》、《全民日報》、《越南日報》、《公論日報》、《民報》、《眞報》、《中華日報》、《僑眾日報》、《時報》、《華南日報》等。〔註86〕1918 年創刊的《南圻日報》爲整個印支地

〔註78〕 黃澤蒼：《英屬緬甸華僑之概況》，《東方雜誌》第二十五卷第五號，第 52 頁。
〔註79〕 見朱傑勤：《東南亞華僑史》，第 166 頁。
〔註80〕 涂開輿：《華僑》，第 23 頁。
〔註81〕 見〔前蘇聯〕H.A.西莫尼亞：《東南亞各國的中國居民》，《南洋問題資料譯叢》1963 年第 1 期，第 5 頁。
〔註82〕 轉蔡北華主編：《海外華僑華人發展簡史》，上海社會科學院出版社，1992 年，第 114 頁。
〔註83〕 見朱傑勤：《東南亞華僑史》，第 113、222、223 頁。
〔註84〕 涂開輿：《華僑》，第 25 頁。
〔註85〕 見楊萬秀主編：《海外華僑華人概況》，廣東人民出版社，1989 年，第 87 頁。另，據國民政府統計，至 1937 年止，越南華校爲 351 所（應包括柬埔寨與老撾）。見《僑胞教育》，第 2 頁。
〔註86〕 楊萬秀主編：《海外華僑華人概況》，第 88 頁。

區第一份華文報〔註87〕。

　　柬埔寨，古稱扶南、眞臘、吉蔑、占臘、甘孛智等，明代萬曆年間始稱柬埔寨。柬埔寨與中國關係悠久，很早就有華僑在此定居。至 20 世紀 30 年代中期，柬埔寨的華僑已有 10.6 萬之多，〔註88〕1948 年達 14.8 萬人〔註89〕，分爲廣東、福建、海南、客家五幫〔註90〕。柬埔寨的第一份華文報紙出現在金邊，1938 年由鄺魯元、葉文長創辦，名爲《播音臺》。〔註91〕繼而有《大中華》、《華商報》、《中棉報》。1946 年，中國國民黨創立在柬機關報《公言報》。柬埔寨的第一所華文學校是 1914 年創立的端華學校。

　　中國人僑居老撾，最早見於文字記載的是明代朱孟震的《西南夷風土記》，但對其數量少有精確的統計，根據 1921 年法國人進行的人口普查，當時老撾有華僑 6710 人；1936 年則徘徊在 3000 人左右。他們從事商業、工礦企業和農業，以雲南籍爲多。老撾華僑文教事業比較落後，有幾所幫會學校，比較著名的是 1937 年創辦的萬象僚都中學。〔註92〕直到抗戰前老撾華僑群體都沒有報紙，1959 年 5 月始有名爲《僚華日報》的華文報出現。

（七）日本、朝鮮

　　日本和朝鮮也是亞洲兩個具有眾多華僑華人的地區。由於地理位置瀕近，我國居民很早就開始移民兩地，但早期的移民活動次數不多，規模不大，難以持久保持其民族特徵，因此無法形成華僑社會。

　　一般認爲，日本華僑社會的形成始於明代，以長崎爲先，〔註93〕主要以出現當地的華僑內部自助自治會所爲標誌。〔註94〕至 1910 年，估計旅日華僑爲 8420 人，到 1923 年關東大地震前，單橫濱就有華僑二萬多人，其中廣

〔註87〕　方積根、胡文英：《海外華文報刊的歷史與現狀》，第 112 頁。但有學者認爲，
　　　　　越南最早的華文報紙是爲《華僑報》，是在民國初年由法國牧師創辦。見楊萬
　　　　　秀主編：《海外華僑華人概況》，第 88 頁。

〔註88〕　楊萬秀主編：《海外華僑華人概況》，第 94 頁。

〔註89〕　巫樂華主編：《華僑史概要》，第 52 頁。

〔註90〕　楊萬秀主編：《海外華僑華人概況》，第 94 頁。

〔註91〕　方積根、胡文英：《海外華文報刊的歷史與現狀》，第 120 頁。

〔註92〕　楊萬秀主編：《海外華僑華人概況》，第 89～91 頁。

〔註93〕　巫樂華主編：《華僑史概要》，第 54 頁。

〔註94〕　〔日本〕過放著、喬雲譯：《初期日本華僑社會》，《南洋資料譯叢》2004 年第
　　　　　4 期，第 72 頁。

東人最多，達百分之九十。其他如福建、江西、浙江、江蘇共占百分之十。到 1930 年已增至 30836 人。〔註95〕這些旅日華僑也如其他地區的華人一樣，紛紛組織各類社團對華僑群體進行管理。中華總商會、中華會館、華廚工會、青年會、婦女會、基督教聖公會、和親會為階層與行業組織。同鄉會亦有：四邑會所、三江公所、三邑同鄉會、要明同鄉會、中山同鄉會、福建同鄉會等。在橫濱除人同、華僑兩校外，尚有一間由江蘇、浙江、江西三省籍人辦的三江學校，學生僅百餘人（廣東人不收），校長孔六生，學制九年。〔註96〕

　　15 世紀以來，朝鮮華僑社會逐漸形成。其後由於社會的變動，在朝華僑數量多有變化。至 1910 年增至 11818 人，相較 1883 年記錄在案的 162 人，17 年間增長近 73 倍。〔註97〕1910 年以後至 1943 年朝鮮華僑人口情況見下表。在韓華僑以從商為主，〔註98〕有廣幫、南幫和北幫三大幫會，另有商會（由商人構成）和苦力會（由工人組成）等行業組織，也是在幫會基礎上形成。〔註99〕

1910～1943 年韓國華僑人數的增減情況

年　度	1910	1915	1920	1925	1930	1935	1940	1943
總計	11818	15968	23989	46196	67794	57639	63796	75776
男	10631	14714	21382	40527	55973	45864	47161	50903
女	1189	1254	2607	5669	11821	11775	16815	34873

資料來源：《朝鮮總督府統計年鑒》1910～1942 年；《朝鮮統計年鑒》1943 年。轉陸益龍：《嵌入性適應模式：韓國華僑文化與生活方式的變遷》，中國社會科學出版社，2006 年，第 41 頁。

〔註95〕綜合巫樂華主編：《華僑史概要》，第 56 頁；及吳伯康：《回憶旅居日本三十二年》，載《文史資料選輯》（合訂本）第 30 冊，中國文史出版社，1986 年，第 50 頁。

〔註96〕吳伯康：《回憶旅居日本三十二年》，載《文史資料選輯》（合訂本）第 30 冊，第 51 頁。

〔註97〕楊昭全、孫玉梅著：《朝鮮華僑史》，中國華僑出版公司，1991 年，第 7、79、124 頁。

〔註98〕陸益龍：《嵌入性適應模式：韓國華僑文化與生活方式的變遷》，中國社會科學出版社，2006 年，第 39 頁。

〔註99〕陸益龍：《嵌入性適應模式：韓國華僑文化與生活方式的變遷》，第 99 頁。

1894 年前，朝鮮華僑社會只有私塾。1902 年，朝鮮最早的華僑新式學校仁川華僑學堂建立，1910 年又有漢城華僑學堂。〔註 100〕朝鮮華文報紙不發達。1930 年時，有份叫《朝鮮中華民眾》的半月刊可能是朝鮮較早的華文報刊之一，其後直到二戰結束才又出現華文報刊。1948 年，朝鮮華僑聯合總會在平壤創辦機關報《民主華僑》，向華僑報導相關信息。〔註 101〕另外需要說明的是，抗戰期間，由於中日之間的敵對國關係，南京國民政府的僑務政策無法下達日本和處於日本殖民之下的朝鮮地區。〔註 102〕

至於南亞、中亞等其他亞洲地區的華僑狀況，因資料缺乏，難以進行比較清晰的描述〔註 103〕。

二、美洲的華僑華人社會

美洲屬於華僑移入較晚的地區，但發展卻相當迅速。在美洲各地，以拉丁美洲移入最早，美國次之，加拿大居後。而在拉丁美洲各地，又以墨西哥移入在先，西印度群島和中、南美大陸繼後。據統計，1944 年拉丁美洲地區華僑總數達到 12.7 萬多人。其中古巴、秘魯、巴拿馬、牙買加華僑人數較其他國家為多，都在萬餘人以上。〔註 104〕這個數字，在當時世界五大洲中僅次於亞洲，居於第二位。

（一）美　國

據美國移民局的記錄，中國人移居美國最早發生的年代是 1820 年，人數極少，至 1848 年錄得的人數只有 40 人左右，多以經商為業。〔註 105〕而華工大批移入美國是 19 世紀 50～80 年代的事，在 1862 年「淘金熱」高潮時，單

〔註 100〕楊昭全、孫玉梅：《朝鮮華僑史》，第 162 頁。
〔註 101〕方積根、胡文英：《海外華文報刊的歷史與現狀》，第 172～173 頁。
〔註 102〕其實早在 1931 年日本對華僑已進行監控，連國民黨駐神戶支部的函件都只能經人帶到南京的。見中國第二歷史檔案館編：《中國國民黨中央執行委員會常務委員會會議錄》（影印本）（十六冊），廣西師範大學出版社，2000 年，第 362 頁。
〔註 103〕筆者曾有一文考察過 1942 年前後印度華僑的概況（刊於《八桂僑刊》2008 年第 2 期）。
〔註 104〕巫樂華主編：《華僑史概要》，第 69 頁。
〔註 105〕陳汝舟編：《美國華僑年鑒》，中國國民外交協會駐美辦事處出版，1946 年，第 340 頁。

參加淘金的華工就一度多達 30,000 名。關於華工赴美的情況和數量，梁啓超在《新大陸遊記‧附錄一（記華工禁約）》一文中有較爲詳細的記載〔註106〕，估計到 1902 年時在美華人有十萬至十二萬之多。〔註107〕雖美國政府曾一度禁止華人來美，使寓美華僑數量減少〔註108〕，但到 1940 年又恢復至 103175人，〔註109〕以男性爲主，〔註110〕在農林畜牧業、採礦業、製造及機械業、運輸、商業、公務員、洗衣工、僕役等崗位被廣泛雇用。〔註111〕

美國的華人組織有：1、會館　主要有岡州會館、三邑會館、四邑會館（1851 年）；陽和會館、人和會館（1852 年）；寧陽會館（1854 年，替代原四邑會館）。1862 年，以上會館會同合和會館共同組建中華會館（Chinese Six Companies）。〔註112〕 2、宗親組織　主要有孝篤親總公所、龍岡親義公所、遡源公所、昭倫聯義公所、黃江夏雲山公所等。3、秘密會社（堂會）　著名的有安良工商總會、協勝公會、秉公總堂、萃勝工商總會、瑞端工商總會、瑞英工商總會、合勝總堂等。這些華人組織在華僑群體中行使的職權包括：關於華僑之治安、維護華僑之利益、處理華僑間的糾紛、出具證明事項、慈善事業等。

最早的僑校是舊金山的中西學堂，它是 1886 年經駐舊金山總領事倡議、駐美公使張蔭桓同意後籌備的，於 1888 年開學。之前主要是私塾形式存在於華僑群體當中。其後檀香山明倫學校、舊金山晨鐘學校等陸續成立，這些華校的成立有相當程度與 1908 年粵人梁慶桂奉命到美視學有關。〔註113〕美國最早的華報《金山日新錄》（1854 年）和《東涯新錄》（1855 年）都是由傳教士

〔註106〕梁啓超：《飲冰室合集》（7），中華書局，2003 年，第 149 頁。
〔註107〕梁啓超：《飲冰室合集》（7），第 164～165 頁。
〔註108〕陳汝屠：《旅美華僑實錄》，無出版社無出版年月，但相關序言書於 1923 年，第 1～10 頁。
〔註109〕陳汝舟編：《美國華僑年鑑》，第 351 頁；具體各城市的華人人數可參閱該書第 351～353 頁。1906 年舊金山大地震，銷毀當地移民局所有資料，造成華人「紙兒子」現象的流行。
〔註110〕趙小建：《重建家園：動盪中的美國華人社會：1940～1965》，復旦大學出版社，2006 年，第 2 頁。
〔註111〕李春輝、楊生茂主編：《美洲華僑華人史》，東方出版社，1990 年，第 130、135 頁。
〔註112〕陳汝舟編：《美國華僑年鑑》，第 362 頁。另有學者認爲岡州會館是在 1849 年成立的。見李春輝　楊生茂主編《美洲華僑華人史》，第 178 頁。
〔註113〕李春輝、楊生茂主編：《美洲華僑華人史》，第 238～246 頁。

創辦，第一份由華僑自己創辦的華文日報是 1856 年 6 月 12 日出版的《沙架免度新錄》，由四邑華僑司徒源創辦。其後有《舊金山唐人新聞紙》、《唐番公報》、《文記唐番新報》、《華人記錄》、《中外親錄》、《少年中國晨報》、《檀香新報》等。而 1900 年創刊的《新中國紙》至 1978 才停刊，〔註114〕歷史相當悠久。

（二）加拿大

中加之間早在 1780 年就存在著貿易和經濟往來，加拿大不列顛哥倫比亞省的資料室至今仍保存有 1795 年與廣州十三行的「達成行」進行皮革貿易的契約。〔註115〕華人大規模移居加拿大是始於 1858 年，因當時加拿大採金潮引發的。首先是從美國出發的華人，其後爲中國本土過來的契約華工。僅是 1860 年的頭三個月就有 1577 人直接從中國乘船來到加拿大。〔註116〕其後，雖有《1885 年華人移民法》排華的影響，但由於中國國內社會環境的動蕩及追逐財富等因素，到加的華僑數量仍不斷增加。據 1911 年調查，全加有華僑 27774人，〔註117〕1921 年時達到 39587 人。〔註118〕最初在加華僑華人主要從事採礦和建築業，隨著鐵路的完工等因素，加拿大華僑的職業在 19 世紀末 20 世紀 20 年代初，從淘金、築路轉向洗衣店、餐館、雜貨店和農業等。加之加拿大政府推行的排華法令，更迫使在加華僑集中從事那些白人少幹或不願幹的職業，如洗衣、餐館、木器商店、森林工業、煤礦、農場、森林工業等。

1875 年不列顛哥倫比亞省出現華文講習班，但一般把 1899 年維多利亞中華會館開辦的樂群義塾視爲加拿大華人教育的嚆矢。〔註119〕1917 年由中華學堂改名的華僑公立學校是華僑自建新式學校的開端。至 20 世紀 30～40 年代，有 26 所華文學校分佈在加拿大的 11 個地方，其中 1/3 設在溫哥華、

〔註114〕方積根、胡文英：《海外華文報刊的歷史與現狀》，第 179～182 頁。

〔註115〕劉漢標、張興漢編著：《世界華僑華人概況（歐洲、美洲卷）》，暨南大學出版社，1994 年，第 137 頁。另據梁嘉彬考，達成行爲南海人倪秉發開辦。見梁氏：《廣東十三行考》，廣東人民出版社，1999 年，第 298 頁。

〔註116〕陳翰笙主編：《華工出國史料彙編》第七輯，中華書局，1984 年，第 309頁。

〔註117〕涂開輿：《華僑》，第 41 頁。

〔註118〕陳翰笙主編：《華工出國史料彙編》第七輯，第 353～354 頁。

〔註119〕黃昆章、吳金平：《加拿大華僑華人史》，廣東高等教育出版社，2001 年，第288 頁。李春輝　楊生茂主編：《美洲華僑華人史》，第 410 頁。

多倫多和維多利亞。〔註 120〕1903 年，由保皇黨人創辦的《日新報》（China Reform Gazette/Yat Sun）成爲加最早的僑報，但於 1911 年停辦。致公堂在孫中山的支持下於 1907 年創辦《大漢公報》，1910 年改名爲《大漢日報》，馮自由曾任該報主編。該報直到 1992 年 10 月停辦，是目前爲止加拿大歷史最悠久的華文報紙。當時的華文報刊還有：《新民國日報》（1911 年）、《大陸報》（1908 年）、《華英日報》（1906 年）、《醒華周報》（1917 年）、《世界日報》（1914 年）、《洪鐘時報》（1927 年）等等。〔註 121〕

　　早在淘金時期，加拿大一些地方就形成「瞬時唐人街」〔註 122〕，後演變爲成規模的華僑華人社區。同時，一些華僑組織應運而生。1863 年，洪順堂出現，它是加拿大華僑第一個秘密會社。〔註 123〕在 20 世紀 20 年代的秘密會社的全盛時期，全加有堂所 40 餘，會員 2 萬餘，幾乎囊括了全部在加華工。〔註 124〕其中，致公堂勢力最大。加拿大華僑第一個地域組織是在 1872 年出現的人和堂，到 1875 年，這樣的地域組織已有 10 個。〔註 125〕還有一些宗親性組織。僑團中最具影響力的當屬 1884 年成立的中華會館，成員包容華僑各階層，能有效維護華僑的利益，在加拿大華僑組織中處於領導的地位。

（三）其他美洲國家

　　16、17 世紀一批菲律賓華工、華僑抵達墨西哥僑居，在首府墨西哥城創建了美洲歷史上第一條唐人街，墨西哥華僑因此成爲了美洲華僑的先驅。〔註 126〕而和其他美洲國家相同，大規模華人移居墨西哥則源自 19 世紀後期的契約勞工，〔註 127〕據我國學者統計，從 1891 年至 1900 年從正規渠道進入墨西哥的華人每年大約有 4500 人，到 1910 年在墨西哥的華人共有 30000

〔註 120〕李春輝、楊生茂主編：《美洲華僑華人史》，第 410～411 頁。
〔註 121〕黃昆章、吳金平：《加拿大華僑華人史》，第 292～294 頁。
〔註 122〕黃昆章、吳金平：《加拿大華僑華人史》，第 48 頁。
〔註 123〕黃昆章、吳金平：《加拿大華僑華人史》，第 59 頁。
〔註 124〕李春輝、楊生茂主編：《美洲華僑華人史》，第 379 頁。
〔註 125〕黃昆章、吳金平：《加拿大華僑華人史》，第 62～63 頁。
〔註 126〕哈林（C.H, Haring）：《西班牙美洲帝國》（The Spanish Empire In America），倫敦，1947 年，第 212 頁。轉李春輝、楊生茂主編：《美洲華僑華人史》，第 3 頁。
〔註 127〕陳翰笙主編：《華工出國史料彙編》第三輯，中華書局，1984 年，第 109、16、264～265 頁。

人左右。〔註128〕而這些契約華工的經歷充滿了血淚，〔註129〕墨西哥、古巴、秘魯等國的華工最初是從事種植、挖鳥糞等工作，其後有部分華工以洗衣爲業，或改做餐館、咖啡館，或從事小商販，或從事貿易等。「抗戰時期墨京華僑約 1100 人，咖啡館達 340 間，最爲隆盛。」〔註130〕

　　秘魯第一份華文報刊是《民醒日報》，1911 年創刊，後爲國民黨秘魯總支部機關報。而 1930 年前後創辦的《公言報》爲洪門致公堂創辦。墨西哥最早的華文報紙是《國民日報》（1918 年），屬油印通訊稿的報紙；1929 年創刊的第二份華文報紙《公報》，仍爲油印通訊稿。古巴華文報刊的嚆矢由華僑易綺茜於 1902 年 1 月創辦──易氏也爲古巴中華會館創辦人之一。其後，洪門致公堂於 1922 年 6 月創辦《開明公報》，〔註131〕同年 9 月《民聲日報》創辦。

三、歐洲的華僑華人社會

　　19 世紀之前到過歐洲的中國人寥寥無幾，多是隨同傳教士前往歐洲。其中陳安德，1649 年隨耶穌會士卜彌格（Boym, Michael-Pierre）到達羅馬，「在有文字資料可查的赴歐中國人中，他應是最早的一位」〔註132〕。此外，還有廣東香山人鄭瑪諾（1650 年）〔註133〕、江寧人沈福宗（1682 年）、山西平陽人樊守義（1707 年）、福建興化人黃嘉略（1702 年）〔註134〕等。

　　中國人至遲在十九世紀下半葉已經移居歐洲，而清政府派往歐洲的外交官員們的日記，成爲今天考察 19 世紀下半葉僑居歐洲華人狀況的寶貴資料。如使法外交官曾紀澤在日記中就多次提到巴黎華僑的情況，〔註135〕如

〔註128〕 馮秀文編著：《中墨關係：歷史與現實》，社會科學文獻出版社，2007 年，第122 頁。
〔註129〕 《華人月刊》〔香港〕，1987 年第 10 期，第 16 頁。
〔註130〕 馮秀文編著：《中墨關係：歷史與現實》，第 123 頁。
〔註131〕 方積根、胡文英：《海外華文報刊的歷史與現狀》，第 214～228 頁。
〔註132〕 許明龍：《歐洲 18 世紀「中國熱」》，山西教育出版社，1999 年，第 19 頁。
〔註133〕 李明歡：《歐洲華僑華人史》，中國華僑出版社，2002 年，第 60～61 頁。許明龍先生認爲鄭是跟隨法國神甫羅歷山（Rhodes, Alexandre）赴歐的，應還有另一位中國人同行，且認爲是 1645 年出發，1649 年到達羅馬，1651 年入學院學習。見上引書第 19、20 頁。但許氏在另一書中認爲鄭是在 1651 年到達羅馬的。見許明龍：《黃嘉略與早期法國漢學》，中華書局，2004 年，前言。
〔註134〕 參見許明龍：《黃嘉略與早期法國漢學》。
〔註135〕 〔清〕曾紀澤著，劉志惠點校輯注：《曾紀澤日記》，嶽麓書社，1998 年，第1113、1357、1362、1365、1369、1530 頁。

「閱謝大銘所販中國磁器」一事——謝大銘，江蘇江寧人，1878年抵達巴黎，被當時法國華僑尊爲「僑法華人之老前輩」。〔註136〕由曾的日記推測，19世紀後期巴黎已有部分中國人僑居，並可能有華人組織存在。到20世紀20年代，居歐華僑人數雖有限，但一個以廣東人和浙江人爲構成的移民群體已初現雛形。〔註137〕對於歐洲的中國移民來說，浙江人可謂領先河者。在數量上，1910年在歐洲的青田人有40人，1920年劇增至15500人；而除青田縣外的浙江其他各縣抵歐人數，至1931年則爲2800人。〔註138〕據浙江青田縣華僑歷史陳列館提供的數據，出國的青田人中有相當一部分去了歐洲。

1910年前浙江青田人最早抵達歐洲國家和時間表

最早抵達年代	國　　別	最早抵達年代	國　　別
1821	法國	1894	意大利
1822	荷蘭	1896	葡萄牙
1823	俄國	1898	英國
1827	德國	1902	丹麥
1891	奧地利	1908	比利時
1893	西班牙		

資料來源：青田縣華僑歷史陳列館。轉自李明歡：《歐洲華僑華人史》，中國華僑出版社，2002年，第93頁。

中國移民歐洲的一個重要原因是一戰期間的華工招募。〔註139〕據估計，整個一戰期間先後約有30萬華工被送往歐洲戰場及協約國所轄戰區，死亡華工可能達5萬人之多。戰爭結束後，部分華工留在當地，其中留居法國的總計約3000人左右，「第一次在法國社會中形成了一個引起法國主流社會關注的華人移民群體。」其後再經20世紀初的赴法勤工儉學等運動，以法國爲代表的各個歐洲國家的華僑華人社會逐步形成。到20世紀30年代，全歐華人約有4萬，利物浦、倫敦、漢堡、鹿特丹、阿姆斯特丹、巴黎、米蘭等地相

〔註136〕李明歡：《歐洲華僑華人史》，第76頁。
〔註137〕Frank N.Pieke 著，李明歡譯：《歐洲華僑華人概況》，《華僑華人歷史研究》1997年第2期，第27頁。
〔註138〕陳里特：《中國人在歐洲》，《華僑月刊》第1卷第1期，第44、47頁。
〔註139〕陳里特：《中國人在歐洲》（續），《華僑月刊》第1卷第3期，第32頁。

繼形成特性突出的「唐人街」。〔註140〕他們的職業主要是商業小販。〔註141〕但最持久不衰的要算中餐館業，開辦中國餐館成為當時旅歐華僑不錯的生適之路。

李明歡認為，歐洲華人社會史的第一個社團組織可以追溯到 19 世紀 90 年代英國利物浦華人組建的「英國致公堂」〔註142〕，屬秘密會社性質。1906 年同在利物浦成立的「英國四邑總會館」，是地域性組織。荷蘭的華僑華人組織最早當屬 1922 年成立於鹿特丹的「荷蘭華僑會館」。1929 年 10 月漢堡成立中華會館，是為德國華僑群體中較早的組織。

歐洲最早的中文刊物是 19 世紀末由柏林大學掌管東方學的學者編輯的《日國》。不過，法國華文報刊在歐洲居領先地位──1907 年 8 月出版的《新世紀》則是巴黎最早的華文報刊，後有《旅歐周刊》（1919 年）、《工餘》雜誌、《先聲周報》、《赤光》、《華工周報》、《少年》（均創刊於 1922 年）等，都是在法國出版的。〔註143〕

四、大洋洲的華僑華人社會

大洋洲的華人華僑討論涉及兩個國家：澳大利亞與新西蘭。

澳大利亞（簡稱澳洲）與地處北半球的中國相距甚遠。中國人最早到澳洲的記載是 1789 年；1841 年大約有 12 個中國人被西方貿易商留在澳洲。〔註144〕澳洲發現金礦後，來自廣東等南部沿海地區的華人紛紛湧入，1848 年 10 月 2 日是有確切文字記載的首批華工抵澳時間。〔註145〕維多利亞（Victoria）是主要的產金區，1854 年以前只有 2341 名華僑，1858 年增至約 40000 人，

〔註140〕李明歡：《歐洲華僑華人史》，第 100、117、168 頁。
〔註141〕巫樂華主編：《華僑史概要》，第 75 頁。
〔註142〕李明歡：《歐洲華僑華人史》第 219 頁。但筆者認為上述提到曾紀澤日記中記載的 1884 年巴黎養生會有可能為一個華僑華人組織。
〔註143〕相關內容參閱方積根、胡文英：《海外華文報刊的歷史與現狀》，第 232～243 頁。
〔註144〕Regina Ganter, "China and the Beginning of Australian History", Henry Chan, Ann Curthoys, Nora Chiang Editors, The Overseas Chinese in Australasia: History, Settement and Interactions, (Taipei) Interdisciplinary Group for Australian Studies (IGAS), National Taiwan University; (Canberra)Centre for the Study of the Chinese Southern Diaspora,Australian National University. 2001. p.37.
〔註145〕張秋生：《澳大利亞華僑華人史》，外語教學與研究出版社，1998 年，第 56～57 頁。

占當地金礦工人的 1/4。〔註146〕此外，新威爾士〔註147〕、墨爾本〔註148〕亦多
華工。1888 年澳洲通過排華法案，在澳華僑有出無進，人數有所減少：1888
年澳州約有 50000 名華僑，1919 年減爲 32000 人。〔註149〕此間情況可參考下
二表。

表一　1861 年～1901 年東澳大利亞的中國人

地　　點 ＼ 年　份	1861	1871	1881	1891	1901
Victoria 維多利亞	24732	17826	11959	8489	6347
NSW 新威爾士	12988	7220	10205	13157	10222
Queensland 女王島	538	3305	11229	8524	7672
Australia 澳洲	38258	28351	38533	35821	29627
以上前三者占總數的百分數%	n.a.	n.a.	86.7	84.2	81.8

資料來源：轉 Andrew Markus, "Government Control of Chinese Immigration to Autrsalia,
　　　　　1855-1975", Henry Chan, Ann Curthoyś, Nora Chiang Editors, The Overseas
　　　　　Chinese in Australasia:History,Settement and Interactions, p.69.另注：女王島
　　　　　又稱昆士蘭。

表二　1891 和 1901 年華人在新南威爾士、維多利亞和昆士蘭所從事
　　　的行業和人數表

行　業 ＼ 地　區 ＼ 年代	1891 年			1901 年		
	新南威爾士	維多利亞	昆士蘭	新南威爾士	維多利亞	昆士蘭
1、淘金	1947	2181	878	1019	1296	637
2、園藝	3841	2104	2564	3564	2022	2446
3、畜牧業	622	96	148	469	27	53
4、其他農業	1817	530	1510	353	515	1859

〔註146〕Andrew Markus, "Government Control of Chinese Immigration to Autrsalia,
　　　　　1855-1975", Henry Chan,Ann Curthoys,Nora Chiang Editors, The Overseas
　　　　　Chinese in Australasia: History, Settement and Interactions, p.69.
〔註147〕Maxine Darnell, Master and Servant, Squatter and Shepherd: The Rgulation of
　　　　　Indentured Chinese Labourers, New South Wales, 1847-1853; pp.54-55.
〔註148〕陳翰笙主編：《華工出國史料》第四輯，中華書局，1984 年，第 499 頁。
〔註149〕巫樂華主編：《華僑史概要》，第 71 頁。

5、普通工人	719	583	582	586	89	250
6、家庭僕役	792	385	693	593	100	741
7、旅館旅店業	279	68	257	293	121	309
8、商人	56	30	24	72	55	29
9、果菜販商	317	93	201	650	252	293
10、店主	364	492	507	290	290	595
11、小販	403	289	125	3641	156	257
12、店夥	215	73	29	226	50	38
13、傢具業	347	246	30	662	620	58
14、洗衣業	3	74	16	68	270	——
14 種行業總計	11722	7244	7564	9210	5863	7585
有工作的華人總數	13127	7937	8399	9968	6123	8468

資料來源：陳翰笙主編：《華工出國史料》第八輯、第九輯、第十輯合輯，中華書局，
　　　1984 年，第 19 頁。

　　新西蘭是大洋洲第二大島國，中國移民大規模移入於 19 世紀 60 年代中期，當時華僑來新西蘭的目的幾乎全是爲了淘金。與澳洲華僑一樣，新西蘭華僑差不多全是來自珠江三角洲地區的廣東人，會館有東增會館（東莞、增城）、番花會館（番禺、花縣）和江夏會館。〔註 150〕此外，新西蘭在排華立法方面緊隨澳洲。下表爲筆者據資料匯總的新西蘭華人的一些情況。

年　份	中國人淘金人數目	旅居新西蘭的華人總數
1867	——	1291
1871	——	2641
1874	4027	4814*
1878	3398	4424
1886	2170	3685
1899	——	3263
1902	——	2570
1906	612	2573
1926	17	2927
1936	16	2943

〔註 150〕巫樂華主編：《華僑史概要》，第 71 頁。

資料來源：陳翰笙主編：《華工出國史料》第八輯、第九輯、第十輯合輯，第 31、45
　　　　頁。及巫樂華主編：《華僑史概要》，第 71 頁。*注 1874 年新西蘭政府公
　　　　佈數字與上述得到的人數略有差異，相差兩人〔註 151〕。

　　澳洲早期秘密會館有義興會、保良會和致公堂，地域性組織有 1845 年
墨爾本「岡州會館」和「四邑會館」〔註 152〕、1875 年悉尼公義堂、1885 年
達爾文華安會館、1898 年悉尼四邑會館、1906 年悉尼洪聖宮等。社團規模
最大的是 1900 年開始的保皇會，它在全澳州共有 10 個支部，領導成員主要
是華商。

　　澳洲第一張華文報紙《廣益華報》（*The Chinese Australia Herald*）於 1894
年 9 月 1 日在悉尼正式出版，〔註 153〕該報沒有政治色彩，純為華僑服務。
其後有保皇會機關報《東華報》（1902 年），《警東新報》（1906 年），洪門致
公堂《民國報》（1910 年），《民報》（1920 年，1922 年後歸國民黨悉尼支部
主辦）。新西蘭的華文報刊事業不發達，1921 年才出現第一份華文報刊《民
聲報》，由國民黨駐新西蘭惠靈頓分部創辦。〔註 154〕1937 年上半年大洋洲的
華校數量為 60 間。〔註 155〕

五、非洲的華僑華人社會

　　華僑在非洲主要集中在毛里求斯、馬達加斯加、留尼汪、南非等地。

　　最早抵非的中國人是帶有政治性質的被迫移民，到 1817 年，毛里求斯
島路易港已有一個被稱為「中國營地」的居住區，〔註 156〕而最早自由來此
定居的華人是閩籍人陸才新（阿鑫）。〔註 157〕此後，毛里求斯逐漸成為非洲
華僑華人主要集中的地區之一。1911 年有華僑 3662 人；1929 年上海僑務協

〔註151〕陳翰笙主編：《華工出國史料》第八輯、第九輯、第十輯合輯，中華書局，1984
　　　　年，第 31 頁。
〔註152〕楊進發：《新金山：澳大利亞華人 1901～1921 年》（C.F.Yong, The New Gold
　　　　Mountain, The Chinese in Australia, 1901～1921），里士滿，拉斐爾文藝公司，
　　　　1977 年，第 272 頁。轉張秋生：《澳大利亞華僑華人史》，第 152 頁。
〔註153〕張秋生：《澳大利亞華僑華人史》，第 107 頁。
〔註154〕參閱方積根、胡文英：《海外華文報刊的歷史與現狀》，第 252～258 頁。
〔註155〕《僑胞教育》，第 2 頁。
〔註156〕方積根編：《非洲華僑史資料選輯》，新華出版社，1986 年，第 23 頁。
〔註157〕巫樂華主編：《華僑史概要》，第 76～77 頁。

進會非洲特派員莫次南調查時，毛島有華僑 6747 人〔註 158〕；1931 年增至 8923 人；1944 年已達到 10882 人。〔註 159〕當地華人華僑中廣東人居多，經商爲主。莫次南調查時，毛島有 72 個華僑社團，包括商會、仁和會館、南順會館等。〔註 160〕1912 年在路易港有新華學校創辦。〔註 161〕

　　中國人是在 19 世紀中期到達馬達加斯加島，大批移入始於 1896 年 5 月，他們是法國殖民政府爲開發該島所徵召的契約華工，最後一批契約華工於 1901 年 6 月 20 日抵馬島，契約期滿後基本被遣回國。〔註 162〕馬島華僑多是其後從毛里求斯和留尼汪遷移過來廣東順德和南海人，他們經營食品、日用百貨和收購馬島土特產和農產品。1896 年 12 月成立的塔馬塔夫華僑協會是馬島華僑最早華人社團，它在法國殖民當局監督下，有權接納或拒絕新華僑進入馬島。〔註 163〕

　　下表爲部分時間馬島華僑華人的人口情況：

年　　份	人　　數	備　　註
1896	50	
1904	452	馬國第一次人口普查資料
1909	512	馬國人口普查資料
1921	935	馬國人口第一次科學普查資料
1931	1805	馬國人口普查資料
1941	3637	馬國人口普查資料

資料來源：方積根編：《非洲華僑史資料選輯》，新華出版社，1986 年，第 72 頁。

　　19 世紀末 20 世紀初，中國人開始自由地移居留尼汪，每年平均有 200 名中國人到來，很多是福建籍商人〔註 164〕，其間也有契約勞工〔註 165〕。同時，

〔註 158〕方積根編：《非洲華僑史資料選輯》，第 8 頁。
〔註 159〕巫樂華主編：《華僑史概要》，第 80 頁。
〔註 160〕方積根編：《非洲華僑史資料選輯》，第 48、8 頁。
〔註 161〕別必亮：《承傳與創新——近代華僑教育研究》，河北教育出版社，2002 年，第 18 頁。
〔註 162〕巫樂華主編：《華僑史概要》，第 77 頁。
〔註 163〕巫樂華主編：《華僑史概要》，第 79 頁。
〔註 164〕巫樂華主編：《華僑史概要》，第 80 頁。
〔註 165〕陳翰笙主編：《華工出國史料彙編》第八輯、第九輯、第十輯合輯，第 263、264 頁。

留尼汪與毛里求斯之間經常有華僑往來遷移。〔註166〕到 1929 年莫次南調查時，留尼汪華僑的人數為 1988 人。僑團為中華商會，無僑校。〔註167〕

1904 年，南非發現金礦和鑽石礦，英國與清政府簽訂了《中英會訂南非招工條約》，大量招募華工。至 1906 年底，僅特蘭士瓦礦區就估計有華工62000 餘人。〔註168〕由於工作條件極端惡劣，華工與白人工頭、雇主不斷發生衝突，英國當局於 1907 年 6 月決定不再招募，已招募者期滿後一律遣返回國。至 1910 年止，南非契約華工全部被遣返。除契約華工外，自 19 世紀末開始也有部分中國人通過自由移民的方式進入南非地區。1889 年～1903年間估計有 900 人以自由移居方式進入南非，1911 年增至 1900 人。他們大部分居住在德蘭士瓦，以經營洗衣業和木器業為生，深受南非白人殖民政府種族歧視政策的限制，行動少有自由。〔註169〕

此外，在塞舌爾群島，1886 年也出現了首批中國移民，到 1893 年以後，已有不少華僑在群島內從事華尼拉（香草）加工業和各種種植業。

據統計，1929 年全非已有華校 5 間，馬達加斯加及留尼汪正在籌辦。〔註170〕至 1937 年上半年，非洲華校則增至 23 間。〔註171〕

綜上所述，儘管各洲華僑華人社會的形成與發展並不均衡，但可以肯定，至少在抗戰前，世界五大洲皆形成了華僑社會。據統計，至 1935 年，「茲僅就華僑人數方面而言，統計在外僑民共有七百八十三萬八千八百九十五人。」〔註172〕其中以亞洲各地華僑為最多，美洲次之，大洋洲、歐洲又次之，非洲最少。亞洲之中，尤以南洋為最眾。〔註173〕這些海外華僑在居留地從事各種各樣事業，就職於各種崗位，既有商人、教師、報人，又有礦工，更有車夫、

〔註166〕方積根編：《非洲華僑史資料選輯》，第 180～183 頁。
〔註167〕方積根編：《非洲華僑史資料選輯》，第 5～6 頁。
〔註168〕陳翰笙主編：《華工出國史料彙編》第八輯、第九輯、第十輯合輯，第 214、235、236 頁。
〔註169〕巫樂華主編：《華僑史概要》，第 77～80 頁。
〔註170〕方積根編：《非洲華僑史資料選輯》，第 4～17 頁。
〔註171〕《僑胞教育》，第 2 頁。
〔註172〕申報年鑒社編輯：《第三次申報年鑒》，申報館，1935 年 4 月，第 942 頁。
〔註173〕據羅錦澄《百年來中華民族之海外發展》一文，在 20 世紀 20、30 年代，世界各地華僑人數大致情況如此：東洋：3,456,900 人；南洋：5,628,000 人；北亞：400,000 人；澳洲：52,000 人；北美洲：146,000 人；南美洲：54,000 人；非洲：11,000 人；歐洲：33,000 人；其他：853,000 人。載《新亞細亞》第 2 卷第 1 期，第 134 頁。

洗衣工、船夫等等，同時又往往居住在一定地域範圍內，在這個地域範圍內建立一些社會組織進行自我管理和協調，包括會館、善堂、商會、工會、行業協會、自治會等，還設立學校，興辦報刊，亦有一些其它臨時性的組織產生。他們分別是所在國中擁有中國文化價值的社區共同體。

第二章　民國時期僑務理念試析

　　這一部分概括起來，主要是兩個個體和一個群體的僑務理念：孫中山——中華民國第一任臨時大總統，對整個中華民國的意義不言而喻，其思想、信念、言論對當時及後來的國民黨、國民政府施政一直有著廣泛的影響，比較正統的國民黨黨員均以「總理信徒」自居。對於僑務工作來說，後來的南京政府「繼承並發展了民初的僑務政策，是孫中山僑務思想的發展與實踐」[註1]。蔣介石——1927 年建立以國民黨黨員爲骨幹的南京國民政府，該政府在蔣氏的努力下，成爲中華民國後期的正統中央政府，而蔣氏則在抗日戰爭爆發後確立了其在中國的個人權力。由於孫蔣二人在前後民國的核心地位，他們對海外華僑的態度、僑務理念無疑是對整個民國僑務政策的制定和實施有著舉足輕重的影響，自有論述必要。至於，僑務官員，包括國民政府及國民黨內部從事僑務工作的官員，這一群體——由於華僑與國民黨的淵源關係，無論是海外部，還是僑務委員會、僑務局，儘管名稱不一，但國民黨政府內部一直設有相關僑務機構。作爲僑務工作的直接推行者，這些機構的官員對待僑務的態度，也是民國期間僑務狀況的重要內容。

一、孫中山的僑務理念

　　孫中山是中華民國的締造者，是民國的第一任臨時大總統，「中國反帝反封建的資產階級民主革命，正規地說起來，是從孫中山開始的」[註2]。

〔註 1〕任貴祥：《華僑與中國民族民主革命》，第 221 頁。
〔註 2〕毛澤東：《青年運動的方向》，《毛澤東選集》第二冊，人民出版社，1991 年，
　　　　第 563 頁。

而孫氏的整個革命無疑始終與海外華僑緊密聯繫，從興中會的創立到中華革命黨的組成，從 1895 年的廣州起義到 1911 年的黃花崗起義，從中華民國臨時政府到廣州軍政府，孫中山先生每一次革命活動、每一個組織的運作，無不與海外華僑的慷慨資助與大力支持有關。孫氏亦因此有「華僑是革命之母」之譽。組建中國國民黨後，孫中山又開創在每一次黨代會上均通電嘉勉華僑的慣例，在此僅舉中國國民黨第一次全國代表大會嘉勉海外同志電為例〔註3〕：

> 海外各支部、各分部暨各同志先生均鑒：吾黨本歷史之使命，依民眾之熱望，組織以來，垂三十載，迭經政孽之摧殘，讒慝者傾陷，代表帝國主義之壓迫，而吾黨發揚光大，未或少衰，凡舉國人足跡所至之區，即黨幟飄揚之地，此中功業，端賴我海外同志犧牲奮鬥，有以致之。即本會今日之盛集，亦莫非我海外同志之所賜。誠以政治活動的團體，苟缺團結之力，犧牲之願，奮鬥之精神，則不旋踵而瓦解土崩，銷聲匿影。今我海外同志雖處惡劣環境之中，仍能結至固之團體，為國家而犧牲，為主義而奮鬥，不為利誘，不為威脅。溯辛亥覆清，癸丑討袁，丁巳護法，以迄去年逐陳諸役，深荷我海外同志之群策群力，艱難共濟，以有今日，此固同人等所欽佩莫名，即黨史上亦留絕大之光榮也。邇者，軍閥橫行，政孽流毒，吾黨使命，尚未成功，吾望繼續努力，以竟全功。臨電神馳，不勝頌禱之至。中國國民黨全國代表大會。

孫先生讚譽華僑不吝美辭，足以說明他對華僑的總體態度。綜觀其思想、言論、政治活動等，孫中山的僑務理念主要包括如下幾點：一、保僑；二、鼓勵華僑回國投資、興辦實業；三、重僑的理念；四、重視華僑文教事業。

1、保僑方面

孫中山的觀點表現在兩大方面：一是秉執資產階級的自由人權理論，倡導合理保護華僑權益；其二是在執掌政權之時，推動僑務方面的法制建設，利用法律來保障華僑的合法權益。〔註4〕

〔註3〕羅家倫主編：《革命文獻》第八輯，〔臺北〕中國國民黨中央執行委員會黨史委員會，1984 年，第 141 頁。

〔註4〕有學者認為，孫中山是「把發展民治作為開展僑務、保護華僑的前提」。見

　　人權一般是指人的自然權利，即人之所以爲人而享有的權利，包括生命權、人身自由權、財產權、追求幸福的權利等。自17、18世紀以來，隨著西方部分學者，如格勞秀斯、霍布斯、洛克、盧梭、孟德斯鳩等人的努力，人權理論在西方得以興起，尊重和保護人權，追求人權普遍性其後一直是西方國家追求的理念。作爲一名接受過系統西方教育、長期生活於西方的革命者，孫中山是十分瞭解並接受西方的人權理論的。如1912年3月，在就任臨時大總統期間，孫中山即在《臨時政府公報》（第二十七號）相關條文中提及西方的人權理念：「自法蘭西人權宣言書出後，自由博愛平等之義，昭若日星。各國法律，凡屬人類一律平等，無有階級。」「通飭所屬，嗣後不得再有買賣人口情事，違者罰如令。」認爲「人權神聖，豈容弁髦！」〔註5〕要求以自由平等不對待民衆。在一個既處於國力貧弱、經濟落後、國際地位低下的環境，同時又擁有如此龐大海外人口的現實之下，如何有效地保護散居於海外各地的僑民，事實上對中國政府而言是個很大的挑戰。孫中山先生認爲，利用人權理念來保護海外華僑不失爲一個很好的手段〔註6〕。「嗟乎！我輩之國民，爲世界賤視久矣，能就新民國之發達，登我民於世界人道之林，此外豈尚有所恤乎？」〔註7〕「僕滿清而建民國，今目的已達，以此完全民國，歸諸全體四百兆人之手，我輩之義務告盡，而權利則享自由人權而已，其他非所問也。」〔註8〕「茲據荷屬僑民曹運郎等，呈請禁止販賣豬仔，及保護華僑各節。查海疆各省，姦人拐販豬仔，陷人塗炭，曩在清朝，熟視無覩，致使被難同胞，窮而無告。今民國既成，亟應拯救，以尊重人權，保全國體。又僑民散居各島，工商自給者，亦實繁有徒，屢被外人凌虐，然含辛茹苦，摯愛宗邦，今民國人民，同享自由幸福，何忍僑民嚮隅，不爲援手？除令廣東都督嚴行

　　　　陳民：《試論孫中山的僑務思想》，載鄭民、梁初鳴編：《華僑華人史研究集》（一），海洋出版社，1989年，第354頁。
〔註5〕廣東省社會科學歷史研究室等：《孫中山全集》第二卷，中華書局，2006年，第156～157頁。
〔註6〕筆者認爲，在當今複雜國際環境之下，反對、干預海外各地排華事件，保護海外華人、華裔，人權理論、人權法規不失爲一個很好的對策與措施。中國應該加大這方面的研究。這也是孫中山該僑務理念給筆者的一個很大啓示。
〔註7〕「致袁世凱函」，廣東省社會科學歷史研究室等：《孫中山全集》第二卷，第107頁。
〔註8〕「覆五大洲華僑電」，廣東省社會科學歷史研究室等：《孫中山全集》第二卷，第111頁。

禁止豬仔出口外，合亟令行該部，妥籌杜絕販賣及保護僑民辦法，務使博愛平等之義，實力推行。」〔註9〕1923年9月，在獲悉爪哇軍警處理華工與當地人衝突事件中有失公正時，孫中山即訓令大本營外交部長伍朝樞說：「乃年來南洋各島中，我華僑被該處土人慘殺之耗，迭有所聞，而尤以此次殺斃十餘人，殺傷四十餘人為最烈。該所在地政府，既迭頒苛例，剝削我華僑之自由，復屢縱容軍警，傷殘我華僑之生命。該所在地政府如此行為，對外為蔑視國際友誼，對內為弁髦自國法律，不惟人道正誼所不容，亦文明國家法律所不許。合行令仰該部長即向英國領事提出抗議，要求依法補恤懲凶，以慰僑望而警兇橫，是為至要。」〔註10〕同年1月，在余和鴻遭受墨西哥政府驅逐而得不到中國駐外使節幫助一事中，孫中山先生致函時任北京政府的外交部長王正廷：「吾國僑民受外人之虐至矣，若更由公使使人無理放逐，惡弊一開，必使僑民無託足之地。兄諳悉外情，諒懷隱痛。應如何對外以崇國體，對內以慰僑情，企望有以補救之也。」〔註11〕

　　孫中山是十分重視國家的法制建設的。在處理華僑問題上，孫中山是將法制建設與保護原則相結合，通過推動國內立法以之來保護華僑，也就是有學者所說的孫中山僑務立法思想及實踐〔註12〕。簡單來說，就是通過相關的僑務法律法規的出臺，來保護華僑、華人、歸僑及其眷屬的利益。在孫中山就任臨時大總統短短的91天裏（1912年1月1日～4月1日），其就相繼制定頒佈《大總統令外交部妥籌禁絕販賣『豬仔』及保護華僑辦法文》、《大總統令廣東都督嚴行禁止販賣豬仔文》、《令內務部編定禁賣人口暫行條例》和《審議華僑要求議權案報告》等護僑保僑法規，以宣示保障華僑權益乃為其施政要務之一。其後在執掌南方政府之際，亦相繼建立「僑務局」、「僑工事務局」等僑政機構，及頒發「經理華僑註冊簡章」、「內政部僑務局保護僑

〔註 9〕羅家倫主編：《革命文獻》第一輯，〔臺北〕中國國民黨中央執行委員會黨史委員會，1984年，第45～46頁。「令外交部妥籌禁絕販賣『豬仔』及保護華僑辦法文」，廣東省社會科學歷史研究室等：《孫中山全集》第二卷，第251～252頁。

〔註10〕「給伍朝樞的訓令」，廣東省社會科學歷史研究室等：《孫中山全集》第八卷，第228頁。

〔註11〕廣東省社會科學歷史研究室等：《孫中山全集》第七卷，第16頁。

〔註12〕毛起雄：《孫中山先生僑務立法思想與實踐》，《華僑華人歷史研究》1990年第2期。詳細內容可參閱該文。

民專章」等保僑法規。這些僑務規定既有對歸國僑民及在國內眷屬人身及財產的保護，又有對華僑在僑居地人身及財產的保護，還有對未建交國家僑民的保護。在客觀上起到了保護華僑某些權益的作用，是值得肯定的。孫中山這些護僑施政措施有力地推動了海外華僑與祖籍國的聯繫，奠定了以後海外華僑對國民黨政府忠誠的基礎。「此後數十年，華僑效忠祖國，在艱彌厲。」〔註13〕

2、鼓勵華僑回國投資、興辦實業

近代中國無疑是一個經濟落後、國力貧弱的國家，改變中國貧困落後的面貌是無數仁人志士的追求。孫中山是其中的一位。在孫氏看來，大力發展中國的現代化建設是改變中國貧弱狀況的必行之路，他並身體力行地為之努力。不僅努力為之籌劃〔註14〕，而且上下奔波為之實施。在經濟建設資金考慮方面，孫中山深知中國的現狀，故自然將目光投向海外。「孫中山為了在他的國家的經濟發展中爭取國際上的開發投資，做了數不清的、無邊無際的美夢。」〔註15〕運用海外資金進行國家經濟建設是孫中山發展中國經濟的一個重要理念，他不僅在追求外國資金，而且也強調海外華僑華人的資金。畢竟到了20世紀初期，移居海外的中國人憑著他們的智慧，發展了的商業才能，再通過辛勤勞動，及合理利用當地的經濟成長環境，他們已經構築了龐大的經濟基礎。「20世紀初華僑資本的發展已達到一定規模。」〔註16〕海外各地華僑華人不僅在商業、對外貿易、製造業、工業、種植業、採礦業等傳統領域擁有一定的勢力，而且在金融業也得到一定的發展，包括「廣益銀行」、「四海通銀行」、「黃仲涵銀行」等在內的一批華僑銀行也已相繼建立，資本運作體系已初步形成。因此，在中國現代化建設中，孫中山先生也許對國際資金的依賴充滿夢想，但對幫助他革命成功的華僑資金並未忽視，他認為僑資是

〔註13〕張希哲、陳三井主編：《華僑與孫中山先生領導的國民革命學術研討會論文集》，〔臺北〕「國史館」，1997年8月，張希哲序。

〔註14〕宋慶齡曾言：孫中山「最喜愛的事，是鋪開巨幅中國山水、運河圖，彎腰勾出渠道、港口、鐵路等等。」見尚明軒主編：《宋慶齡年譜長編》，北京出版社，2002年，第126頁。其實花費孫氏多年心血的《建國方略》一文乃為寄託了他對一個現代化中國的理想。

〔註15〕〔美〕韋慕庭著，楊慎之譯：《孫中山：壯志未酬的愛國者》，新星出版社，2006年，第126頁。

〔註16〕郭梁著：《東南亞華僑華人經濟簡史》，經濟科學出版社，1998年，第92頁。

中國現代化建設的一股重要力量。此可在他辭去臨時大總統後，多年不執政期間相關函件可資佐證。1916 年的「致美洲中華會館函」:「罷兵以後，弟即擬振興實業……先辦銀行……一可利僑商匯兌，二可便僑商貯蓄，三可助各種實業之發達。擬集股先自僑友始……又歸國華僑，每苦無業，須妥籌安插。現欲擇內地礦山之尤者一二區，先籌開辦，並於長江一帶，擇地開墾。如辦理得宜，獲利必厚……其二，擬在上海建設華僑會館，爲僑胞與內地交際之機關，凡工商事業，藉此地以爲調查聯絡之所，使華僑盡知各種天然利源，生財機會不至爲外人捷足。其會館規模，必期宏大，組織必期完備，俾華僑歸國，有所問津，務使達合華僑之財之智以興發祖國利源之目的。……現擬組織一宏大報館……竭力調查實業，供華僑歸國之引導。」〔註17〕1919年 3 月 6 日回覆廣州葉夏聲函件中強調:「聯合僑胞發展實業，此固今日切要之圖。」〔註18〕不久，1919 年 4 月 15 日「覆許道生函」中又有「他日數十萬僑胞聯袂歸來，爲宗邦效力，則祖國實業前途之發展、民權之進步，又豈有限量？惟在諸君努力而已」〔註19〕之語。惜迫於革命形勢，孫中山先生無法專心全部實現其目標，但強調僑資在中國現代化建設中作用的觀點卻始終未變，關懷甚具。如在 1917 年 5 月 29 日「致鄧澤如函」中談到:「茲有湘省同志欲組織一錫礦公司，於湖南全省中所有錫礦，擇其最佳，請求開採，並希望華僑入股。且欲得南洋同志之在行者，親往各礦察看，擇定最適合者，始行開採。此事既爲國家之利，亦爲民間興盛之基，南洋志願採錫者甚多，亦可以酬其宿願。望兄商諸同志，推定妥人，迅速回國一行，以免爲他黨先得。茲將湖南同志寄來之節略抄寄，此中各礦，均可與現營業者商量，取而繼續辦之者也。此信到後，希即示覆，以便先覆湖南同志。」〔註20〕同年，在另一封「致鄧澤如函」中又爲浙江省招商引資努力:「茲有浙省特派調查南洋實業專員王君孚川（名廷揚）、丁君心耕（名福田）來觀貴埠之光，特爲紹介，希妥爲招待，並導觀一切;且紹介之於貴埠暨鄰近各埠實業家，俾得詳細調查，將來歸國報告，鼓舞政府，振興實業，保護華僑之心，必大有所助也。專此敬達，即請臺安。」4 月 25 日致函又再次提及此事:「王孚川君本浙

〔註17〕廣東省社會科學歷史研究室等:《孫中山全集》第三卷，第 413 頁。
〔註18〕廣東省社會科學歷史研究室等:《孫中山全集》第五卷，第 28 頁。
〔註19〕廣東省社會科學歷史研究室等:《孫中山全集》第五卷，第 45 頁。
〔註20〕廣東省社會科學歷史研究室等:《孫中山全集》第四卷，第 37 頁。

省所派，現浙督雖易人，地方人仍甚欲與華僑聯絡，開辦實業。此行得兄招接，王君將來歸國，必可聯絡感情也。」〔註21〕另有 1919 年 4 月 22 日「致陳炯明函」提及福建引資問題：「茲有泗水同志楊德麟來書，謂兄在閩竭力整頓民政，海外閩僑異常感奮；而泗水一埠閩僑爲數尤多，富商巨賈居其多數，其中以漳、泉、福、興籍爲最，皆有意爲故鄉謀進步發展。惟以前閩省官吏多抑勒歸國華僑，以致聞風卻步。此時兄能對歸國華僑竭力保護，助其振興實業，則必聯袂歸來，囑將此意轉達兄處。如表贊同，請委楊爲荷屬華僑聯絡勸導回國振興實業委員，並給予回國開辦實業護照二十張，以便著手進行聯絡勸導等語。查楊君辦事素稱熱心，倘能由伊勸導華僑回籍振興實業，於民政必有裨益。望酌委名義，徑函泗水明新書報社轉達，以慰其熱心爲荷。」〔註22〕要求陳炯明在主政福建期間，禁止地方官吏對歸國華僑敲詐勒索，爲鼓勵僑商回籍投資創造一個良好的環境。

在 1921 年執政廣州軍政府時，孫中山繼續強調海外僑商在建設實業方面的重要性：「文擬設立工商、農礦各局，以發展實業，正賴海外同志商界健者返國相助。」但這時已有利用僑資解決南方政府財政問題的內容了：「惟值粵局初定，軍餉急巨，應付已艱……此種苦衷，尙希轉達諸同志爲荷。」〔註23〕

孫中山先生敏銳地認識到華僑優勢主要在於僑資〔註24〕，這是他僑務理念的主要貢獻之一。他在對待僑資與國內相關事務採用一種輕重緩急的態度，更突顯其鼓勵僑資回國興辦實業的理念。如，1920 年「覆黃景南□少穆函」中談到：「來電備悉。執事以僑商急國難，仗劍從軍，義勇可感。惟是人各有能與不能，強不能以爲能，必功少而勞多。歐美大賢豪，多投身於實業，執事既爲商界翹楚，似不如仍致力於實業，爲國家謀建設；所事雖殊，收效則一，固不必攘臂跂踵於趑趄者之破壞事業始云爲國也。辱承厚愛，用掬忱悃，餘維鑒原不備。」〔註25〕

〔註21〕廣東省社會科學歷史研究室等：《孫中山全集》第四卷，第 282、25 頁。

〔註22〕廣東省社會科學歷史研究室等：《孫中山全集》第五卷，第 47 頁。

〔註23〕陳錫祺主編：《孫中山年譜長編》（下），中華書局，2003 年，第 1332 頁。

〔註24〕如「中華革命黨總章」第三十六條規定：「國內支部專事實行，海外支部專事籌款，所事雖異，而成效無別，故於革命成功之日，國內海外支部同一享受各種之權利。」見羅家倫主編：《革命文獻》第五輯，〔臺北〕中國國民黨中央執行委員會黨史委員會，第 9 頁。

〔註25〕廣東省社會科學歷史研究室等：《孫中山全集》第五卷，第 449 頁。文中符號

3、重僑的理念

「革命方法，尤以聯絡人才一義，最為重要。」〔註26〕華僑資源已包括人才。於此，孫中山一直十分關注：「本黨最發達的地方，是海外各埠。海外華僑很多的地方，都有中國國民黨。華僑的思想開通較早，明白本黨的主義在先，所以他們革命也是在先，每次起革命都是得海外同志有力量。」〔註27〕隨著華僑華人經濟地位的日益提高，華僑華人的文化素質也有所提高，加之所在居留地社會的發展需要，各類專業人才也不斷湧現，華僑群體所蘊藏的豐富人才資源無疑會對中國革命和現代化建設提供巨大的幫助。孫中山對海外人才的網羅和利用因此不遺餘力：「聞陳夢坡已在橫濱立一館地，欲聯絡各處志士，此意甚美」〔註28〕。「南洋各埠現下風氣初開，必要先覺之同志多用工夫，竭力鼓吹，不避勞苦，從此日進，不久必風氣可以大開，則助力者當有多人，而革命之事容易進行矣。」〔註29〕1919 年 4 月 16 日「致汪精衛函」中，孫中山先生又談到：「頃接旅法華工許道生來函，謂擬在法聯絡華工使之團結，以為將來返國效力之計，欲文與以一組織工業之委任等語。許之為人何如，文未深悉……請兄就近調查。如果係有知識，可以聯絡之人，宜善為撫慰，以為聯絡華工之助。」〔註30〕1920 年 1 月「致海外國民黨同志函」中又要求：「請在外同志有印刷上智識及技能，足讚助此事者（指開辦印刷機關之事），均請將姓名、住址開列寄來，以便請其回國相助。如未有此項熟識之人，亦應就近派遣子弟專習種種印刷技術，以為將來此項人才之預備。此誠久遠宏大之事，望諸同志極力讚助，（俾得）早日成事為幸。」〔註31〕而 1921年 1 月在「給菲律賓碧瑤愛國學校祝詞」中，他鼓勵說：「蓋將以作育吾國僑菲之青年子弟，由非途軌進，而為他日研鑽高深之學科，以與世競，抑以供

「□」表缺字，下文同。

〔註26〕《華僑與中國國民革命運動》，無編著者，〔臺北〕海外出版社，1981 年 3 月，第 6 頁。

〔註27〕「在廣州中國國民黨懇親大會的演說」，廣東省社會科學歷史研究室等：《孫中山全集》第八卷，第 280 頁。

〔註28〕「覆黃宗仰函」，廣東省社會科學歷史研究室等：《孫中山全集》第一卷，第 241 頁。

〔註29〕「致張永福函」，廣東省社會科學歷史研究室等：《孫中山全集》第一卷，第 295 頁。

〔註30〕廣東省社會科學歷史研究室等：《孫中山全集》第五卷，第 45 頁。

〔註31〕廣東省社會科學歷史研究室等：《孫中山全集》第五卷，第 211～212 頁。

獻祖國也。」〔註32〕

4、重視華僑文教事業

　　自海外發展革命以來，孫中山先生是對海外華僑的教育和宣傳是比較看重的。1905年7月7日在「致陳楚楠函」中，他說：「西貢人心亦大開，已有同志欲創一報館於此，以聯絡各埠之聲氣。惟不知辦法，及欠人員。弟今許助補此兩缺點，大約二三個月後由東洋南回，則此事可以成矣。此亦一可喜之事也。」〔註33〕而在1909年4月在談論有關新加坡《中興報》擴股之事時也說到：「此於南洋吾黨前途關係至大，不待贅言，望我兄（按：指曾壬龍）提倡，與各同志勗力。」〔註34〕此外新加坡的《圖南日報》、馬來亞的《光華日報》、美國的《少年中國晨報》也都是在孫中山先生的直接過問和支持下創辦的。在他看來，海外華僑身處異域，對國內信息比較封閉，報刊宣傳不失為一個傳播知識，宣傳革命理論的重要工具。如他在給美國《民氣報》的函中談到：「在滬屢讀貴報，所以發揮吾黨之主張，以嘉惠僑胞者至厚，深為欣慰！」〔註35〕澳洲《雪梨民報》出版時，他也是以宣傳三民主義來勉勵：「洪維貴報，揭櫫民治。風行海裔，名揚績懿。於茲改組，日新月異。遷地為良，規模益備。奮勵精神，宣傳主義。五權實現，三民咸遂。文字收功，國福民利。貴報運命，垂諸萬禩。謹祝《雪梨民報》出世。」〔註36〕他甚至將海外僑社的報刊力量與軍事力量相譽：「夙仰貴報為吾黨之喉舌，作僑界導師，大聲疾呼，發聾振聵久矣，盡宣傳之巨責，收文字之奇功，一紙風行，萬流景仰。而對於陳逆叛亂，尤能主持正義，力闢姦邪，激發人心，咸知急難，大張士氣，共勵同仇。貴屬同志及僑胞此次能集鉅額餉項，俠風義氣，足為海內外矜式者，非藉貴報鼓舞之效，曷由致之？拿氏謂：『報紙功力勝於三毛瑟』，斯言殆可為貴報報導矣，感甚佩甚！」〔註37〕孫中山先生不僅對海外報

〔註32〕廣東省社會科學歷史研究室等：《孫中山全集》第五卷，第458頁。

〔註33〕廣東省社會科學歷史研究室等：《孫中山全集》第一卷，第275頁。

〔註34〕「致曾壬龍函」，廣東省社會科學歷史研究室等：《孫中山全集》第一卷，第410頁。

〔註35〕1919年11月24日「致（美國）《民氣報》函」，廣東省社會科學歷史研究室等：《孫中山全集》第五卷，第167頁。

〔註36〕1925年「祝澳洲《雪梨民報》出世詞」，廣東省社會科學歷史研究室等：《孫中山全集》第十一卷，第643頁。

〔註37〕1922年10月17日「致《覺民日報》函」，廣東省社會科學歷史研究室等：《孫中山全集》第六卷，第578頁。

刊宣傳事業獎掖有加，而且他對海外華僑教育也是比較關注的。1921 年，英屬馬來亞殖民地政府對當地華僑教育進行迫害，當地華僑推選代表回國求助。1921 年 10 月 6 日，孫中山先生在與華僑代表廖衡酌談到：「（英國殖民當局）摧殘僑民教育無異摧殘我國內教育，此等悖絕人理之事，我政府誓與華僑同其禍福，可傳諭僑特〔眾〕，謹守文明，據理力爭，不為強暴所屈。現本總統已切諭外交部籌劃交涉手續，政府力所能及者，必盡力以赴之。」〔註38〕日常中，孫中山先生也為海外華僑教育機構題詞、給予賀電勉勵，以顯重視。如為南洋益智書報社八週年紀念致賀電：「宣傳主義，啟牖文明。」〔註39〕吉礁坡中國閱書報社十週年誌慶時，他致電賀：「振三民之木鐸，導五權之先河。」〔註40〕而越南中法學校成立雜誌社時，孫氏借題詞的機會，提出他對海外華僑教育的期待：「越南中法學校學生，以該校雜誌社將發佈特刊，來書索余弁言。越南，余舊遊地也，而中法學校又為余夙所稱許，……覽諸君所為文，則關心僑胞教育有人，以宣傳新文化為己任者有人，學成歸祖國效力者亦有人，志願宏而識見遠。……」〔註41〕孫中山是 1925 年 3 月病逝的，但在是年仍抱病為南洋三寶雁學校的成立發出祝詞：「吾黨主義，是曰三民。揭櫫理則，地義天經。敷為教育，本正源清。勗哉諸子，竭蹶陶成。」〔註42〕由此可見，孫中山先生的僑務理念中，包含著濃厚的僑教理念。

二、蔣介石的僑務理念

與孫中山形成鮮明對比的是蔣介石的僑務理念。

首先，在 1945 年之前，蔣氏對海外僑民的事務過問不多，哪怕是有關成立僑政機構、外國對待華僑的不平等苛律、華僑的經濟地位等，蔣氏都較少提及。筆者查閱民國時期僑務資料時，在蔣介石給僑務委員會為數不多的手令、指令、電文、信件中〔註43〕，發現除嘉勉海外華僑僑胞對中國的貢獻

〔註38〕廣東省社會科學歷史研究室等：《孫中山全集》第五卷，第 616～617 頁。
〔註39〕廣東省社會科學歷史研究室等：《孫中山全集》第六卷，第 51 頁。
〔註40〕廣東省社會科學歷史研究室等：《孫中山全集》第六卷，第 51 頁。
〔註41〕廣東省社會科學歷史研究室等：《孫中山全集》第八卷，第 579 頁。
〔註42〕1925 年「三寶雁學校成立祝詞」，廣東省社會科學歷史研究室等：《孫中山全集》第十一卷，第 643 頁。
〔註43〕筆者所見有「出師北伐告海外僑胞書」（1926 年）、「招待海外華僑同志致詞」（1928 年）、「為實施編遣致僑胞電」（1928 年）、「為敵寇犯粵電告海外僑胞」（1938 年）、「國民精神總動員與僑胞」（1939 年）、「慰勉南洋華僑回國慰勞

外，比較醒目的是強調「團結」二字。在「國民精神總動員與僑胞」一文中，蔣介石首先讚譽了華僑於革命事業之貢獻：「海外僑胞向來是和革命事業分不開的，物質之輸將，精神之讚助，殆無役不與，無力不盡。尤其是自抗戰以來的努力，使我更加感動。……抗戰開始以後，全世界各地的僑胞們以兄弟急難的精神，動員了海外的人力，物力，財力，來報效祖國。」隨後，對海外華僑精神總動員運動提出四點要求：「改造生活，在世界上代表中國民族偉大的品性，高尚的風度」；「加強華僑教育，華僑子弟尤其要學習科學技術」；「加強與國際友人的合作，擴大國際宣傳」；「投資祖國建設事業」。然後，他尤其著重地提出：「除了以上四件事情外，還有最主要的一點，就是要團結，要合作。以往僑胞們，方言不同，或者還有意見紛歧，但是現在共同致力救國大業，大家救的是一個祖國，大家向的是同一目標，定然能破除畛域，不分幫界，精誠團結。」〔註44〕而在 1928 年 2 月「招待海外華僑同志致詞」中，則表達「攘外必先安內」觀點的同時，也略有強調僑社團結方面的重要性內容。「如果我們要解除受外國剝削的不平等條約痛苦，第一、我們華僑自己的重心要團結起來，不能意見紛歧，更加不可使得他們對於中央有所誤會，來造出反動的言論。」〔註45〕1941 年荷屬印尼發生一起僑民糾紛，蔣氏特致電僑委會過問此事，強調團結的重要性：「僑務委員會陳委員長勳鑒，據報巴達維亞民會華籍議員簡福輝近攻擊議員潘良義利用地位與荷印政府經濟部勾結謀利。因事涉米廠聯合會，會員遂分擁簡潘，兩派互相攻訐。荷印經濟部長穆克對簡氏頗致不滿，並稱望華人組織完善團體，以與荷印政府密切合作云云等情。查僑胞在外，明爭暗鬥，易召當地政府及各國人士之輕侮，影響僑務，殊非淺鮮。即希設法迅予糾正，勿使再有此類事件發生，以重國譽為要。」〔註46〕可見，在對待僑務的態度上，強調團結是蔣介石非常鮮明的理念之一。

　　其次，蔣氏對待僑務的態度相對孫中山而言是比較消極，是統攝於其「攘

團」（1940 年）、「為對日德義三國宣戰告海外僑胞書」（1941 年）等。
〔註44〕《華僑先鋒》第 13、14 期，第 21～28 頁。
〔註45〕《華僑與中國國民革命運動》，無編著者，〔臺北〕海外出版社，1981 年，第 98～99、98 頁。
〔註46〕「國民政府軍事委員會快郵代電」，中國第二歷史檔案館館藏僑務委員會檔案，全宗號二二，案卷號 277。

外必先安內」政治理念。萬寶山事件可爲一例。1931 年，中朝農民因農墾地問題引發爭執，由是爆發了韓人打搶在朝華僑、而實爲日本幕後主使的嚴重排華事件。以下是蔣介石在接報萬寶山事件信息期間的部分日記記載，它可以大體可以反映出蔣氏在該事件中的態度。〔註47〕

　　1931 年 7 月 3 日，蔣氏得知萬寶山事件發生，中國方面，「農民死二三人。傷數十人。被拘受毒刑者十餘人。到場彈壓之華警亦有死亡。」但日記中只是記載他的感情狀況：「日人如此蠻橫，吾國已不成國矣。吾之責任更大而吾個人之痛苦復何足言哉！」並沒有記載他的相關政治部署。7 月 4 日，蔣氏獲知事件有擴大化的跡象，但當地領事館「交涉無效」，只能在做些被動的救助工作：「就館內收容僑商。被收容之僑商達四千人云」。面對此，蔣氏感歎不已：「日人殘暴險詐之手段，亦難怪韓人被其愚也。我中華更當急於安內自強而爲攘外之地矣。」7 月 5 日，排華事件已出現嚴重化的趨勢，「平壤風潮最烈。韓人夜襲華街，屠殺華僑三十餘人，重傷一百數十人，房屋被毀數百所。日警待華僑奔署乞救始出動。拘肇事韓人百餘。但韓人五千餘之集合仍攻打華僑達七小時方罷」。蔣氏似乎並沒有很好的良策對待，寄希望於東北軍政當局的處理能力以及外交方面的努力：「張學良對此，其能力勝任否？吾外交部提出抗議後再定。」7 月 7 日，獲報外交部已向日本提出抗議，日本的回應是「向中外發聲明書，首爲韓人辯護。最後聲明日本決以全力鎮壓暴徒，講求善後之策。」純粹的外交應付行徑，對此，與日本打交道多年的蔣氏深知肚明。「韓人之愚可憐，而日人之險惡可恨也。」7 月 8 日至 7 月 18 日蔣雖加大外交力度，但面對更多的不幸消息時，似乎除了外交之外，沒有其他辦法。「僑胞遭屠殺及被迫投海者千餘人，損失數目只仁川一地已達數百萬……一面嚴與交涉而制止之，一面當派人密查眞相，使我人民之冤得白。」「外交部因日方答覆我國抗議朝鮮排華事件之牒文，對於我方所提懲凶賠償保證各點，無圓滿回答，特二次提出抗議。」他甚至將事件的不完滿解決視爲國人的負責：「可惜國人作事不大全步驟，反易被人利用。」即使國內準備對日進行經濟絕交，蔣氏也是以「吾當愼以處之也」的態度處理。但在 7 月 22 日日記裏，蔣氏一番所言是非常值得筆者深思，依

〔註47〕 高素蘭編注：《蔣中正總統檔案：事略稿本》(11)（1931 年 5 月至 8 月），〔臺北〕「國史館」，2004 年，第 351～550 頁。另引文中加粗及加重號者乃原文所有。

筆者所見，理應爲蔣氏在處理該事件的指導思想：「消滅赤匪，保全民族之元氣，削平叛亂，完成國家之統一。蓋攘外必先安內，革命即爲救國，亦惟保全民族之元氣而後方能禦侮，完成國家之統一而後乃能攘外。」在 7 月 24 日日記中，他甚至毫無理由地將萬寶山排華事件的出現歸結於國內的原因：「此次如無粵中叛變，朝鮮慘案無由而生。」有此主旨，筆者毫無不奇怪爲何蔣氏在日後對此事的處理只是進行沒有成果的外交交涉。

我們得承認，蔣介石對日之洞察不可謂不透徹，僅就文字表述而言，其對受難華僑之命運不可謂不關切。然，除感慨爲主及責外交部交涉外，無他有效舉措；對此事件之無奈與放任多於積極之籌劃，不像涉事國的領導者，而更似一個感歎唏噓的旁觀者。於當地華僑力量、組織等，更是隻字未提。這些使得所謂「甚念萬寶山慘案」、「甚念韓僑與萬寶山事」、「稍有良心的國人聞之，無不傷心落淚」之語甚有虛假之嫌。人民——在民國時期自然包括居住在海外社會的華僑在內——在蔣之心目中處於何等位置，是清楚的。時人有言：「蔣介石是中國的一個英雄和皇帝的混合體。他是一個民族主義者，但『人民』在他看來是應該被駕御的一群。『政治』在他看來是一個棋局，在這棋局上面，他應該怎樣匠心獨運以保持他超越的地位。」〔註 48〕此可謂一語破的。

蔣氏僑務思想統攝於他「攘外必先安內」的宗旨也從另一角度得到佐證：「豫省種煙，雖迭經嚴令剷除，據報並未切實遵辦，而以毗鄰皖境之豫東一帶爲最。似此陽奉陰違，地方長官實不能辭其咎。須知鏟絕煙苗，絕對不許遷就，如有聚眾抗拒者，流血亦所不恤。」〔註 49〕對待自己的不守規則的子民，他都認爲「流血亦所不恤」，爲何對待欺凌、屠殺自己國民的外國人爲何卻爲退避？此無疑是蔣氏「攘外必先安內」理念在作怪：「目下心腹之病仍屬匪患。吾人應併力急趨，致力於此。倘匪能肅清，則國家統一，民族復興，均可迎刃而解。」〔註 50〕在蔣氏看來，「諸事有先後」，爲「保元氣」自可先置海外華人於不顧。至於，所謂「我們中央只有盡自己的責任和力量，對於華僑同胞，盡量的去想法增進大家的幸福與和平，……多則三年少則一年之

〔註 48〕君羊，千兒合譯，宋千金校閱：《中國國民黨內幕》，新民主報社刊印，1946年，第 33 頁。據附錄介紹，該書著者不詳，原出版社爲印度孟買人民出版社，1945 年 7 月初版。

〔註 49〕高素蘭編注《蔣中正總統檔案：事略稿本》（25），〔臺北〕「國史館」，2006年，第 471 頁。

〔註 50〕高素蘭編注：《蔣中正總統檔案：事略稿本》（25），第 4 頁。

內，對於從前痛苦壓迫，一定可以解除的。……現在國裏如無戰爭，……本黨一定有一個辦法，不會對於我們華僑置之不理，失了我們職務」〔註51〕的許諾，對於當時的僑務形勢來說，無異於舍近求遠、流於空談！蔣介石站在「攘外必先安內」的理論上，打著所謂「團結」的旗號，堂而皇之地要求「華僑自救為主，國家政府輔助為輔」。蔣介石既然「名正言順」地弱化了國家的保護功能，那麼他後來所提出的「海外黨務之設施，以發展僑務為依歸」的工作理念就更多地實踐在了使用華僑財力方面。因此，有學者總結：通過「鼓吹華僑民族意識，使華僑自動自發協助中國，由華僑經濟貢獻來衡量其愛國意識的多寡，即以激勵政策取代保護政策」的做法，實是「南京國民政府華僑政策的根本理念。」〔註52〕

故此筆者認為蔣介石在 1945 年前並不非常重視僑務工作，這也從他領銜提案將主管海外黨務工作的海外部撤銷得到驗證。海外部的撤銷，無疑是削弱國民黨在海外工作力量的一種舉動，對海外僑務工作產生一定的影響，削弱了黨務系統對海外僑務工作的管理能力——其後的海外黨務委員會、海外黨務設計委員會等皆歸屬咨詢性質，無論從經費還是人員方面都是薄弱的；而接替海外部工作的組織部、宣傳部卻由於機構龐大，事物繁雜，無暇顧及相關的僑務工作（對海外黨務工作亦不盡人意）。而國民黨海外黨務系統對當地僑務是具有管理和監督的職能的，《海外總支部執行委員會組織條例》第四條規定：「僑民眾多事務繁重之地方，得設僑民指導委員會，免設僑民科。」它的主要職責包括如下幾點：一、根據中央規定方案，促進各華僑學校及社會教育事業之發展；二、考覈下級黨部關於指導華僑之工作；三、聯絡華僑使其發生互助情感，並協助其生活之改善；四、協助華僑組織各種團體，並指導其進行；五、調查華僑人口及其生活狀況；六、調查華僑各種社會團體及公共事業之狀況；七、調查各華僑教育機關之設施。〔註53〕因而，僑務工作的黨務管理系統撤銷後，海外國民黨黨員諸多抱怨：「況海外黨務與僑團之活動，向多關係，黨部、報館、學校、商肆、會館、書報社、俱樂部、甚至運動會、懇親會、慈善會、雖名義各殊，其內容結構皆互有連繫，而各社團之主要份子，向來多為本黨同志，黨務稍有糾紛，則牽連四起，不速平息，

〔註51〕見《華僑與中國國民革命運動》，第 98～99 頁。
〔註52〕旅日華僑吳主惠所言，轉見李盈慧：《華僑政策與海外民族主義（1912～1949）》，第 70 頁。
〔註53〕見僑務委員會秘書處編印：《僑務法規彙編》，1935 年 6 月，第 543、546 頁。

便重波疊浪，搖動全局矣。故本會認為中央處理海外黨務之制度方式，宜就其連帶性混合性各點細加觀察，以謀整調。」〔註54〕

總的來說，蔣介石雖然號稱繼承孫中山先生的遺志，但並沒有承接孫中山先生重視僑務的態度。他對待僑務的態度可以講是消極並非積極的態度，他的僑務理念在抗戰前是以「攘外首先安內」、「諸事有先後」的理念；在抗戰時，則強調「團結」。國家必須在處理好國內的事情後，才能處理國外的僑務事情。否則，僑務的事情惟有靠華僑自身的努力，只能自救。從某種意義上講，對蔣氏而言，僑務只是其政治的一種工具，是為其政治的裝飾工具之一，是純粹為政治服務而已。需要時要之，不要時則棄之。因而言蔣氏「對海外工作的重視與對僑胞之關懷」和孫中山先生「同樣深切」〔註55〕，前者也許是正確，但後者則是很值得懷疑的。但也正是因為蔣氏在1945年前一直沒有重視僑務工作的理念，對抗戰時期大部分僑務工作並沒有過多干預，從而為抗戰時期的僑務工作騰出一個空間，促使部分擁有豐富海外工作經驗的僑務官員得以舒展其才華。

三、僑務官員的僑務理念

民國期間，僑務官員作為僑務工作的實際操作者、僑務政策的建議者，他們是如何看待僑務的？他們心目中的僑務內容是什麼？他們的僑務理念如何？無疑對南京國民政府僑務政策的制定、執行都具有一定的影響。他們的僑務見解是值得我們關注的。

1、對僑務工作重要性的認識

抗戰期間，時任僑委會委員長的陳樹人在《抗戰期中的僑務工作》一文中深有感觸地提到：「過去僑務有名無實，極不為人所注意，有時名亦不為人

〔註54〕陳鵬仁主編，劉維開編輯：《中國國民黨黨務發展史料：海外黨務工作》，近代中國發行，1998年，第93頁。

〔註55〕《華僑與中國國民革命運動》，第31頁。不可否認的是到臺後，蔣氏發表不少對華僑的言論，但我們要考慮當時政治環境的變化。蔣氏涉及其權力變動的海外黨務力量是給予一定重視的。無論是在1928～1930年與汪精衛鬥爭，抑或是在1932～1936年與胡漢民的鬥爭，蔣氏都對海外黨務組織給予一定的重視，屬行海外黨務整理的。相關方面的研究可參閱：張順良：《改組派與國民黨中央海外黨務組織爭奪戰初探（1928～1930）》，〔臺灣〕《花蓮教育大學學報》第二十三期（2006年）；及陳紅民：《「新國民黨」在海外的活動：1932～1936年》，《民國檔案》2002年第1期。

所知。猶記僑務委員會成立之初，有人將『僑務』誤爲『橋務』，以爲如揚子江水利委員會之主持水利，係主持建造橋梁機關。現時則僑務變成一個時髦名辭，國內刊物常時常討論僑務問題，而組織團體以協進僑務爲目的者，日益增加。」〔註56〕此語告訴我們，至少在抗戰之前，國家或者講社會上是不太重視僑務的。國民黨元老、1928 年被選爲僑務委員的李烈鈞在「僑務委員會就職典禮上的答辭」（1928 年 9 月 4 日）也說：「僑務委員會雖是國內機關，但其關係國內、國外之責任是很重大，同人等深懼弗勝，尤其是恐難擔負中央黨部與政府所付託之責任。……所可惜者，向來國人對在外華僑不很注意，即對回國之華僑，亦不甚注意。甚至歸國華僑欲謀一工作，或投資實業亦不可得。但僑胞不以之介意，且以熱心祖國爲應盡之義務，只求貫徹爲祖國謀幸福圖自由之目的而努力。這是非常可欽佩的。」〔註57〕事實上，不僅戰前僑務不被重視，甚至有人「主張裁撤僑務委員會」〔註58〕，即使是戰後也有人在大公報撰文言政府處理華僑事務是「妄耗公幣」〔註59〕。雖然現實如此，但在李烈鈞看來：「僑民在國家之地位，關係非常重大：一、能將國內固有文化及立國之精神，宣傳於外。二、能將國外之文明轉入於內。三、能促進友邦之和睦。四、能爲經濟上之展布與協助。」所以期望將來僑委會能夠延攬人才，以副中央與政府及僑胞之期望。由此可見，在中國，即使擁有眾多僑民，卻並非人人都意識到了僑務（即處理僑民事務的行政管理）的必要性。與陳、李兩人相應，南京國民政府主管海外僑務、海外黨務的官員也強烈要求加強僑務工作，希望政府從盡到國家保護人民責任的角度來保護華僑。

在相關的言論中，長期從事海外工作、曾長期擔任國民黨政府僑務委員會副委員長、海外黨務委員會主任委員、海外部副部長之職的周啓剛的一番

〔註56〕陳樹人：《抗戰期中的僑務工作》，《現代華僑》第 2 卷第 5 期，第 6 頁。周啓剛則提到在 1925 年，當他到北京恭祭孫中山時，「從長江流域至黃河流域，就各地觀察，覺得一般人士均不明白僑務；尤其是北方談到華僑二字，簡直莫名其妙。」見周氏：《僑務前途之兩個難關》，周啓剛：《海外問題言論選輯》（第一集），海外月刊社，1935 年，第 33 頁。

〔註57〕周元高、孟彭興、舒穎雲編：《李烈鈞集》（下集），中華書局，1996 年，第 673～674 頁。

〔註58〕主張者如曹樹銘，見李樸生：《僑務行政幾個重要問題》，李樸生：《華僑問題導論》，獨立出版社，1945 年，第 102 頁。曹樹銘應爲從事外交工作的。顧維鈞在其回憶錄中提到王寵惠的一名助手名爲曹樹銘。見中國社會科學院近代史研究所譯：《顧給鈞回憶錄》第五分冊，中華書局，1987 年，第 186 頁。

〔註59〕轉見莊心在：《僑務行政檢討》，《華僑月刊》第 1 卷第 3 期，第 14 頁。

論述極有代表性，對僑務工作必要性的論述真可謂淋漓盡致，其拳拳之心、痛切之意令人動容，析理之精深又足可資鑒。引文雖長，但值得一讀：

近百年來，我國人民之遷流於海外者，數在千萬以上，政府無提攜之方，乏保護之力，外人存嫉妒之心，肆摧殘之毒，而其堅苦忍耐，日進不已，若一查其成績，則其所到之處，皆能自樹立，繁殖滋衍，歷久不衰，各地工商農礦各種實業，多在華人掌握之中，隱操經濟勢力之實權，至其對於祖國之貢獻，則在平時每年百萬之款輸入，至足為彌補我國對外貿易每年入超損失之助。若在國內發生重大事故，更能一致聲援，每收良效，而中國革命之產生，華僑為其基礎，此後之建設計劃，亦必賴其協助。總之華僑之於祖國，所盡之義務多，而所享之權利少，在被壓迫之民族中，所受之痛苦深，而將來之希望則甚大，此任何人不能加以否認者。……華僑在世界在中國所居之地位，有舉足重輕之勢，固可知矣！外人知之，故每見華僑有進步發展之機，必百計限制之，遏抑之。蓋華僑之繁富，為彼之所忌；而華僑之衰微，以至絕跡，則為彼之旦夕以求者。國人鮮為注意，滿清目為化外之民，任人屠殺欺凌，反以為得計，全無心肝，固屬可恨。民國以來，軍閥竊據，蠻觸紛爭，各為私□，國事敗壞，甚於往昔，更無論僑務矣！其有欲利用華僑之力，有所圖謀者，以其既味於世界形勢，又不明了華僑社會狀況，遂令投機濫竽之徒，假藉名義，肆其招搖，致使政府與華僑相隔日甚，而陷華僑之地位永無改善之日。近數年來，華僑所受之虐待，更甚往昔，遺產之沒收，稅捐之繁重，意外之損失，土人之仇視，已足便慇難締造之僑胞，感受覆沒之危險，而入美者見擯於美，入荷者被斥於荷，其他若英若菲若法若暹若日種種限制，與日俱來，其在蘇俄者，產業被其沒收，生命遭其殺戮，即使有陸續去國之同胞，大多漂流異□〔域〕，失業無依，謀一工糊口者，已覺其難如登於□〔天〕，則今後華僑能否保其固有之地位，實成一絕大之問題也！夫人則不惜糜巨量金錢，派遣駐屯軍，修造炮艇，以為侵略殖民地之後援，復運用完密之政策，以達深遠之目的，貪得無厭，猛進不已，有進無退。而我則即其固有者，將不能保持之，亦足痛矣！果吾國僑民無世界的立場，不足重輕，固猶可說！無如處今之世，將不容

我之因循忽視也。……規模宏遠者，雖一時驟難親其成效，要當樹
之風聲，用垂與則，俾百世而下有所遵循。若目前急務，則必刻日
興辦，況在可能範圍以內，屬而易舉，有如反掌者乎！夫爲今日之
急務，而使本黨之所揭櫫者，能名副其實，可以慰多數人之望結多
數人之心者，則莫如即時整理僑務！〔註60〕

其後周氏在不同場合又多次強調僑務行政的重要性及必要性，認爲「僑務是
國家應盡的義務」〔註61〕；「一個國家有了成千萬的人民在海外，而行政上
不確立其地位與方針，是對不起僑胞，對不住自己！……外國政府看見我們
對僑民既放任不管，他們就替我們管理起來。這是我們應該自省的！試看各
國政府，對於僑務，不但有相當政策，而且他們治理的機關，在國家行政上，
是占著重要的地位。各國辦理僑民的機關，在日本則有拓殖省，英國則有理
藩部，其他各國亦有移民局。雖然他們這種機關和我們僑務機關有些不同，
但是他們看重僑務的情形是很顯明的。我們現在亦已把僑務機關置於國家行
政上而且屬於行政院了，但正在萌芽的僑務行政，是否不會失之敷衍，就看
大家今後是否注意，是否努力。這是僑務行政在國家行政地位的問題。」〔註
62〕強調倡導華僑捐款，「說幾句歡迎華僑回國投資的話」並不是僑務。僑務
是包含眾多政策內容的國家行政工作。周氏一針見血地指出：「不是有了僑
務機關，國家就算有僑務；是有僑務政策，和行使政策的權能，才算有僑
務。」「前者不過是僑務的形式，後者才是僑務的生命」〔註63〕。我們有理
由相信周氏的評論是有感而發的，畢竟當時社會有諸多要求取銷僑務、漠視
僑務的現象，僑務工作特別在權力核心層上不免流於形式等等。在周氏看
來，華僑對祖國做出巨大貢獻，盡了其作爲一個公民的義務，應該享受被國
家保護的權利。國民政府向以爲人民服務爲天職，理應重視僑務、保護域外
公民的合法權益。

〔註60〕 周啓剛：《整理僑務辦法》，載莫子材編：《華僑問題彙刊》（第一集），中國國
民黨執行委員會招待海外同志第二事務所印，1929年3月，第91～93頁。
〔註61〕 周啓剛：《僑務委員會三週年紀念述概》，周啓剛：《海外問題言論選輯》（第
一集），第121頁。
〔註62〕 周啓剛：《華僑問題與僑務行政》，周啓剛：《海外問題言論選輯》（第一集），
第11～12頁。
〔註63〕 周啓剛：《我國僑務的探討》，周啓剛：《海外問題言論選輯》（第一集），第27
頁。

　　曾爲吳鐵城機要秘書、僑委會秘書、長期從事僑務工作的莊心在有感而發地進一步批評政府對華僑口惠而實不至。他說：「溯自北伐成功以後，幾乎每一次黨國重要集會，除了通電慰勞前線作戰將士以外，總也有一通電慰勞海外僑胞，可見在國人心目中，無論朝野，都是把華僑在海外艱苦奮鬥血汗所得貢獻於祖國之功勞，與前線奮身救國的將士，儷美並稱，不能不說對僑胞已很重視。然而一談到爲僑胞解決問題的僑務行政，就往往擡出撙節國幣，外匯困難等等的話語，而使僑務工作，得不到順利推行的機會，國家對華僑是需要的，政府於僑務卻不肯重視，只想坐享僑胞出錢出力的權利，不想克盡保僑育僑的義務，這實在是一個荒乎其唐的大矛盾。」莊氏無疑指責了南京國民政府對待華僑「取之多而予之少」的做法。〔註64〕莊氏在另一篇文章裏講得更明白：「華僑很對得起祖國，而政府卻實在對不起華僑，只有取，沒有予！就有也只是實取而虛予。」〔註65〕他表示：「我們不希望僑委會只是一塊招牌」，希望政府能在僑務上具有實際作爲。

　　其他一些相關人士也對政府「口惠而實不至」的僑務政策提出了批評。1935 年 8 月的海外黨務委員會機關刊物《海外月刊》刊登一篇題爲《救濟華僑的幾個原則》的文章，作者劉仲英在文章裏毫不客氣地指責政府目前救濟華僑只有聲明，而無切實救濟辦法。政府雖然聲稱談到：「恤海外僑民近年受世界不況和各地排華的影響，痛苦萬千，將擬定救濟辦法切實予於救助」，但其洋洋得意的僑務政績，如「興辦僑樂村，津貼一批由日本被逐回國的僑民」等等，比起華僑逐年來爲祖國的革命和賑災所捐獻的鉅款，則簡直是「一句笑話！」財政部與僑委會對華僑的所謂救濟，實際上卻是不能兌現的空頭支票。1945 年，海外部的機關刊物《華僑先鋒》上有一篇《華僑與廣東》的文章，作者是僑務委員李樸生，他也直言不諱地批評：「政府對獎勵華僑投資，常見諸計劃，但計劃儘管定，卻沒有切實的扶助，切實的保障，華僑投資徒成爲貪官污吏，土豪劣紳，敲詐吞奪的對象。」〔註66〕

〔註64〕莊心在：《僑務行政檢討》，《華僑月刊》第 1 卷第 3 期，第 12 頁。
〔註65〕莊心在：《僑務問題展望》，《華僑先鋒》第 5、6 期合刊，第 8 頁。
〔註66〕李樸生：《華僑與廣東》，《華僑先鋒》第 7 卷第 10、11、12 期合刊，第 6 頁。除了李樸生多次直言不諱地談到國民政府對僑資的侵奪（包括對僑領李清泉在內）外，陳嘉庚在《南僑回憶錄》（嶽麓書社，1998 年）裏也談到一名香港馮君之經歷：「前經營廣東及國內礦產，年來被官僚藉戰時編制，上下爭利，營私舞弊，如錫及錦等均在貪吏之手，故無法經營」。第 76 頁。

　　而僑委會多次「改『會』爲『部』」的建議從某種意義上說，也是諸多僑務官員要求國家、政府重視僑務工作的一種表現。〔註67〕

2、完善僑務機構的設想

　　政府的政策能否達到政策制定者的意圖、目標效果，受到執行人員和執行單位諸多因素的影響。富有行政經驗的僑務官員在此方面做了大量吶喊和倡導。

　　僑務委員會副委員長周啓剛在「關於鞏固目前華僑之地位者」方案中指出：「加設駐外領事，愼選領事人才」是鞏固華僑地位的第一步。「華僑足跡所至之地，幾遍全球，每地居留之人數，常以萬計，而設有領事之處，則除省都巨埠外，多付缺如。查各國之在吾國境內，設置領館者，無論是否通商口岸，是否重要商埠，無不有之；而其僑民數目，皆遠不及我國人之在海外各地者，此亦爲國際間不平等之一。而其實則多自甘放棄也。又查吾國駐外領事，類多一事不辦，形同虛設，歷來不能克盡厥職，凡涉足海外者，所共知也。雖由於國力未遠，諸事掣肘，然而未得其才，用人不當，亦爲主要之原因。至於領事與僑民關係之密切重要，無待贅述，故今後必廣爲添設領事，與注重訓練選用領事人才。」〔註68〕他認爲：「加設駐外領事，愼選領事人才」，爲「鞏固華僑目前地位所必取之途徑，須即刻見之於實行者」，矛頭直指具體辦事人員。出生於蘇門答臘亞齊埠，長期辦理海外黨務，曾任海外部處長、僑務委員的歸僑李樸生亦言：「我覺現在僑務中心的工作，應該是調整人事。……重要的是領事的人事整理，整理有三個大家認爲極重要的條件：1、領事館人員必須能操駐在地的語言，能看駐在地的報紙（華文報紙外），能在駐在地有名的報紙發表意見。2、領事館人員必須對於中國文化，有相當正確的認識，尤其對於中國民族復興運動有絕大的信心，而用誠懇的態度，增強僑民的信心。3、領事館人員必須熟悉居留地的商工情況，與僑民發生痛癢相關的情誼，常常討論改進商工的辦法。」〔註69〕要求海外各地領事人員「能夠在公共的集會和著名的報紙，糾正對方侮蔑的宣傳，提供本

〔註67〕見《中國國民黨歷次全國代表大會暨中央執行委員會全體會議對海外黨務僑務重要決議案》，無編著者，〔臺北〕海外出版社，1952年，第37～40頁；等。
〔註68〕周啓剛：《整理僑務辦法》，載莫子材編：《華僑問題彙刊》（第一集），第93～94頁。
〔註69〕李樸生：《僑務行政幾個重要問題》，李樸生：《華僑問題導論》，第89、91頁。

國正確消息，並以民族復興鼓勵僑胞」。民國期間，由於國家在處理海外僑務實際問題上賦權予使領館的官員，「領事實際上成為僑務政策在海外最主要執行者」〔註70〕，他們在處理僑務方面的素質和能力自然成為人們關注的內容。「查使領館最大的任務，就是在保護本國的僑民，使發展國外的貿易。現在使領館任事的，能夠克盡厥職的，固屬不少，但濫竽充數的，缺乏外交智識的也所在多有。其足遺誤僑務，影響僑民利益者，實非淺鮮。如一九二三年加拿大初訂對華移民新律的時候，因為外交官的懦弱無能，坐視旁觀，終至被加議院三讀通過，而僑民至今還受其賜，就是一個例子。故此後政府當局對於委派使領人員時。至少應有具備下列幾個條件者為合格，或先徵詢中央僑務委員會，以資參考，更屬妥當。（一）富有外交學識、經驗的；（二）熟悉僑務的；（三）有膽量和高尚的道理。其餘如考成獎懲的切實施行，足收督促的效果；予以切實的地位保障，使其安心服務；並增加經費，和待遇，以促進其對外活動力，而不致輒感生活的困難。這些也同是不容忽視的。」〔註71〕而當時的駐外使領官員似乎並不如人意。「素來領事官大都不滿人意，不但不能稱職，尚多露出醜狀，貽華僑羞。間有一二稱職者，則不能久於其位，唯能敷衍應酬、虛偽浮沉者乃得久任。」〔註72〕「該館長乃北京軍閥時代所派來者，本人雖曾畢業外國大學，但官僚架子極大，輕視華僑，絕少與華僑晤面，每於華僑有事請求時，只著到使館樓下之車庫等候，然後派二、三等的秘書接見，到任數年以至抗戰時期，皆持此種態度」〔註73〕。因而領事人員素質要適合當地華僑社會之需要，自然是僑務官員吶喊的內容。

　　李樸生不僅對處理海外僑務工作的領事提出要求，而且更要求僑務行政主管機構的高級官員素質要高，要有所作為：「僑務委員會是執行機關，和立法院，議會等機關重在『坐而論道』的性質不同，而僑務問題又是極複雜的，有條約的關係，有商工業直接的利害，有國際情勢變動的影響，有當地特殊習慣，文化的反應，所以僑務委員會的高級幹部（如常務委員，委員等）必得常川在會辦事，不只會議時發表意見，且要有專門的理解力，統籌全局的

〔註70〕陳體強：《中國外交行政》，商務印書館，1945 年，第 184 頁。
〔註71〕周敦禮：《各國虐待僑胞苛例之一斑和補救方策》，《東方雜誌》第二十八卷第十三號，第 48～49 頁。
〔註72〕陳嘉庚：《南僑回憶錄》，嶽麓書社，1998 年，第 24～25 頁。
〔註73〕程天固：《程天固回憶錄》（下），〔臺北〕龍文出版社股份有限公司，1993 年，第 408 頁。

遠識。」﹝註74﹞當然，他也指出了物色可勝任人才之不易：「僑務本是一種新政，更是中國特有的新政，世界上沒有一個國家像我國有這麼龐大數目的人民在自己的國土外來作生活的奮鬥，他們原來的知識水準不高，而外面的壓迫又那麼多的花樣，馬來亞是一樣，荷印、越南、暹羅……又各是一樣，不懂國際政治的人不能辦僑務，不瞭解中國的問題的人也不能辦僑務，沒有到過海外，不懂華僑實際情形的人不能辦僑務，老在海外，只有一串產業常識的人也不能辦僑務，華僑重熱情，官架子大的人不能辦僑務，官場重官腔，華僑味深的人也不宜辦僑務，僑務的人才，在這些條件之下，是不容易有的。」﹝註75﹞

僑務官員還要求政府於海外設置駐外僑務專員，以完善僑務管理系統。「僑務根本問題是在海外，我們希望今後僑務行政的精神，完全貫注到海外去。使僑務專員，僑務視察員，以及其他辦理僑務的人員，能夠實際地到海外工作，那麼，僑務問題，才不至犯著『閉門造車』的弊病。」﹝註76﹞早期的僑委會副委員長如是說，而後期任職僑委會副委員長的歸僑林慶年也認為沒有駐外機構的僑委會是有頭而沒有腳的機構：「僑務行政的對象無論人地時，因應制宜，均在海外，絕不容許閉戶造車，而最貴於折衝商洽，迅赴事機，由此以言，僑務委員會首腦部固當設在祖國中樞，但發生作用還在於運用海外各當地的直接機構。如此綱舉目張，此響彼應，才是機動的有生命的僑務行政。然而現在的僑務行政機構只有頭沒有腳，在海外全賴於使領館代理，而沒有直接運動的一貫機構。嚴格研究，一國的外交與僑務，其性質與作用，以至做法，可說是完全不同，尤其是我們中國的僑胞社會所處的情勢，更屬殊異，正該僑務與外交剛柔內外配合，相濟相成，而決不可並而為一，非但指揮不靈，遇事遲滯，而且也全失了運用之妙。因此我們要求僑務發生更大的效用，必需要貫徹僑務委員會的建議，在海外各地設置直接的輔導專員。這決不會分割或影響外交行政體系，相反地適足以減除外交人員的困難，而收配合相成的宏效。」﹝註77﹞莊心在持相同觀點：「僑委會的組織機構，實

﹝註74﹞ 李樸生：《僑務行政幾個重要問題》，李樸生：《華僑問題導論》，第 79～80頁。

﹝註75﹞ 李樸生：《廣東的僑務問題》，載李樸生：《華僑問題導論》，第 110～111 頁。

﹝註76﹞ 周啓剛：《我國僑務的探討》，載周啓剛：《海外問題言論選輯》（第一集），第29～30 頁。

﹝註77﹞ 林慶年：《僑務觀感》，《華僑先鋒》第 10 卷第 1～2 期合刊，第 4 頁。

在是距實際的需要太遠，未足以遠（達）成保育僑胞的重大任務。訓政時期中國國民黨六全大會六屆三中全會均曾眷念及此，先後專案通過將僑務委員會改爲僑務部，擴大組織以使主管僑務行政的機構本身先謀健全，此次國民大會中海外僑民代表亦曾聯名建議政府擴大僑委會組織，改『會』爲『部』，並設置駐外僑務專員，加強並增加國內僑務局的組織等項，但均未獲核准，致使僑務進行上遭遇到重大的困難。」〔註 78〕僑務官員的海外設置機構的建議針對的是當時外交與僑務不協調的現實。批評者們指出：「華僑與使領館人員相處很融洽的情形很少見，使領館人員喜歡與當地政府或名流來往，很少和華僑來往，甚至於有的羞與華僑往來，覺得失了他們高貴的身份。有的使領館裏，外國人進門，恭維多禮，華僑進門，惡聲相對。連客廳都分中外，接待外國人的客廳，又大又整齊，沙發香煙，很像樣，華僑的候審室，又小，又無沙發，兩條長凳，連中國人自己都看不起中國人，還談得上什麼平等待遇。使領館人員忘了他們的神聖責任就是愛護我國同胞。固然華僑有很多不爭氣的，不□因爲這樣，他們□應當努力，改善他們的生活，提高他們的地位，天天和他們在一起，非達到他們的使命不可。目前我們在國外有很多使領館人員，幾作官不作事，中央有大員到了，整天整夜的時候，大事請客，陪著上街買東西，早晚不離，希望大員向重慶說幾句好話，陞官發財，華僑有事去使領館找不到人，就是有人，也沒有好面目看。」〔註 79〕所以，當務之急是在海外設置直接歸屬僑務行政機構的海外僑務單位。

3、重視華僑教育

僑務官員對華僑教育的重視，與國民黨的教育理念有關。國民政府認爲「教育爲立國之大本，國民精神生活與實際生活，能否臻於健全與暢遂，全視教育方針能否適應民族與時代之需要；而國民革命之基礎，若不充實之以教育的建設，則三民主義亦將無徹底實現之期。」〔註 80〕因此，自民國政府成立僑務機構開始，無論政府或是其僑務官員都極其重視海外的華僑文教事業。如在廣東革命政府時期成立的僑務局，其掌管的事務中有一項就是僑

〔註 78〕 莊心在：《僑務行政檢討》《華僑月刊》第 1 卷第 3 期，第 13 頁。
〔註 79〕 趙敏恒：《海外華僑的幾個問題》，《華僑先鋒》第 6 卷第 6、7 期合刊，第 14 頁。
〔註 80〕 中國第二歷史檔案館編：《中華民國史檔案資料彙編》第五輯第一編政治（二），江蘇古籍出版社，1994 年，第 99 頁。

教。而 1929 年 7 月公佈的《訓政時期國民政府施政綱領草案》中，也規定「於適宜地點增設學校」和「考察華僑所辦教育事業並助其發展」。〔註81〕

僑務官員承傳國民黨的重教傳統，十分強調僑教在僑務工作中的基礎地位。曾長期在港澳地區主持僑民教育、任職過戰時僑委會僑民教育處處長的周尚在戰後，發文總結僑教的重要性：「世界上沒有一個國家的僑民有一千二百萬多得那麼多，世界上沒有一個國家的僑民朝不保夕地苦得那麼苦，因此世界上沒有一個國家的僑民教育比中國的僑民更重要。華僑的生命力是經濟、健康和教育三要素，而教育爲其總樞紐。所以華僑教育是保僑的橋梁，是建僑的基礎。移、殖、保、育是我們僑務的四大政策，而移、殖、保三事卻要靠一個『育』字。沒有育即沒有移殖，保僑也將落空。」〔註82〕在僑務官員的工作理念中，華僑教育是一個非常重要的問題，事關海外華僑的發展。有著豐富僑務工作經驗的周啓剛認爲，一旦華僑不能受到很好的教育，「這個問題從根本上說來，比任何問題都重要得多，因爲現代的工商業都是以智識做基礎的，沒有智識，就不能決勝於工商業競爭場中。」〔註83〕他甚至十分具體的指出了當時華僑失教的狀況：「現在海外僑民，只有自辦的小規模的學校，這些學校，大概小學居多，中學很少，他的組織，師資，教材，經費，都很缺乏，在此經濟恐慌的時候，更有不可維持的趨勢。我們的國家向來對幾千幾萬僑民的教育事業，都未有相當的補助與切實的指導，這是太不成功了。」〔註84〕要求政府從各個方面重視僑教。無獨有偶，李樸生也強調了這些應予重視的僑教細節：「僑民教育，近二三十年還算發達，這是唯一可以著力而望有效的地方。不過，領事館雖然是經理僑教行政，但僑教問題因爲環境和國內特別不同，性質非常複雜，就課程來說，僑校應該怎樣變通來適合當地的需要？就課本來說，僑校應該怎樣選取教材才能使僑童受益？就經費來說，如何籌□營業捐，附加捐等才有穩定的來源？這些都是很有專門性而麻煩的工作。」〔註85〕要求政府從具體方面出發，重視僑教。

〔註81〕中國第二歷史檔案館編：《中華民國史檔案資料彙編》第五輯第一編政治（一），第 15 頁。

〔註82〕周尚：《戰後華僑教育》，《教育雜誌》第三十二卷第一號，第 96 頁。

〔註83〕周啓剛：《華僑問題與僑務行政》，載周啓剛：《海外華僑問題選輯》，第 9 頁。

〔註84〕周啓剛：《華僑問題與僑務行政》，載周啓剛：《海外華僑問題選輯》，第 15 頁。

〔註85〕李樸生：《僑務行政幾個問題》，李樸生：《華僑問題導論》，第 86～87 頁。

4、重視僑資

吸引僑資投資實業，自晚清始，一直是各級政府關注的一個問題。上至中央政府，下至地方政府都在不斷努力。僑務官員們也不例外。李樸生直言不諱說：「南洋僑務行政有一個大家不言而喻的重大使命，就是如何能夠吸收華僑的資本，來發展國民經濟的重要性，凡是研究民族工業和閩粵兩省經濟情形都感到的。」〔註86〕周啓剛也認爲：「華僑問題，其中心在於經濟問題，華僑的特殊勢力，所貢獻於世界和國家的唯一的就是經濟。今後華僑的興替，僑務行政的進展，也必以中心的經濟問題是否得到解決，來決定其前途。」「華僑經濟，是國民經濟建設運動中之一環，華僑亦國民一份子，建設國民經濟，自不能丟掉華僑，華僑也不應自外於祖國，而放棄其責任。」〔註87〕但對如何更爲有效利用僑資，如何克服妨礙華僑投資的因素，以便長期、可持續地吸引僑資，僑務官員有著異常透徹的洞察。

1940 年 7 月，以海外部副部長蕭吉珊爲首等二十七人向政府提案「鼓勵海外華僑回國投資案」具有一定代表性。在提案中，長期從事海外僑務、黨務工作的蕭氏等人提到：「蓋華僑之目的乃使自己所投資金由自己掌握，用自己自由之意志與能力而求其發展，其次乃計及贏餘與安全。……故政府獎勵之方法，應從此方面著想。」〔註88〕相對的，李樸生的說明可能會更爲詳細一些：「華僑投資祖國的原也不少，但得利的總沒有幾個，這裡的原因自然很多，而都足令他們趦趄不前的。」還有，「我們在今日，也不必諱言，以前華僑對於行政機關的認識也是極惡劣不堪的。第一就是官吏的作威作福，無法無天，居留政府待遇僑民本來很多是蠻不講理的，但也有個限制，如布告了的法律，下級職員有時上下其手得太厲害，還可向主管機關控告，這個主管機關平常也能夠秉公處理，在國內可就只有忍氣吞聲，不敢告訴，倘有一紙入公門，道理還沒有講清，你的金錢就花耗不（少）了……因爲華僑，在一般官吏心目中，尤其稅吏軍警的怪眼裏，是一塊肥肉，碰到了絕不肯放鬆一些。」〔註89〕莊心在也認爲「我們要吸收華僑資本之□，先得同情他們的困

〔註86〕李樸生：《僑務行政幾個問題》，李樸生：《華僑問題導論》，第 96 頁。
〔註87〕周啓剛：《華僑經濟會議之意義》，《華僑先鋒》第 1 卷第 10 期，第 6～7 頁。
〔註88〕秦孝儀主編：《革命文獻》第 80 輯，中國國民黨中央執行委員會黨史委員會，1979 年，第 90 頁。
〔註89〕李樸生：《僑務行政幾個問題》，李樸生：《華僑問題導論》，第 99、97～98 頁。

難和危險，在可能範圍之內，盡力解除其困難」，而不是將他們作爲富有的「金山伯」任意宰割和勒索！他甚至痛心的提到：「一部華僑回國投資史上，從盛宣懷粵漢鐵路招募華僑股本以迄，馮銳在廣東辦了那個『無煙糖』廠，已是布滿了創傷瘢跡。我們忍心再累他們去化冤錢，一再減損了他們對祖國投資的信心。今天談華僑經濟，我們認爲應注意培養，且饞談到吸收，殺雞取卵竭澤以漁，均非國家民族之福。」〔註90〕總結蕭、李、莊三人的觀點，要吸引和保證當時華僑的在華投資要考慮三方面的問題：

第一，保證投資華僑對投資資金支配的合理自主和自由，即「用自己自由之意志與能力而求其發展」。

第二，去除苛政、弊政之害。若要吸引僑資投資國內，首要條件是保護他們，包括他們在返國投資過程中遭遇到的種種刁難、敲詐勒索等，以免僑商被這些官吏吃到「非骨肉狼藉不可」，使他們產生「居留政府如梳，本國官吏如□」的感覺。

第三，保證僑商的得利目的。國家要講信用，廢除企業舞弊，讓僑商通過運營得利，以免他們對投資祖國失去信心。

除上述之外，僑務官員還提到了一些僑務觀念，即使在現在也仍是有啓發意義的。如周氏所言的「『使華僑傾向祖國』又說『鼓吹華僑歸國』，若單以這兩個口號來辦理，僑務就很大錯誤。」〔註91〕還有，「調查與統計應用很大，若是沒有眞確的調查與統計，我們對華僑的問題，定然得不到適當的解決；那麼，對僑務辦理，自然是不能有良好的結果。過去辦理調查的事情，大都是憑著一張白紙黑字的調查表，寄出去就算一回事，這樣不但得不到比較眞確的結果，就是希望調查表能夠塡好寄回來亦是問題，還有什麼成績的可言呢！我們現在做有效的調查和統計，就應該計劃如何使到負責塡報的人有正確的報告。但是各地有各地的情形，運用的方法亦不能一律，在未動手的時候，就要先行好好的籌劃。對負責調查的人，最低限度，亦應給與相當的交通費，及予以種種的便利，總要不失之空洞才行。這樣一來，調查的動員有一定的時間，報告的彙集有一定的期限，則整理和統計，自能著手，此

〔註90〕 莊心在：《僑務問題展望》，《華僑先鋒》第 5、6 期合刊，第 9 頁。
〔註91〕 周啓剛：《僑務前途之兩個難關》，周啓剛：《海外問題言論選輯》（第一集），
　　　　第 36 頁。

後辦理僑務便有準繩。」〔註92〕

　　在此章的分析中可知，作為國民黨統治集團核心的孫中山和蔣介石，他們在對華僑的態度、僑務工作的方向等諸多問題上都存在著明顯的差異。前者積極，雖不免失於理想化，但奠定了國民黨政府關注僑務的基礎，影響深遠；後者繼承了孫的一些僑務思想，但其消極處理問題的方式，還是給僑務工作帶來了一定程度的不便。而尤為可提的是諸僑務官員的奔走呼號，他們有關僑務工作的思想不僅涉及面廣而且洞徹實質，長期而豐富的僑務工作經驗又使得他們的建議具有很強的針對性和可行性。可以說，他們的努力應是抗戰期間僑務工作得以不斷推進的重要原因和動力。

　　一切的行動都源自某種理念。抗戰期間，國民政府僑務工作的成績和失敗都與其間重要的僑務理念是分不的，無論是領袖的振臂一呼，還是有識之士的親身躬行，抑或間有漠視與抨擊，僑務工作的方方面面正是在這樣複雜的思想前提下蹣跚而前行。

〔註92〕周啓剛：《華僑問題與僑務行政》，周啓剛：《海外問題言論選輯》（第一集），第 12～13 頁。

第三章　戰前僑務機構與政策簡論

　　執行機構的建立乃是一項政策得以實施的基礎之一，南京國民政府特別強調此觀點。比如財政部曾在關於貿易政策的一份報告提到：「頒佈增進生產調整貿易辦法大綱並設立貿易專管機構，制定相關法令，乃立對外貿易政策初基。」〔註1〕對待僑務，國民黨雖有機構的設立專管，但機構性質，曾幾何時，卻在不斷變動，時屬黨務系統，時屬行政系統。直到 1932 年 8 月修正公佈的《僑務委員會組織法》規定：「僑務委員會隸屬於國民政府行政院，掌理本國僑民之移殖、保育等事項。」〔註2〕從此才確定了僑委會在管理、處理僑務事務中的核心地位，隸屬行政系統。當然，一些相關工作仍需要其它的相關部委來協調處理，比如僑民教育，教育部就一直參與其中〔註3〕。從法理上講，無論戰前、戰時或者戰後，僑委會都是負責僑務工作的主體機構。「僑務行政的內包，非常的廣泛，這裡面有經濟問題，有教育問題，有社會問題，也有其他的種種問題，真可以說外交內政無所不包，亦文亦武無所不具，……僑委會簡直可以說是一個無形的海外行政院」。〔註4〕因此，僑委會在僑務工作中的的中樞地位不可動搖的。這一章，筆者在對戰前僑務機構和政策的研究就是以僑務委員會為主要闡述對象的。

〔註1〕 中國第二歷史檔案館編：《中華民國史檔案資料彙編》第五輯第二編財政經濟（九），江蘇古籍出版社，1997 年，第 414 頁。

〔註2〕 中國第二歷史檔案館編：《中華民國史檔案資料彙編》第五輯第一編政治（五），第 581 頁。

〔註3〕 此可能與中華民國政府專業治國的理念有關。參看鄧麗蘭：《域外觀念與本土政制變遷──20 世紀二三年代中國知識界的政制設計與參政》，中國人民大學出版社，2003 年。

〔註4〕 林慶年：《僑務觀感》，《華僑先鋒》第 10 卷第 1、2 期合刊，第 3 頁。

一、僑務委員會的沿革

對於我國歷史上行政僑務機關之設立究竟始於何時，相關檔案史籍記載並不詳細。根據南京國民政府僑委會刊印的《僑政十年》所記：「我國之有僑務機構，遠在民國前五十三年（即前清咸豐九年）。當時清庭鑒於僑胞在海外人數激增，經營工商農礦諸業，均能執當地牛耳，乃於廣州、廈門、天津、寧波等處成立出洋問訊局。」〔註5〕不過也有學者提出：「是項記載，大致係根據北京政府遺留之殘餘舊卷，與故老之傳述。」〔註6〕可信性有待商榷。因此，有「晚清沒有專一的僑務機關」之斷言〔註7〕；亦有說1912年8月在廈門寮仔正式成立的福建暨南局是「中國歷史上第一個官方的僑務機關」〔註8〕。不過，周南京主編的《世界華僑華人詞典》（北京大學出版社，1993年）則把清政府於咸豐五年（1855年）設立的出洋問訊局作為「中國僑務機關之發端。」〔註9〕於此僑政機構何時設立尚未有定論，聊記於此。其後，清政府雖在僑務政策上實施一系列的舉措，包括海外設領、處理「苦力貿易」、吸引華僑資金等，但在行政機構製度上是否有所作為，有無繼續設置相關行政機構，筆者所見到的相關檔案、史籍中皆沒有記載，尚待考查。民國成立後，在1912年1月，在華僑人口眾多的福建，其諮議局議員、咨政院議員林輅存、張旗等致電當時的閩督孫道仁，要求設立「護僑機關，為僑民謀利益」。成立不久的福建都督府參議廳隨即議決了設置暨南局相關辦法：一、確定了「福建暨南局」的局名；二、指定局費由政府指撥；三、規定暨南局正副局長由福建都督特任，局長以下由局長任薦；四、籲請蔡鳳機（幾）為籌辦人。〔註10〕同年8月，該暨南局在廈門寮仔正式成立，主要是

〔註5〕 「十年僑務特刊」（即《僑政十年》），中國第二歷史檔案館館藏僑務委員會檔案，全宗號二二，案卷號7；廣東省檔案館等合編：《華僑與僑務史料選編〔廣東〕》（二），廣東人民出版社，1991年，第1頁。

〔註6〕 梁恒廬：《僑政機構九十年》，《華僑月刊》第1卷第3期，第5頁。

〔註7〕 黃小用未刊博士論文《晚清華僑政策研究》，第323頁。該論文認為1899年於廈門成立的廈門保商局是「中國第一家具有半官方性質處理僑民事務的專門機構」，「由廈門興泉永道惲祖祁負責籌辦並委員負責。」見該文第274頁。

〔註8〕 陳建寧、陳文星：《福建暨南局興廢始末》，《福建論壇‧人文社會科學版》2007年第4期，第79頁。

〔註9〕 周南京主編：《世界華僑華人詞典》，北京大學出版社，1993年，第184頁。

〔註10〕 福建檔案館編：《福建華僑檔案史料》（上），檔案出版社，1990年，第1頁。

考慮到廈門華僑眾多的原因。福建暨南局隸屬於福建都督，首任總局總理爲印尼歸僑林輅存。1918 年公佈的《福建暨南局章程》，則爲中國歷史上第一部地方性僑務法規。與此同時，華僑林松磐也向北洋政府政務院倡議設立暨南局爲保僑機關〔註 11〕，但身處北方的北洋政府並沒有給予很大的重視，只是在 1912 年 12 月成立了北京華僑聯合會，雖經內務部批準備案，但該會從性質而言則是民間機關，與稍早在上海建立的華僑聯合會可謂是一脈相承，同爲我國最早成立的聯絡五大洲華僑的民間機關，其組織結構中，因主要成員都是華僑界領袖和海外各埠歸國的實業代表，所以該會在推動祖國建設和維護僑胞正當權益方面還是起了不同尋常的歷史作用，同時也在海外僑商與祖國各地之間架起了一座聯絡的橋梁，爲推動國內僑資企業的發展起了積極作用。〔註 12〕而在福建暨南局成立的第六年，時爲中國中央政府的北洋政府於 1917 年 9 月建立了僑工事務局，隸屬國務院，同時頒佈了《僑工事務局暫行條規》。設局長 1 人，委員 6 人。首任局長爲張弧。〔註 13〕但該局在當時只是辦理登記出國華工事務，及收取管理費，對於華僑的其他事務則沒有涉及。隨後又改組爲僑務院，但業務方面並沒有多大的進展，1921 年 2 月 18 日，北洋政府公佈了《僑務局組織條例》，並於 1922 年 1 月設立僑務局，作爲「掌管本國在外僑民移殖保育一切事務」〔註 14〕的行政機關，是「北京政府全面負責華僑事務的一個實職部門」〔註 15〕，局長爲郭則云。此舉標誌著我國中央政府專門負責僑務業務的實職機關正式創建。從某種意義上說，此舉爲進一步促進僑務在中國的發展奠定了基礎。但這時的僑務機構與僑務工作並不令人滿意，誠如後來長期從事僑務工作的國民黨僑務官員周啓剛所言 —— 當然由於身份問題，其言不可排除政治偏見的因素，但還是道出了北洋僑務工作的實際情況：北洋政府的「僑務機關之組織及職權，只見得僑務

〔註 11〕　李莉：《中國第一個官方僑務機關》，《炎黃縱橫》2003 第 3 期，轉陳建寧、陳
　　　　　文星：《福建暨南局興廢始末》，《福建論壇・人文社會科學版》，2007 年第 4
　　　　　期，第 79 頁。
〔註 12〕　參見杜裕根：《北洋政府的僑資政策及其評價》，《華僑華人歷史研究》2004
　　　　　年第 3 期，第 60 頁。
〔註 13〕　周南京主編：《世界華僑華人詞典》，第 505 頁。
〔註 14〕　李盈慧：《華僑政策與海外民族主義（1912〜1949）》，第 47 頁。
〔註 15〕　任貴祥：《孫中山、袁世凱及其代表的南北政府僑務政策比較研究》，《江漢論
　　　　　壇》2005 年第 7 期，第 96 頁。

行政在國家行政上，簡直未有他的地位。……所謂僑務，平常不過是注意到捐款，說幾句歡迎華僑回國投資的話，至於移民政策與保育方法，在行政上，簡直沒有想到。」〔註16〕同時據 1925 年公佈的中央各機關各部經費表中我們得知，至少在 1925 年前北洋政府也在下列各地設立過僑務分處：煙臺、福建、廣東、上海、天津、漢口、新疆、安東（現遼寧丹東）與哈爾濱。〔註17〕北洋政府僑務局「直到國民政府北伐完成，才由國民政府的僑務機構取代。」〔註18〕

南京國民政府源於孫中山在廣東建立的南方政府。1917 年孫中山在廣州建立護法政府，其後於 1921 年改名為中華民國政府，1923 年則更名為大元帥府。在大元帥府時期的 1924 年，孫中山設立僑務局，〔註19〕局長為陳樹人〔註20〕，但這僅能視為國民黨政府開始關注僑務工作的標誌，因時間不久該局旋即取消，業務也未能得以展開。1926 年 1 月，在中國國民黨廣州召開的第二次全國代表大會上，也許是有鑑於國內對華僑、僑務瞭解之匱乏〔註21〕，海外歸國代表周啓剛、莫子材等人提議重組僑務行政機構。是年 8 月 21 日廣州國民政府公佈《僑務委員會組織條例令》，規定「僑務委員會直隸於國民政府，專管理海外事務」。這些事務主要包括：「取締、監督移民海外事項；保

〔註16〕 周啓剛：《華僑問題與僑務行政》，周啓剛：《海外問題言論選輯》（第一集），第 11 頁。

〔註17〕 財政整理會編印：《暫編中央各機關各部經費國家歲出預算分表》，1925 年 12 月，第 3 頁。

〔註18〕 李盈慧：《華僑政策與海外民族主義（1912～1949）》，第 50 頁。

〔註19〕 有海外學者說孫中山曾於外交部屬下設立過僑務辦公室，但沒有具體的史料證實。見〔美〕明石陽至（Yoji Akashi），張堅譯，向來校：《1908～1928 年南洋華僑抗日和抵制日貨運動：關於南洋華僑民族主義的研究》（上），《南洋資料譯叢》2000 年第 3 期，第 75 頁。

〔註20〕 陳氏為孫中山的摯友，曾任中華革命黨加拿大總支部總幹事等職，同時也為嶺南畫派的開拓者之一。見陳真魂主編：《陳樹人先生年譜》，嶺南美術出版社，1994 年。同時因 1923 年 12 月 22 日頒佈的《僑務局章程》規定「僑務局設局長一人，由大元帥兼任。」故有學者認為孫中山於 1924 年 1 月孫中山曾任僑務局局長，但相關專著又同時言大元帥府僑務局局長為陳樹人。相關內容分別見周南京主編：《世界華僑華人詞典》第 507、583、507 頁。

〔註21〕 如後來長期從事僑務及海外黨務工作的周啓剛曾說過：1925 年其由海外歸來，由於要「先赴北平恭祭總理，從長江流域至黃河流域，就各地觀察，覺得一般人士均不明白的僑務，尤其是北方談到華僑二字，簡直莫名其妙。」見周啓剛：《僑務前途之兩個難關 —— 僑委會第十次紀念周講演》，《海外月刊》第 1 卷第 2 期，第 60 頁。

護、獎勵海外華僑；指導海外華僑社團、學校及報館之組織、註冊；調查各
國政府待遇華僑之政策、條例，海外華僑之戶口、國籍，工、商、農、學之
生活狀況；優待回國華僑之遊歷、參觀，指導華僑子弟回國就學，介紹回國
華僑之投資興辦實業，處理海外華僑之爭執糾紛等事項。」〔註22〕不久，僑
務委員會於廣州正式成立，隸屬國民政府之下，主席委員爲李祿超，委員有
鄧澤如、陳友仁、彭澤民、曾養甫、周啓剛等人，〔註23〕全部爲粵籍人氏。
「凡係從前歸外交部辦理之僑務，均劃歸該會接辦，如澳洲僑民黃義遺產委
權紙，及西貢僑民梁祥遺產委權紙式（弍）案。」〔註24〕1927 年 4 月南京國
民政府成立，6 月，僑委會即被「裁併於廣東省政府民政廳」〔註25〕，而於
外交部之下設置僑務局，辦公地址放在上海，其後又在大學院下設華僑教育
委員會。1928 年，國民黨第二屆中央執行委員會第四次全體委員會議則決議
恢復僑務委員會，改隸於國民政府之下，〔註26〕職掌移殖保育。同時任命林
森、鄧澤如、蕭佛成、周啓剛等人爲該會常務委員，但不知何故，諸多委員
未能就職；後改任李烈鈞、孔祥熙、宋淵源、周啓剛、丘莘畇等代理常務委
員，並任命鄭洪年、張南生、王志遠、陳嘉庚等爲委員。〔註27〕在 1929 年 3
月 28 日至 4 月 8 日召開的中國國民黨三屆一中全會上，國民黨元老、粵人
胡漢民提出：國民政府的僑務工作與國民黨在海外的黨務密切相關，爲統一
指揮起見，在國民黨中執會下設「中央僑務會」，其工作包括華僑教育，華
僑工商業及保護華僑權益等。〔註28〕大會採納了此項提議，4 月 4 日公佈的

〔註22〕 吳新奇：《論廣州國民政府的對外政策》，《滄桑》2004 年第 6 期，第 22 頁；
　　　　 周南京主編：《世界華僑華人詞典》第 507 頁有相類似的內容。
〔註23〕 中國第二歷史檔案館編：《中華民國史檔案資料彙編》第四輯（一），江蘇古
　　　　 籍出版社，1991 年，第 73、75 頁。
〔註24〕 廣東省檔案館等合編：《華僑與僑務史料選編〔廣東〕》（二），第 9 頁。
〔註25〕 梁恒盧：《僑政機構九十年》，《華僑月刊》第 1 卷第 3 期，第 5 頁。
〔註26〕 1928 年 2 月 13 日分佈的《國民政府組織法》第七條：「國民政府設內政、
　　　　 外交……並設最高法院、監察院……僑務委員會。」（中國第二歷史檔案館
　　　　 編：《中華民國史檔案資料彙編》第五輯第一編政治（一），第 21～22 頁。
〔註27〕 梁恒盧：《僑政機構九十年》，《華僑月刊》，第 1 卷第 3 期，第 5 頁。另注：
　　　　 梁恒盧：《僑政機構九十年》言「林森、鄧澤如、蕭佛成等未就職」。（第 5
　　　　 頁），但有史料據《國民政府公報》言 1929 年 1 月 22 日林森任僑務委員會
　　　　 委員長。見中國第二歷史檔案館編：《中華民國史檔案資料彙編》第五輯第
　　　　 一編政治（一），第 68 頁。
〔註28〕 參見陳紅民：《「新國民黨」在海外的活動：1932～1936 年》，《民國檔案》
　　　　 2002 年第 1 期，第 65 頁。

中國國民黨中央執行委員會組織系統圖上,「僑務委員會」即於其上。6月新的僑委會在南京改組成立,陳耀垣為主任委員〔註29〕,周啓剛、蕭吉珊為副主任委員(周啓剛未到任),以及其他委員六人,這意味著僑委會歸屬了國民黨黨務系統中。此時,「僑務委員會的職權,以審議為主,決定事項,交由政府有關機關執行。」〔註30〕但海外華僑,以僑務機關應歸屬於行政範圍,提議要求對之進行調整與改組。〔註31〕在1931年8月13日中國國民黨第三屆中央執行委員會第154次常務會議上,于右任、丁惟汾、陳果夫、葉楚傖四委員提議:「將僑務委員會改隸於國民政府,中央黨部另行組織一海外黨務設計委員會,並擬具僑務委員會委員人選請公決案。」會議即決議通過。〔註32〕有學者曾言:「對於南京政府而言,除了那種傳統的保境安民的政治職能外,它與前任或歷史上任何政府的不同在於,它擁有相當大的政治制度設計的空間與權力。」〔註33〕由此觀之,此言可謂準確矣。

決議通過後,中執會就「選定吳鐵城、林森、周啓剛、曾養甫、陳耀垣、蕭吉珊、鄭占南、黃壬戌、林澤臣、張河洲、陳武烈、黃滋、林疊、黃績熙、莊西言、沈鴻柏、陳占梅、黃仕元、馬立三、李源水、林成就、鄧子實、李振殿、黃吉宸、朱慈祥、周獻瑞、吳偉康、戴愧生、趙屏珊、劉滌寰、王志遠、楊壽彭、黃啓文、黃紹蕃、趙煒庭、王健海、余榮三十七人為僑務委員會委員,並指定吳鐵城、林森、周啓剛、曾養甫、陳耀垣、蕭吉珊、鄭占南為常務委員,吳鐵城任委員長,周啓剛任副委員長。」其後這份名單便被送交國民政府。關於國民政府對僑委會的人事任免,相關檔案資料記載則各不

〔註29〕 李松林主編:《中國國民黨史大辭典》一書(安徽人民出版社,1993年,第55頁)載言「1929年1月6日,林森任委員長,隨後由陳耀垣繼任。」值得商榷,陳耀垣並沒有任過委員長,只任過僑委會隸屬中執會時的主任委員。

〔註30〕 陳烈甫:《華僑學與華人學總論》,第356頁。

〔註31〕 梁恒盧:《僑政機構九十年》,《華僑月刊》第1卷第3期,第6頁。

〔註32〕 中國第二歷史檔案館編:《中國國民黨中央執行委員會常務委員會會議錄》(十六),第13頁。但也有學者認為在1931年8月僑委會被改隸國民政府行政院。如李盈慧:《華僑政策與海外民族主義(1912~1949)》第67頁。但也有著者認為就是隸屬國民政府,如傅榮校未刊博士論文《南京國民政府前期(1928~1937年)行政機制與行政能力研究》(浙江大學,2005年。),第74頁。

〔註33〕 鄧麗蘭:《域外觀念與本土政制變遷——20世紀二三十年代中國知識界的政制設計與參政》,第15頁。

相同了。第一種記載是：國民政府依照以上名單於 1931 年 8 月 31 日任命。但由於高層領導遲遲未前來就職等原因，「僑務委員會發表後經八九個月仍不能成立」〔註 34〕。民國檔案資料彙編中有一公函資料顯示：1931 年 10 月 13 日僑委會仍隸屬於中執會，其主任委員仍爲陳耀垣。〔註 35〕相關會議記錄也顯示中央僑務委員會到 1931 年 11 月前還在運作〔註 36〕。其後，汪精衛主政行政院，「認定僑務重要，尤以國難當中，僑胞與抗日有密切重大之關係」，而當時政府任命的僑委會委員長未到，汪氏力飭周啓剛「從速籌備成立。」〔註 37〕於是，國民政府將之前所任命之僑務委員「均於 1932 年 4 月免職。同時重新任命吳鐵城、曾養甫、周啓剛、陳耀垣、蕭吉珊、鄭占南、黃壬戌、林澤臣、張河洲、陳武烈、黃滋、林疊、黃績熙、莊西言、沈鴻柏、陳占梅、黃仕元、馬立三、李源水、林成就、鄧子實、李振殿、黃吉宸、朱慈祥、周獻瑞、吳偉康、戴愧生、趙屏珊、劉滌寰、王志遠（梅縣人）、楊壽彭、黃啓文、黃紹蕃、趙煒庭、王健海、余榮、徐統雄、曾仲鳴、劉成燦、林柏生、陳春圃、林文慶、陳嘉庚、陳披荊、張永福、林汝珩、林義順、葉紹振、陳楚楠、徐天琛、陳孚木、呂渭生、胡文虎等爲該會委員。（曾養甫、陳耀垣、張河洲、陳武烈、莊西言、沈鴻柏、陳占梅、李源水、林成就、鄧子實、李振殿、趙屏珊、劉滌寰、楊壽彭、林柏生、林文慶、陳嘉庚、陳披荊、林義順、葉紹振、林汝珩、陳楚楠、胡文虎等均未到任。）」被指定的委員長吳鐵城又「不就職，改任陳樹人爲委員長兼委員及常務委員。」1932 年 4 月 16 日僑委會「在南京正式成立，委員長陳樹人則於同年四月二十七日就職。」〔註 38〕。第二種記載：吳鐵城於 1931 年 8 月 31 日到任就職，歷經蔣中正內閣、孫科內閣（1931.12.28 至 1932.1.28），在汪兆銘內閣（1932.1.28 至 1935.12.1）期間的 1932 年 5 月 10 日免去，接任者是陳樹人。〔註 39〕有學者

〔註 34〕周啓剛：《一週年的僑務檢討和將來的展望》，周啓剛：《海外問題言論選輯》，第 37 頁。

〔註 35〕見中國第二歷史檔案館編：《中華民國史檔案資料彙編》第五輯第一編政治（五），第 630 頁。

〔註 36〕見中國第二歷史檔案館編：《中國國民黨中央執行委員會常務委員會會議錄》（十六），第 507 頁。

〔註 37〕周啓剛：《一週年的僑務檢討和將來的展望》，周啓剛：《海外問題言論選輯》，第 38 頁。

〔註 38〕梁恒廬：《僑政機構九十年》，《華僑月刊》第 1 卷第 3 期，第 6 頁。

〔註 39〕見中國第二歷史檔案館編：《中華民國史檔案資料彙編》第五輯第一編政治

依相關資料綜合轉述，說在汪精衛內閣時吳鐵城一直爲僑委會委員長一職，但於此該文亦有自相矛盾之處。〔註 40〕第三種記載：《陳樹人先生年譜》言陳氏爲 1932 年 8 月 22 日被任命。

陳樹人與汪精衛同爲廣東番禺人，曾多次跟隨汪氏反對蔣介石，如 1927 年通電提出「四次執監會定在粵召開」，與南京對立；1929 年因跟隨汪氏在香港發佈討蔣宣言，於 11 月被南京國民黨中常會決議開除黨籍。陳氏一直被視爲汪派人物〔註 41〕。比較其可信度，筆者姑從第一種說法——1932 年 4 月，一直在進行改組調整的僑務委員會終於完全被正式確立爲行政機構，「隸屬於國民政府行政院，掌理本國僑民之移殖、保育事項。」中央一級僑務組織機構設有秘書處、僑務管理處與僑務教育處〔註 42〕，「僑務委員會大會第一年或二年開會一次，常務會議每星期至少開會 1 次。」〔註 43〕之後僑委會機構相對穩定，直到 1944 年 5 月，第五屆中央執行委員會第十一次全體會議通過一項決議案，同意「將僑務委員會改組爲僑務部，仍隸屬行政院內，其組織分設總務、僑民管理、僑民教育、僑民經濟四司，及人事、會計、統計三室與參事室、秘書室等，就全部僑務行政，作適當合理之支配」。同時，將「現在廣東、福建、雲南等處之僑務機構，無論人事經費及行政系統，均不足以適應需要，應全部調整，即閩粵滇三地僑務處，爲省府之一單位，受僑務部之指揮，其地位與社會處同，另於僑民出入眾多之口岸，設立僑務局，辦理僑民出入口登記指導事宜」。此外，決議案還對外交部與僑務部的職權提出了明確劃分的要求〔註 44〕。但是該決議通過不到兩個月，時爲最高權力機構的國防最高委員會以「至奉參考之改進僑務行政機構一案，原辦擬法將僑務委員

〔註 40〕見劉大禹：《國民政府行政院行使權力的困境（1932～1935）》，《湖南科技大學學報（社會科學版）》第 10 卷第 2 期（2007 年 3 月），第 121 頁表認爲吳鐵城爲汪內閣的僑委會委員長，即使後有部長變動，但僑委會委員長不變，但第 126 頁注③卻又言陳樹人爲汪內閣的僑委會委員長。

〔註 41〕可見唐潤明：《汪精衛出逃後軍統對汪派人物的監視》一文，刊於《民國春秋》1997 年第 2 期。

〔註 42〕中國第二歷史檔案館編：《中華民國史檔案資料彙編》第五輯第一編政治（五），第 581 頁。

〔註 43〕林炯如、傅紹昌、虞寶棠編著：《中華民國政治制度史》華東師範大學出版社，1995 年，第 188 頁。

〔註 44〕《中國國民黨歷次全國代表大會暨中央執行委員會全體會議對海外黨務任務重要決議案》，第 38～40 頁。

會改組爲僑務部一層，此時改設，易引起外人誤會，似以暫緩爲宜」爲理由加以否決。〔註 45〕其後雖有繼續倡議「改會爲部」的呼聲〔註 46〕，但僑務委員會作爲行政院屬下一機構卻一直延至 1949 年。其先後擔任僑務委員會委員長的有陳樹人〔註 47〕、劉維熾〔註 48〕、戴愧生〔註 49〕。

在此筆者在此也稍爲提及寧粵分流時，有關粵方僑務機構情況。1930 年 9 月，蔣介石結束中原大戰後，對限制其權力極爲不滿，要求召開國民大會，制定訓政時期約法。其後與立法院院長胡漢民發生衝突，蔣將胡軟禁在南京湯山，引發國民黨內部一場紛爭。粵籍國民黨一些要人紛紛南下，成立西南政務委員會，由於他們同樣具有國民黨的法理背景，無論是組織結構，抑或是人員方面，都同具法理合法性。但他們並不在現實上歸屬南京國民政府管轄。1935 年 5 月，歸屬西南政務委員會指揮的廣東省政府公佈《廣東僑務委員會組織章程》，呈送西南政務委員會備案。9 月 3 日廣東僑務委員會相關人員宣誓就職。主席委員爲林翼中，委員有曾石曾、陳任一、黃隆生，霍烱堂、林日強、陳美堂、馮少強、黃海山、蔡堅白等。〔註 50〕此時，南京國民政府僑委會屬下的廣東機構同樣存在，但名稱略有差異：廣東僑務處。

僑務委員會的改組重建一波三折，國民政府僑務機構調整之政策可謂朝令夕改，今見相關記載又多有齟齬，更不要說廣東兩個僑務機構並存的問題。這一方面說明當時僑務工作遇到了一些現實上的困難，另一方面更是顯示了國民黨在對待僑務機構上搖擺不定的態度，從某種程度上反映出國民黨內部激烈的權力鬥爭。

〔註 45〕「加強僑務行政機構資料四」，中國第二歷史檔案館館藏僑務委員會檔案，全宗號二二，案卷號 7。

〔註 46〕「革新僑務建議」，中國第二歷史檔案館館藏僑務委員會檔案，全宗號二二，案卷號 652。

〔註 47〕廣東番禺人，畢業於日本京都美術學校及東京立教大學，曾在加拿大辦理過黨務及任職國民黨黨務部部長、廣東省政務廳廳長、海外部部長等。任期爲 1932 年 4 月至 1947 年 5 月。汪新、劉紅編著《南京國民政府軍政要員錄》一書言陳氏「1948 年 10 月逝世於僑務委員會委員長任上」，有誤。（春秋出版社，1988 年，第 26 頁）

〔註 48〕廣東臺山人，夏威夷大學畢業，曾任檀香山《自由日報》記者，任職過廣州市財政局長、鹽務署署長、海外部部長等。任期爲 1947 年 5 月至 1948 年 12 月。

〔註 49〕福建省南安縣人，廈門同文學校肄業，曾任職海外部副部長。任期爲 1948 年 12 月以後。

〔註 50〕廣東省檔案館等編：《華僑與僑務史料選編》〔廣東〕（二），第 18 頁。

二、僑務委員會的機構設置與領導體制

一般而言若要研究一個政府部門的管理，往往是要瞭解其管理體制，管理體制主要包括機構設置與領導體制。

1932 年 8 月 13 日，《僑務委員會組織法》第一條規定：「僑務委員會隸屬於國民政府行政院，掌理本國僑民之移殖保育等事務。」第四條同時也規定：「僑務委員會所議事項，如與各部會有關係時，各部會得派員列席。」由此確定了在整個繁雜、而又動態的僑務系統中，僑委會作爲中樞地位的確立。對於僑務委員會的組織結構，該組織法第二條規定：僑務委員會設置委員長一人，爲特任。而副委員長也爲一人，委員則據具體情況設置若干人，都屬簡任。同時並於委員中指定常務委員七人至九人。前面提及的委員，「除常務委員支俸外，其餘委員在京供職者，得支公費。」〔註 51〕會內設立以下三個處：秘書處、僑務管理處和僑民教育處。它們的職責具體如下：

秘書處

主要是充當委員長的助手，大體負責整個僑委會的日常庶務和文書工作。具體說來有：關於文書之撰擬，翻譯，收發，及保管事項；關於典守印信事項；關於庶務事項；其他不屬於各處之事項。設處長一人，劉愷鍾於 1932年 6 月 21 日被任爲秘書處處長。〔註 52〕同時依據《僑務委員會辦事細則》第七條規定，設立兩科：文書科，職掌：1、關於文書及機要文件之撰擬事項；2、關於議事日程之編定，會議之紀錄，議案之整理，等事項；3、關於典守印信，及編輯公報事項；4、關於文電之翻譯，及文件之繕校事項；5、關於收發文件，及保管檔案事項；6、關於各機關團體地址之保管事項。事務科，職掌：1、關於公款之保管，及出納事項；2 關於公有物，衛兵，雜務之管理事項；3、關於庶務，及交際事項；4、關於不屬各科之事項。各科設置科長一人，科員、辦事員、書記若干人。而 1942 年 5 月成立的僑務問題研究室則隸屬此處，專司研究各國移民法令、僑民經濟文化教育事業、僑民團體社會生活、僑民移植史及僑務實況等課題。〔註 53〕1947 年，秘書處更名爲僑務委

〔註51〕 中國第二歷史檔案館編：《中華民國史檔案資料彙編》第五輯第一編政治（五），第 581 頁。

〔註52〕 劉壽林、萬仁元、王玉文、孔慶泰編：《民國職官年表》，中華書局，1995 年，第 624 頁。

〔註53〕 僑務委員會編印：《僑務十五年》，1947 年 4 月，第 3 頁；〔臺灣〕「僑務委員會」編印：《光輝的軌跡：僑務委員會六十週年會慶實錄》，1992 年，第 15

員會第四處。〔註54〕

僑務管理處

職掌僑民狀況調查；僑民移殖指導與監督；僑民糾紛處理；僑民團體管理；回國僑民投資興辦實業及遊歷參觀指導或介紹；僑民獎勵或補助。具體到科則為：移民科，具體處理的事務為：1、僑民狀況調查；2、保護僑民之設計；3、僑民回國出國登記及發放護照；4、僑民註冊事項；5、各國待遇僑民政策及條例調查。而僑民指導科，職務範圍則為：1、僑民團體管理；2、回國僑民投資興辦實業及遊歷參觀指導或介紹；3、僑民獎勵補助；4、僑民糾紛處理；5、僑民團體註冊等。處長最初為刁敏謙，1932 年 5 月 14 日換為周演明。1947 年該處改名為僑委會第一處。〔註55〕

僑民教育處

主要是有關僑民的文教方面：僑民教育指導、監督及調查；僑民回國求學指導；僑民教育經費補助；文化宣傳。同樣設立兩科：教育指導科（負責：僑民教育指導監督及調查；僑民教育計劃；僑民學校註冊；僑民回國求學指導；僑民教育經費補助；僑民風俗習慣改善。）與文化事業科（負責：文化宣傳；文化事業指導；政府建設及設施之宣達；溝通國內外情形；調查各國與僑民有關之書籍刊物；刊物編輯。）。1932 年 4 月 21 日任命陳克文為處長。1947 年教民教育處更名為僑委會第二處。〔註56〕

1947 年僑委會增設僑民經濟處，職掌為：1、僑民經濟之調查、編輯；2、僑民經濟事業之設計、指導及管理；3、僑民工商事業之協助。下設編查科、設計科、輔導科。不久即改名為僑委會第三處。〔註57〕處長劉蔭茀。

1936 年國民政府推行主計制度，僑委會分別增設會計室、統計室，辦理概算決算之核編整理、制定會計報表、制具記帳憑證等會計事項；以及統計冊籍圖表格式之制訂、編製統計統一辦法、統計材料之登記調查及整理彙編等統計事項。1943 年 3 月，僑委會根據需要，又增設人事室，統籌人事事務。

頁。

〔註54〕倪正太、陳曉明：《中華民國職官辭典》，黃山書社，1998 年，第 320 頁。

〔註55〕倪正太、陳曉明：《中華民國職官辭典》，第 319 頁。

〔註56〕倪正太、陳曉明：《中華民國職官辭典》，第 319 頁。

〔註57〕倪正太、陳曉明：「《中華民國職官辭典》，第 317 頁。

　　僑務委員會人員方面，除了上述的正副委員長各一人，委員若干人之外，全會設處長三人，簡任。科長六人，薦任。科員十二人至二十人，委任。此外還設會計員一人，統計員一人，辦理歲計，會計，統計事項，受僑務委員會委員長之指揮監督，並依國民政府主計處組織法之規定直接對主計處負責。會計室及統計室需用佐理人員名額由僑務委員會及主計處就本法所定委任人員及雇員名額中會同決定之。同時僑委會還聘請部分對僑務比較熟悉的人員作爲參事。而依據 1932 年 7 月 30 日公佈的《僑務委員會派遣僑務專員及僑務視察員規則》，還設置僑務專員及視察員。專員的職責爲：一、慰問海外華僑，宣達國民黨及政府愛護僑民之德意，及報告國內之情形。二、關於華僑團體之組織，及指導其進行。三、僑民與僑民間之調解事項。四、僑委會指定之特種事項。視察員的任務爲：一、關於華僑人口職業，及其生活狀況之調查。二、關於各地居留政府對華僑之各項法令，及其待遇之調查。三、關於華僑學校，及各種文化事業之調查。四、調查華僑農工商業，及其他礦業實業事項。五、調查華僑居留地主要產物及其需要物品。六、關於華僑子弟回國就學，及華僑回國興辦實業之介紹與指導。〔註58〕

〔註58〕「僑務法規及有關文書」，中國第二歷史檔案館館藏振濟委員會檔案，全宗號一一六，案卷號 92。

附僑委會內部組織系統圖

委員長、委員

- 僑務視察員
- 僑務專員
- 參事
- 統計室
- 會計室
- 人事室
- 僑民經濟處＊
  - 輔導科
  - 設計科
  - 編宣科
- 僑民教育處
  - 文化事業科
  - 教育指導科
- 僑務管理處
  - 僑民指導科
  - 移民科
- 秘書處
  - 事務科
  - 文書科
  - 僑務問題研究室

＊注：僑民經濟處是 1947 年增設

三、第二級或第三級僑政機構及事業機構之設立與嬗變

南京國民政府設立僑務行政的第二三級機構開始於 1933 年〔註 59〕。以下所述的就是這部分機構的情況。

1、華僑愛國義捐總收款處

1933 年 1 月，陳樹人、周啓剛、蕭吉珊、戴愧生及鄭占南五中央委員（含候補）提議，因華僑捐款的接收機關不一，容易產生弊端，要求設立一個統一接收華僑義捐的機構。其後經中執委常務委員會通過，決定由國民黨中央財務委員會，會同財政部與僑務委員會在上海合組華僑愛國義捐總收款處，辦理華僑的相關捐款事項，包括登記、製造單據、查詢以及寄發捐款收據等，且規定「由中央黨部，國民政府，通令海外各級黨部，及僑民團體，以後義

〔註 59〕梁恒盧：《僑政機構九十年》，《華僑月刊》第 1 卷第 3 期，第 7 頁。此節多參考梁氏此文。

捐匯款，應直接寄交上海愛國義捐總收款處」。〔註60〕考慮到實際情況，該機構同時在南京也設有辦事處。

2、救濟失業華僑委員會與僑樂村管理處及農事訓練班

1929 年至 1931 年的經濟危機，自然也影響到了主要以經濟爲目的遷移海外的華僑華人──「世界經濟之崩潰，影響到海外僑胞的失業，以至被迫歸國之動局，已經成爲顯著之事實。」〔註61〕1931 年，有代表於國民會議提案：「救濟實驗歸國華僑」案。1933 年 9 月，僑務委員會與內政、外交、財政、實業、交通，鐵道等七部會，在南京組設救濟失業華僑委員會，辦理救濟失業華僑事宜。「除僑委會委員長一人、委員二人、處長三人外，內政、外交、財政、實業、交通、鐵道等部各派一人爲委員，以僑委會委員長兼該會委員長。救委會內部組織，分總務、經濟、工業、農業、商業五組，分別辦理救濟事宜。」〔註62〕1935 年 6 月 30 日該委員會奉行政院令取消，其業務歸併僑務委員會辦理。1935 年 11 月，僑委會向安徽財政廳宣寧官產墾荒局價領慈谿、峴西、西窯等處官荒一萬一千餘畝，開闢僑樂村（取「歸僑安樂之鄉村」之意），設立僑樂村管理處，安集失業歸僑從事墾殖。據《僑樂村管理處章程》，設主任一人（冼榮熙指定爲管理處主任），設事務與技術兩組來管理相關事務。事務組主要負責文件的收發、出納、治安衛生教育娛樂、收容僑民、租地領之手續等事項，而技術組則負責農業技術訓練、農產品的加工與改良、交通水利工程的設計、墾民工作的分配等事項。1936 年年 7 月，附設農事訓練班，教授該村墾民農業知識技能。1945 年，這些機構陸續結束。

3、僑民教育師資訓練機構

自華文教育在海外興起之時，「師資問題、課程問題、以及經濟問題，都是華文教育問題的癥結，尤以師資問題爲興學初期亟應解決之事。」〔註63〕雖曾有檳城師範傳習所、霹靂興中師範、檳城幼稚師範學校、星洲南僑師範

〔註60〕 僑務委員會秘書處編印：《僑務法規彙編》，1935 年 6 月，第 97 頁。中國第二歷史檔案館編：《中國國民黨中央執行委員會常務委員會會議錄》（十九冊），第 232 頁。

〔註61〕 陳樹人：《僑樂村創辦經過及其意義》，僑務委員會編：《僑樂村》，僑務月刊社，1935 年，第 1 頁。

〔註62〕 陳樹人：《僑樂村創辦經過及其意義》，僑務委員會編：《僑樂村》，第 14 頁。

〔註63〕 陳育崧：《馬來亞華文教育發創史》，高信、張希哲主編：《華僑史論集》，第 141 頁。

學校等華文教育師資場所的培訓，但由於這些機構存在的時間都不長，師資力量一直是困擾海外僑民教育進入良性發展的一大主因。鑒於此，1934 年 7月，僑務委員會在南京設立了僑民教育師資訓練班，「以養成僑校良好師資，適應僑地需要，促進僑民教育」爲宗旨〔註 64〕，培養僑校師資力量。在第一期學員畢業後，於 1935 年 7 月交由上海國立暨南大學代辦〔註 65〕，並培訓一屆學員畢業。後因戰事而停頓。1940 年僑委會於重慶重新開辦，訓練學員一屆。1941 年與教育部合辦，更名爲僑民教育師資訓練所，也訓練學員一屆，後來因戰事影響而停辦。

4、僑務處（局）

經中央政治會議第三四三次會議通過的《僑務委員會駐各口岸僑務局章程》第一條規定：「僑務委員會，爲處理僑民之移殖保育，及便利指導監督僑民出入口起見，在汕頭廈門海口上海廣州福州江門梧州天津青島北海各口岸分設僑務局。」〔註 66〕辦理：僑民出國獎進或取締；防範僑民被騙及不合法之私招勞工出國；解答僑民出入國之咨詢及指導；僑民出入口檢驗紀錄統計；指導僑民報關納稅及僑民委託代辦以及僑民出入口時協助保護及防止舟車關卡勒索等事項。但後來的資料中，筆者沒有見到梧州、天津、青島、北海這四個城市僑務局成立與否的相關資料。其他七個城市的僑務局成立與變動情況列舉如下：

上海僑務局，1934 年 12 月 1 日成立，主要辦理僑民出入國指導及救濟事項，設總務科與指導科；1937 年 7 月因戰事停辦，戰事結束後，於 1946 年 2月恢復，同時改組爲上海僑務處。

廈門僑務局，1934 年 12 月 10 日在福建廈門成立，戰時遷晉江，戰後遷回廈門。

廣州僑務局，1936 年 8 月成立於廣州，同年 12 月 11 日，改組爲廣東僑務處，1937 年底，因戰事遷香港，1941 年底遷往澳門，但由於葡澳政府的關

〔註 64〕「僑委會附設僑民教育師資訓練班入學章程」，僑務委員會秘書處編印：《僑務法規彙編》，第 92 頁。

〔註 65〕梁恒盧：《僑政機構九十年》，《華僑月刊》第 1 卷第 3 期，第 7 頁。但有學者言，爲 1936 年由暨南大學主辦，見房鑫亮：《何炳松對華僑高等教育的貢獻》，載《歷史教學問題》1990 年第 2 期，第 26 頁。

〔註 66〕「僑務法規及有關文書」，中國第二歷史檔案館館藏振濟委員會檔案，全宗號一一六，案卷號 92；申報年鑒社編輯：《第三次申報年鑒》，第 941 頁。

係，於 1942 年初又遷至廣東曲江，1945 年初迫於戰事影響再遷廣東連縣，戰後遷回廣州。

汕頭僑務局，1936 年 12 月 21 日成立於汕頭，戰時遷河源等處，戰後遷回汕頭。

江門僑務局 1936 年 1 月 15 日成立於江門，戰時遷臺山，戰後遷回江門。

海口僑務局，1937 年 2 月 10 日在海口成立，戰時遷雲南河口，改名河口僑務局，1940 年再遷往昆明，同時改名爲昆明僑務局，戰事結束後，1946 年 2 月，仍在海口恢復海口僑務局。1940 年河口僑務局改設昆明僑務局後，又在該省邊區河口、保山、打洛等處設辦事處。1942 年 6 月，昆明僑務局改組爲雲南僑務處。

福建僑務處，1941 年 11 月在福州成立，戰時遷永安，戰後遷回福州。

在這裡筆者想順便提一下，據筆者看到的相關史料，當時僑委會曾有意將各地方僑務處局統一定名爲移民局〔註 67〕。但經行政院會議討論，考慮到國際上對移民等字眼比較敏感，最後定名「僑務處（局）」，這又一次顯示出國民黨對待組織機構具有探索規劃的意圖。

5、僑民教育教材編輯機構

1936 年，考慮海外僑校教科書的問題，國民政府在南京成立南洋小學教科書編輯委員會，置編輯室，專門以編訂海外僑民學校課本、教學法及補充讀物爲職責。抗日戰爭爆發後，相關業務停頓。1939 年 11 月，又在重慶恢復辦理。1941 年改組爲僑民教育教材編輯室。1942 年，與教育部合辦。南洋研究所成立後，此項業務歸併於該所辦理。

6、南洋研究所

「1941 年 12 月 15 日至 23 日，國民黨中央在重慶召開五屆九中全會，余俊賢、周啓剛、李次溫、蕭吉珊、劉維熾等 11 位中央委員提出了《籌設國立南洋研究院案》。《提案》指出，『吾國與南洋有悠久之關係，有眾多之僑民，壤海相接或衰所繫。而對其他學術猶鮮注意，不無遺憾。今爲發揚民族精神，闡述吾國文化，鞏固吾僑經濟，提高吾僑地位計，迅籌國立南洋研究院之成

〔註67〕《海外月刊》第 1 卷第 5 期，第 65 頁。

立，實屬在圖」。〔註68〕後根據國民黨第五屆中央執行委員會全體會議決定，與教育部在重慶合辦南洋研究所，但爲僑委會附設的一研究機構。所長爲陳樹人，副所長爲陳立夫〔註69〕，總幹事爲余俊賢〔註70〕。所內設 7 個組：經濟組、總務組、教育組、史地組、法政組、譯述組、資料組。設有研究員、副研究員、助理研究員與編輯若干人。〔註71〕聘用職員四十餘人。〔註72〕後來長期從事華僑史研究的朱傑勤、姚楠都曾在該所工作。約在 1945 年 5 月僑委會決定將其撤銷，該所業務，歸併國立編譯館兼辦。

7、回國升學華僑學生接待所

抗戰爆發後，海外諸多熱血青年學生，或懷報效祖國之志而終止學業投入抗戰，或不願做淪陷區奴民而毅然回國，或因經濟原因而加入難民潮回國，國民政府爲爭取這些青年力量，在 1939 年，於重慶林森路釐金局巷內第三號設立「回國升學華僑學生接待所」，招待戰時回國升學僑生臨時膳宿及給予升學與投考高等學校方面的指導。1941 年，爲了更好利用這些海外青年，國民政府讓僑委會、教育部、國民黨中央海外部、三民主義青年團中央團部四部門合組管理委員會辦理之。該接待所在 1945 年 3 月結束了它的工作。

8、僑民教育設計委員會

1940 年 1 月，爲改進僑民教育，僑委會會同教育部，指派及聘請熟悉僑民教育的人員，組織僑民教育設計委員會，研討僑民教育問題，計劃僑民教育之改進與推廣事宜。「惟該會因無專任職員負責辦理……且該會全沒經費，遠道設計委員旅費無著，亦難參加會議貢獻意見，以致會務進展頗感遲滯。」

〔註68〕第二歷史檔案館藏，轉肖多：《略說南京國民政府南洋研究所》，《學海》1994年第 1 期，第 85 頁。

〔註69〕浙江人，與蔣介石關係密切，曾任國民黨組織部部長、國民政府教育部部長、社會部部長等。

〔註70〕廣東平遠人，歷任駐南洋荷屬中國國民黨總支部委員、印尼《民國日報》總編輯，國民黨廣東省黨部主任委員，僑委會常務委員兼僑民教育處處長等職。

〔註71〕肖多：《略說南京國民政府南洋研究所》，《學海》1994 年第 1 期，第 85 頁。

〔註72〕「僑委會工作成績考查表及行政院抄發中央各政務機關三十年工作成績考察總結」，中國第二歷史檔案館館藏僑務委員會檔案，全宗號二二，案卷號 87；肖多在其文中說：「南洋研究所創辦之初，甚爲艱難。人員少，原定 70 人，後由行政院減爲 56 人。」（《略說南京國民政府南洋研究所》，第 85 頁。）

〔註 73〕雖然其後僑委會要求撥給經費，但結果不了了之，似乎該委員會的工作也沒有多大的開展。1945 年 3 月被取消。

9、現代華僑出版社與華僑青年出版社

僑務委員會自 1932 年 4 月改組成立以來，在宣傳文教方面，雖然先後有「華僑周報」、「僑務月刊」、「非常時期僑務特刊」、「華僑動員月報」等報刊雜誌，但始終沒有設立一個專門的華僑刊物出版機構。至到 1940 年 4 月，隨著海外宣傳業務的加強，始在重慶組織了現代華僑社，出版「現代華僑」雜誌。1944 年改組為華僑青年社，同時出版「華僑青年」雜誌。至 1945 年停辦。

10、僑民教育函授學校

為了促進海外僑民教育的發展，僑委會特在海外僑校的師資方面入手，於 1939 年底開始籌備僑民教育函授學校。1940 年 7 月 1 日，在重慶正式開學。「以對於現在從事或準備從事僑民教育人員，充實其一般知識，增進其專業技能，並於以精神上之訓練，高度提起其服務興趣，使成為實施三民主義教育之優秀人員為宗旨。設校長一人，由僑務委員會委員長兼任，名譽校長一人由教育部部長兼任。副校長二人，由僑務委員會副委員長僑民教育處處長兼任。」〔註 74〕函授課程的內容則包括：建國原則、時事知識、辦理僑校必備學識、各科教材教學法等，共十五個科目，由國內各大學知名教授擔任授課任務。1942 年，因戰事影響停辦。1946 年 12 月，國民政府遷回南京後，其又在南京復校。

11、華僑教育總會籌備委員會

1940 年 3 月，為了發展海外僑民教育，僑委會在重慶倡辦華僑教育會，設立華僑教育總會籌備委員會。1941 年 8 月，會同教育部合辦。在華僑教育總會未成立以前，由該籌備委員會代表總會執行職務。至 1946 年冬，統歸僑務委員會負責倡辦。〔註 75〕

〔註 73〕「僑委會三十年工作報告」，中國第二歷史檔案館館藏行政院檔案，全宗號二，案卷號 6660，微縮 16J-1331。

〔註 74〕《僑政十年》，中國第二歷史檔案館館藏僑務委員會檔案，全宗號二二，案卷號 7。

〔註 75〕梁恒廬：《僑政機構九十年》，《華僑月刊》第 1 卷第 3 期，第 8 頁。

12、回國僑民事業輔導委員會及其所屬歸僑村接待所指導員

1941 年 1 月 3 日，在考慮形勢變動的情況下，行政院頒佈「緊急時期護僑指導綱要」，〔註76〕以之作爲指導戰時歸僑救濟、事業經營等的政策。3 月 1 日，僑務委員會依據該指導綱要第三條規定，在重慶成立回國僑民事業輔導委員會。設主任委員一人，由僑務委員會委員長兼任（時爲陳樹人）；委員十人，由行政院、國民黨中央海外部、財政部、經濟部、農林部、教育部、外交部、振濟委員會、交通部、社會部等各遴派一人兼任，職掌關於指導扶助戰時回國僑民事業之經營及發展與救濟等事項。1941 年 9 月 1 日，該會爲安置戰時歸僑開荒墾殖，在雲南打洛開闢第一歸僑村，設第一歸僑村管理處。同年 10 月 22 日，在廣西龍州開闢第二歸僑村，設第二歸僑村管理處。而第一歸僑村設立後，因治安不靖，又於 1942 年 10 月 1 日，遷設於廣東東興（現歸屬廣西），改名第三歸僑村，設第三歸僑村管理處，但不久旋因各地戰事影響，先後裁撤。後爲接待、指導、救濟、照料、登記、護送及資遣戰時歸僑過境，國民政府先後在雲南畹町（1941 年 8 月 1 日）、廣西龍州（1941 年 8 月 16 日）、廣東遂溪（1941 年 8 月 21 日）、福建漳州（1941 年 10 月 15 日），廣東東興（1942 年 2 月 1 日）、廣東水東（1942 年 3 月 10 日）、廣東汕尾（1942 年 3 月 17 日）等地，分設「回國僑民臨時接待所」。1941 年 11 月 1 日在貴州貴陽、1941 年 11 月 10 日雲南昆明、1942 年 1 月 17 日廣西嶽墟、1942 年 2 月 1 日廣東蘆苞、1942 年 2 月 8 日廣西柳州、1942 年 2 月 16 日廣東欽縣（現歸屬廣西）、1942 年 2 月 18 日廣西南寧、1942 年 2 月 25 日福建龍岩、1942 年 4 月 16 日廣東惠州、1942 年 9 月 15 日廣西金城江等處，分設「歸僑員」用以指導歸僑進行轉移。其中因戰事影響，遂溪接待所後遷至廣西玉林，蘆苞指導員遷至蒲坑辦公。抗日戰爭勝利後，該回國僑民事業輔導委員會，暨所屬各地臨時接待所與各地歸僑指導員等，先後於 1945 年期間取消。

13、戰後僑務籌劃委員會

1943 年 3 月召開戰後僑務復員籌劃會議，1944 年 5 月成立戰後僑務籌劃委員會〔註77〕，隸屬僑委會，「置委員三十五人至四十五人，由僑務委員會委

〔註76〕中國第二歷史檔案館編：《中華民國史檔案資料彙編》第五輯第二編政治（四），記爲 1942 年 1 月 3 日（見該書第 578 頁。），誤。「僑務機關組織法規及有關文書」，見中國第二歷史檔案館館藏振濟委員會檔案，全宗號一一六，案卷號 123。
〔註77〕李盈慧：《華僑政策與海外民族主義（1912～1949）》，第 84 頁。

員長指派僑務委員會職員及延聘僑務專家與歸國僑領並左列各機關代表一人充任之：一、內政部；二、外交部；三、軍政部；四、財政部；五、經濟部；六、教育部；七、交通部；八、農林部；九、振濟委員會；十、中央海外部；十一、其他公私僑務學術團體。前項委員均爲無給職。」掌理如下事項：「一、關於戰後僑務政策之擬議事項；二、關於戰後僑務行政之建設事項；三、關於華僑生命財產僑團僑校及事業等因戰事損失之調查統計事項；四、關於戰後僑務復員事項；五、關於戰後僑務發展事項；六、其他有關戰後僑務籌劃事項。」〔註78〕

此外僑委會還設立有派遣僑務專員及僑務視察員制度。可以根據實際情況向海外派遣僑務專員及僑務視察員，進行慰問海外華僑，宣達政府愛護僑民的德意、報告國內情形、組織指導華僑團體、調解僑民糾紛、調查僑民的文化教育經濟狀況、調查各國對待華僑的法規律令等方面的工作。

以下爲僑務委員會直屬機構組織系統簡圖

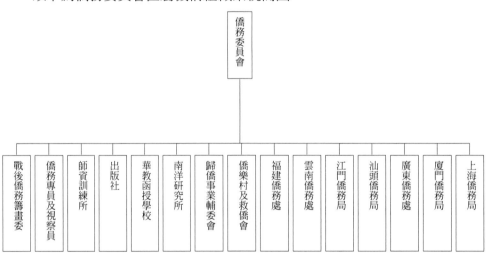

四、人事、經費與管理方式

1944 年六月僑委會委員長陳樹人在一份《兩年來之僑務行政工作》中的「工作的檢討」中講到：「說到機構方面，僑務委員會的組織很簡單，經費也很少，全會只分爲三處六科，現時全會實際工作人員，只有八十二人，全年

〔註78〕「戰後僑務籌劃委員會組織規程」，中國第二歷史檔案館館藏振濟委員會檔案，全宗號一一六，案卷號 123。

度經常費，僅一百三十餘萬元，事業費四十二萬元（僑教費除外）」。〔註79〕
而筆者也在不少史料中發現當時人在抱怨人事與經費內容：「現地方僑務處局
經費日僅百餘萬元，如廣東僑務處，每日辦公費僅一百七十萬元。」〔註80〕
「講到僑務委員會主管的政務，以其包涵而言，幾不啻是一個以僑胞及其所
在地為對象的行政院……像僑委會現定的經常費每月三百餘萬元，你想叫她
能幹些什麼呢？」〔註81〕「以中樞主管僑務行政的機構，其經費乃竟如此短
絀，巧婦難為無米之炊，我們又安能責望僑委會能順利推進僑務？」〔註82〕
「我們真感激政府特別愛護華僑的□意！只可惜這些處局的經費太少，如照
三十一年（1942 年）度，僑務處全年經費是二五七七四元（每月二二四七元）
僑務局全年經費是一八六七二元（每月一五五六元）。到今年（三十二年）經
費是增加了，但僑務處的經費全年只有三一五○○元，僑務局全年只有二二○
○○，而僑務處的編制，設處長例由僑務委員會委員兼，僑務委員月支公費二
百元。）一人，並置秘書一人委任，並分設三科置科長一人委任，科員共六
人至八人委任，並得因事務之繁簡，酌用雇員。僑務局的編制，則設局長一
人（例由僑務委員兼），設科員二人至四人，雇員三人至六人，其職務如彼，
編制如此，而經費卻實厥微少，如何能夠達成其任務呢？」〔註83〕看來僑務
機構的人事與經費是值得我們關注的一個問題。現在先來看看僑務機構的人
事方面情況。

　　領導層方面　在 1932 年 4 月之前的僑務委員會委員長或主任委員，先
後有林森、吳鐵城、陳耀垣等人，但在這段時間內，僑委會的組織結構變動
很大，或隸屬國民政府，或隸屬行政院，或隸屬中央執行委員會，處於一種
不穩定的狀況，而這種變動是促使僑委會的業務無法走上正軌的。〔註84〕同

〔註79〕陳樹人：《兩年來之僑務行政工作——三十三年六月二十六日僑務委員會陳
　　　　委員長樹人在中央紀念周報告》，《華僑青年》第 1 卷第 1 期，第 65 頁。
〔註80〕「革新僑務建議」，中國第二歷史檔案館館藏僑務委員會檔案，全宗號二二，
　　　　案卷號 652。
〔註81〕莊心在：《僑務問題展望》，《華僑先鋒》第 9 卷第 5、6 期合刊，第 8 頁。
〔註82〕莊心在：《僑務行政檢討》，《華僑月刊》第 1 卷第 3 期，第 14 頁。
〔註83〕李樸生：《廣東的僑務問題》，載李樸生：《華僑問題導論》，第 108～109
　　　　頁。
〔註84〕周啓剛就講到因機構的變動，原擬準備召開的華僑經濟會議，雖各方面的準
　　　　備工作都做好，但由於「僑務機構已先奉令改組，復又改屬中央黨部，僑務
　　　　會議，就無形擱了下來。」見周啓剛：《華僑經濟會議之意義》，《華僑先鋒》
　　　　第 1 卷第 10 期，第 5 頁。

時這些僑務領導人也是大部分不就職的。因而我們考察僑務機構人事的領導人方面還是從 1932 年僑委會走上正軌後考察。1932 年 4 月陳樹人走馬上任僑委會委員長，一任即十六年。〔註 85〕陳氏於 1947 年 5 月請辭委員長職務獲准後，由劉維熾接任。而 1932 年後於僑委會領導層方面應注意的人物爲副委員長周啓剛。周氏長期任職僑委會副委員長，同時也是一位長期從事海外黨務工作、從海外歸來的國民黨員。

　　陳樹人（1884～1948 年）〔註 86〕，祖籍廣東番禺明徑鄉，出生於廣州，又名陳樹仁、陳韶、陳哲等。他是嶺南畫派的開拓者之一，「嶺南三傑」之一（另兩人爲高劍父與高奇峰），題圖時用過拈花微笑子、葭外漁子、二山山樵等名；辦報、撰稿筆名爲猛進、訒生、美魂女士、夏懷策〔註 87〕等。陳氏還是一位詩人，出版有詩集《專愛集》（中華書局，1947 年）、《自然美謳歌集》（世界書局，1948 年）等。陳樹人先後在日本京都市立美術工藝學校〔註 88〕、東京立教大學學習。還是孫中山的摯友，1916 年奉孫之命到加拿大辦理黨務，爲國民黨加拿大支部總幹事，工作成績深受孫之讚譽，〔註 89〕馮自由亦稱譽其是「能久任數年而無在國內政治上活動野心者」〔註 90〕。南京國民政府成立前，陳氏曾於廣州出任國民黨黨務部部長，內政部總務廳廳長、廣東政務廳廳長、大本營時期僑務局局長、廣東地方善後委員、廣州國民政府秘書處秘書長、廣東民政廳廳長等職；是國民黨改組時九大特派臨時執行委員之一，是國民黨第二、四、五屆中央候補委員，第六屆中央委員。在廣東工作期間，陳氏也是「廉潔奉公，政聲頗佳」〔註 91〕。不過，1927 年辭任廣東民政廳廳長之後，陳樹人已久不涉政，主要活躍於詩畫界，但 1932 年卻欣然就任僑務委員會委員長一職，筆者分析可能有如下原因。第一，1932 年 1 月 21 日蔣介

〔註 85〕　在 1947 年送別公宴上陳氏有詩曰：「十六年間休戚共，一朝分袂可勝情。雖漸勳業非煊赫，尚喜風聲特潔清。」見陳眞魂主編：《陳樹人先生年譜》，第 87 頁。
〔註 86〕　有關陳氏的概況參照陳眞魂主編：《陳樹人先生年譜》一書。
〔註 87〕　此筆名見汪新、劉紅：《南京國民政府軍政要員錄》，第 26 頁。
〔註 88〕　汪新、劉紅：《南京國民政府軍政要員錄》（第 26 頁）一書言陳氏「在東京帝國大學研究美術」，有誤。
〔註 89〕　見廣東省社會科學歷史研究室等：《孫中山全集》第 5 卷，第 204、228、260、307、370 頁。
〔註 90〕　轉見陳眞魂主編：《陳樹人先生年譜》，第 19 頁。
〔註 91〕　汪新、劉紅：《南京國民政府軍政要員錄》，第 26 頁。

石與汪精衛第二次合作格局形成，28 日汪就任行政院院長，出現了蔣主軍、汪主政、蔣汪共同主黨的局面。據《國民政府組織法》第十八條規定：「各委員會設委員長，副委員長各一人，均由行政院院長提請國民政府分別任免之。」〔註 92〕而陳氏一直被認為歸屬汪派人物。第二，陳樹人的粵籍身份。海外華僑以閩粵籍為多，僑務機構人員任用自然以閩粵人士為佳。可此前掛職僑委會委員長的吳鐵城雖為粵籍，但其始終親蔣，因此並不被以汪為首腦的粵派視為己方人物〔註 93〕。第三，蔣介石對海外工作並不熱心。時任國民黨中常會秘書的王子壯在日記中曾記道：「現中央以浙江人為中心，對於海外同志，不得已則以二等之廣東人物如蕭吉珊、謝作民等以羈縻之。但此輩均無遠大眼光，且一己又乏才智，以故不能用人才，彼等但知拉票，海外有服從一己者豢養之而已，不知人才耗損盡矣。」〔註 94〕王子壯的觀察，頗能道出以蔣介石為首的浙江派對粵籍政界人士帶有偏見的觀感。也許正是蔣介石不忌憚把一個自己認為不重要的工作送給粵派人物監管，所以才放任僑委會的高官任免在遍佈浙江人士的政壇上鑽了個空子吧。

周啓剛（1889～1951 年）〔註 95〕，字覺庸，廣東南海人，曾在國內接受傳統教育（南海崇德書院修業），其後留學美國（夏威夷大學）。在古巴經商期間經周雍能介紹參入國民黨。〔註 96〕1924 年回國參加廣州召開的國民黨二次大會，會前曾到北京揭祭孫中山，同時考察僑務情況。曾先後擔任國民黨古巴支部副部長，為國民黨第二屆中央候補委員、第三、四、五、六屆中央委員等職。周啓剛是一位忠誠的中國國民黨黨員，1927 年 6 月，在國民黨全面實施「清黨」政策後，曾與國民黨元老蕭佛成等五人組織「海外清黨委員

〔註92〕 中國第二歷史檔案館編：《中華民國史檔案資料彙編》第五輯第一編政治（一），第 23 頁。

〔註93〕 見金以林：《地域觀念與派系衝突——以二三十年代國民黨粵籍領袖為中心的考察》，《歷史研究》2005 年第 3 期，第 125 頁。

〔註94〕 《王子壯日記》第 1 冊，1933 年 5 月 13 日，臺北：中研院近代史研究所編印，2001 年，第 366 頁。轉金以林：《地域觀念與派系衝突——以二三十年代國民黨粵籍領袖為中心的考察》，《歷史研究》2005 年第 3 期，第 128 頁。

〔註95〕 見南京圖書館編：《中國近現代人物象傳》，上海古籍出版社，2011 年，第 677 頁。另有資料言周氏 1887 年生於廣東南海西樵，1978 年病逝於臺灣。見羅彥鏗：《僑務先驅周啓剛》，載廣東南海政協編印：《南海文史資料》第 34 輯，2001 年。

〔註96〕 沈龍雲訪問，陳三井、陳存恭記錄：《周雍能先生訪問記錄》，〔臺北〕中央研究院近代史研究所，1984 年，第 63 頁。

會」，承國民黨中央「清黨」委員會之命，處理海外各級黨部「清黨」工作。
〔註 97〕在他的履歷中特別突出的是他長期從事的海外黨務、僑務工作，如長
期擔任僑委會副委員長、海外黨務委員會主任委員、海外部副部長之職。但
是，學界對這個人的關注卻相當不夠。據筆者所見，有關周啓剛的資料比較
少。個人著述，除散見於《海外月刊》、《華僑先鋒》等雜誌的文章外，周啓
剛出版了一本書集《海外問題言論選輯》（第一集）（海外月刊社，1935 年）。
研究成果方面也不多，筆者在中國期刊全文數據庫中，對 1994 年至 2007 年
的文章進行全文搜索，涉及「周啓剛」的文章只有廖廖 24 篇，還往往都是出
現於某委員會名單或某次大會提案委員名單而已。同時，筆者也查閱了民國
人物方面的書籍，如《民國人物列傳》（1～2 冊）（吳相湘編，傳記文學出版
社，1986 年）、《民國政治人物》（1～2 冊）（吳相湘編，傳記文學出版社，1982
年）、《民國百人傳》（1～4 冊）（吳相湘編，傳記文學出版社，1971 年）、《民
國人物小傳》（1～9 冊）（劉紹唐主編，傳記文學出版社，1987～1996 年）、《民
國華僑名人傳略》（陳民著，中國華僑出版公司，1991 年）、《中國國民黨史大
辭典》（李松林主編，安徽人民出版社，1993 年）等書，皆不見有關周氏的記
載，由此可見相關資料的缺乏〔註 98〕。但周啓剛從事海外黨務、僑務的工作
經驗豐富，於此有著十分冷靜、透徹的分析，見解敏銳而獨到。比如，他認
為僑務是行政的一部分；不主張鼓勵華僑回國；重視對華僑的登記管理；強
調對華僑經濟予以重視；倡議編纂《南洋年鑒》，提案設立南洋研究所、向國
內出版社推薦出版海外華僑撰寫的有關華僑研究方面書籍等等。皆見其書及
相關文章，相當有研究價值。他可謂是中國現代僑務先驅人物之一。

　　南京國民政府時期時，「委員會為掌理『特定之行政事宜』的行政機關，
以委員長 1 人為其首長，副委員長 1 人或 2 人輔助之，其任命方式與職責，
與各部部長、次長略同。唯其行使職權，須以委員會會議行之，故為典型的
合議制機關。各委員會均有委員、常務委員之設，委員會業務機構稱處，但
與各部之司地位相當。」〔註 99〕也就是說僑委會採用的是委員會集體領導的
方式，但委員數量並不固定。1937 年至 1942 年，正副委員長各設 1 人，常

〔註97〕陳民：《民國華僑名人傳略》，中國華僑出版公司，1991 年，第 102 頁。
〔註98〕《南海文史資料》第 34 輯（廣東南海政協編印，2001 年）載有羅彥鏗撰的《僑
　　　　務先驅周啓剛》一文。
〔註99〕郭寶平：《民國政制通論》，山西人民出版社，1995 年，第 134 頁。

務委員在 1937 年、1938 年 5 人，1939、1940 年則爲 6 人，1941、1942 年 7
人；委員在 1937 年是 56 人，1938 年 54 人，1939 年 52 人，1940、1941 年
則爲 50 人，1942 年 53 人。〔註100〕雖然數量不固定，但這些僑務委員卻一
般都有二個特點：一、大部分是閩粵籍人；二、絕大部分有海外工作生活經
歷，或者本身就是華僑、歸僑、僑領。以下爲 1944 年 3 月僑委會職員名錄
情況〔註101〕，我們以此爲例可大體瞭解這些處於領導層的僑委會人員的情
況，至少在地域方面。

表一

職　　務	姓　　名	籍　　貫	年齡	備　　　註
委員長	陳樹人	廣東番禺	61	日本京都美術學校畢業
副委員長	周啓剛	廣東南海	56	南海崇德書院修業
常務委員	蕭吉珊	廣東潮陽	51	廣東高等師範學校畢業
	謝作民	廣東	41	鮑江華英學院畢業、香港大學肄業
	余俊賢	廣東平遠	44	國立中山大學畢業
	林疊	廣東中山	45	美國紐約大學哲學博士
	李綺庵	廣東臺山	61	廣東陸軍講武堂畢業
	呂渭生	福建南安	58	福建公立法政專門學校畢業
	馬湘	廣東臺山	55	英國加屬點城軍事研究班畢業、陸軍大學軍事函授學校研究班肄業
秘書長	郭威白	江西黎川	44	北京師範大學文學士、美國哥倫比亞大學政治學碩士、紐約大學法學博士
文書科科長	梁道群	廣東南海	49	
僑務管理處處長	周演明	廣東順德	54	
移民科科長	王闢塵	福建南安	54	
僑民指導科科長	林儀甫	廣東普寧	48	
僑民教育處代理處長	周尚	江蘇崑山	42	

〔註100〕「總務」，中國第二歷史檔案館館藏僑務委員會檔案，全宗號二二，案卷號7。
〔註101〕資料來源：「總務」，中國第二歷史檔案館館藏僑務委員會檔案，全宗號二二，
　　　　案卷號 7；表爲筆者所製。另，名錄人員性別皆是男性。委員括號內數字爲
　　　　年齡，另一爲籍貫。

教育指導科代理科長	鄭炳炎	福建莆田	38	
文化事業科科長	黎少達	廣東梅縣	42	
會計室代理主任	黃震東	湖北石首	58	
統計室主任	吳松年	福建閩侯	48	
人事室主任	胡銘勳	江西安義	46	
廣東僑務處處長	張天爵	廣東	50	中國大學北京警官高等學校內務部地方自治模範講習所畢業；曾任第四戰區司令長官司令部參議、志銳中學校長
福建僑務處處長	鄭源深	福建閩侯	48	
雲南僑務處處長	張客公	湖南長沙	56	
汕頭僑務局局長	黃仕元	廣東	62	
廈門僑務局局長	江亞醒	福建永定	42	
江門僑務局局長	趙偉庭	廣東	51	

委員方面有：林澤臣（52，廣東饒平）、黃滋（56，廣東）、黃續熙（68，廣東）、黃仕元（62，廣東）、馬立三（68，廣東）、朱慈祥（71，廣東臺山）、周獻瑞（61、福建）、吳偉康（廣東）、王志遠（63，廣東）、黃啓文（55，廣東）、黃紹蕃（57，廣東中山）、趙偉庭（51，廣東）、王健海（52，廣東）、徐統雄（58，廣東大埔）、劉成燦（54，福建）、張天爵（50，廣東，中國大學北京警官高等學校內務部地方自治模範講習所畢業，經歷：第四戰區司令長官司令部參議志銳中學校長）、張客公（56，湖南長沙）、梁宇皐（56，廣東南海）、李樸生（49，廣東番禺）、周拔五（61，廣東開平）、李雙輝（85，福建）、譚光中（45，廣東臺山）、馬鏡池（52，廣東臺山）、伍鴻南（81，廣東）、蕭松琴（44，福建）、鄧川山（55，廣東開平）、司徒龍（43，廣東恩平）、黃玉明（40，廣東）、李竹瞻（50，廣東梅縣）、李啓我（41，廣東梅縣）、劉伯群（50，廣東增城）、鄧亞魂（50，廣東番禺）、黃有鸞（53，廣東文昌）。

職員方面　據僑委會組織法第十條規定：「僑務委員會設處長三人，簡任。科長六人，薦任。科員十二人至二十人，委任。僑務委員會設會計員一人，統計員一人，辦理歲計，會計，統計事項，受僑務委員會委員長之指揮監督」。第六條　統計室設科員一人至二人，雇員一人至二人，均由主計長任用，承長官之命，佐理各項事務。第七條　會計室設科員一人至三人，雇員二人至五人，均由主計長任用，承長官之命，佐理各項事務。但隨著環境的

改變，實際情況也有所變化。以下爲一份 1937 年至 1942 年僑委會自處長（含處長與專員）以下職員人數情況表：

職別＼年月	處長	專員	科長	科員	辦事員	書記	見習員	實習員	特務員	服務員	高考及格分派學習	會計室	統計室	僑校教科教材	合計
37 年	3		6	27	28	16	2	2	1			4	3	7	99
38 年	3		3	9	3	1	1					2			22
39 年	3		3	9	8	2			1			2			28
40 年	3		4	16	12	7			5			3	1	1	52
41 年	3	2	5	21	16	8			1			4	1	2	63
42 年	3	4	6	24	13	10			2		1	4		14	81

資料來源：「總務」，中國第二歷史檔案館館藏僑務委員會檔案，全宗號二二，案卷號7。另，1941、1942 年各有二人爲僑務問題研究人員。

　　若這些人員再加上正副委員長、常務委員、委員則僑委會的人數爲 1937 年達到了 162 人，1938 年 4 月 15 日止爲 83 人，1939 年 4 月 15 日止爲 88 人，1940 年 4 月 15 日止爲 110 人，1941 年 4 月 15 日止是 124 人（含兩個僑務問題研究人員），1942 年 1 月底時爲 145 人（含兩個僑務問題研究人員）。但應該注意的是，占僑委會人數最多的僑務委員中有許多並沒有到會工作。以下爲 1942 年到會工作僑務委員的名單：委員長陳樹人、副委員長周啓剛、常務委員蕭吉珊、謝作民、余俊賢、林疊、李綺庵、呂渭生、馬湘。〔註 102〕全部是常務委員。

　　在僑委會職員當中，委員長爲特任，副委員長、各處處長都是簡任。科長爲薦任，科員、辦事員與書記則是委任。有關其俸薪情況按 1929 年公佈的暫行官等官俸表則爲：

官　等	職　務	薪　級	數額（元）
特任	部長、委員會委員長	一級	800
簡任	次長、副委員長	一級	600
		二級	560
	秘書長、署長	三級	520
		四級	480

〔註 102〕行政院編輯：《國民政府年鑒》，行政院，1943 年，第 347 頁。

	司長、局長、處長	五級	440
		六級	400
薦任	秘書、科長	一級	370
		二級	340
		三級	310
		四級	280
		五級	250
		六級	220
委任	一等科員	一級	200
		二級	180
		三級	160
	二等科員	四級	140
		五級	120
		六級	100
	三等科員	七級	90
		八級	80
		九級	70
	書記官、辦事員、書記	十級	60
		十一級	50
		十二級	40

資料來源：《文官俸給暫行條例》，《考試院月報》1930 年第 9 期，法規，第 17 頁。轉
肖如平著《國民政府考試院研究》，社會科學文獻出版社，2008 年，第 204
頁。

由上表我們可知，在南京國民政府的文官官俸中，特任官俸一級為 800
元；簡任官俸共分為六個等級，簡任一級為 600 元，然後每級相差 40 元，
簡任六級是 400 元。薦任文官的官俸也為六個等級，薦任一級為 370 元，每
級相差 30 元；委任人員的官俸則為十二個級別，前六個等級每級相差 20
元，後六個等級則每級相差 10 元；委任一級的為 200 元，委任十二級的是
40 元。

關於僑委會中各崗位職員的選拔，曾任南京國民政府行政院政務處長的
何廉在回憶錄中有一段話能說明一些問題：「那就是我剛受任之初，眞叫我
不好過日子的行政院中盛行的裙帶風。院中大小官員的任免幾乎都是通過個

人關係來解決的。儘管在考試院的督導下，實行著一種考試制度，但大小官職都不是通過這種制度來替補的，要有也只限於那些比較低微的職銜。理論上說，大小官職的委任，該人的學歷、經歷等需經隸屬考試院的銓敘部的審批。實際上，這些履歷表只是一具紙文，考試院對任何人推薦的任命極少否決過。」〔註103〕也有學者認為「雖然黨員的來源已經打破了原來的區域性限制，可是到 1940 年，不僅國民黨中央委員還是以江、浙、粵為多數，就是國民黨中央各部處會的工作人員，也仍然保持著原有的區域性。」〔註104〕僑委會的情況似乎也是如此：「僑務委員會上上下下不過40〜50 人，其中除了抄抄寫寫的錄事和辦事員的 7 人籍貫鄂、川，公務員南京籍約 5 人外，餘皆閩、粵人氏。」〔註105〕此外，筆者還注意到在抗戰時期僑委會有一名叫柳非杞的職員，有史料或言其為柳亞子的宗侄〔註106〕，或言為柳亞子的好友〔註107〕，但無論是哪種身份，都說明僑委會職員中有與共產黨交往之人應是無疑。

　　至於各口岸的僑務處局的人事情況，給我們的感覺是其極其精簡。如廣東汕頭僑務局在 1941 年 7 月至 12 月期間，其人事編制是這樣的：局長 1 人；總務科是主任科員 1 人，雇員 2 人；指導科是主任科員 1 人，雇員 2 人；全局人數是 7 人。1942 年 1 月至 6 月的情況：局長 1 人；總務科有主任科員 1 人，科員 1 人，雇員 2 人；指導科有主任科員 1 人，科員 1 人，雇員 2 人；全局人數增至 9 人。〔註108〕而汕頭是一個擁有眾多華僑人口的口岸城市，僑胞的出入口登記、咨詢、調查、保護等工作都是僑務局的職責範圍。其他僑務處局的人事情況也大致如此。如 1942 年江門僑務局職員人數也是 9 人，薪水也不高。下表一、二分別是 1941 年及 1942 年部分月份江門僑務局工作人員的俸薪情況：

〔註103〕朱祐慈、楊大寧、胡隆昶、王文鈞、俞振基譯：《何廉回憶錄》，中國文史出版社，1988 年，第 97 頁。

〔註104〕王賢知：《抗戰期間國民黨組織建設與組織發展的幾個問題》，《近代史研究》1990 年第 2 期，第 237 頁。

〔註105〕韓世嘉：《抗戰時期國民政府僑務委員會》，《武漢文史資料》2001 年第 4 期，第 36 頁。

〔註106〕陳眞魂主編：《陳樹人先生年譜》，第 79 頁。

〔註107〕《周恩來書信選集》，中央文獻出版社，1988 年，第 221 頁。

〔註108〕「廣東及汕頭僑務局處工作報告」，中國第二歷史檔案館館藏僑務委員會檔案，全宗號二二，案卷號 501。

表一

內部組織	職別	任別	姓　名	原支俸薪	實　支　俸　薪		
					四　月	五　月	六　月
江門僑務局	局長	委	趙煒庭	200元	200元	仝*	仝
總務科	主任科員	委	唐裕周	100元	100元	仝	仝
指導科	主任科員	委	陳護寰	100元	100元	仝	仝
總務科	科員	委	趙啓迪	75元	75元	仝	仝
指導科	科員	委	周輔庭	75元	75元	仝	仝
內部事務	事務員	雇	劉奕波	60元	60元	仝	仝
外勤事務	事務員	雇	陳寬	60元	60元	仝	仝
外勤事務	事務員	雇	余焯禮	60元	60元	仝	仝
外勤事務	事務員	雇	李國仕	60元	60元	仝	仝

*注:「仝」同「同」。

表二

內部組織	職別	任別	姓　名	原支俸薪	實　支　俸　薪					
					7月	8月	9月	10月	11月	12月
江門僑務局	局長	委	趙煒庭	200元	200元	200元	200元	200元	200元	200元
總務科	主任科員	委	唐裕周	80元	80元	80元	80元	80元	80元	80元
指導科	主任科員	委	陳護寰	80元	80元	80元	80元	80元	80元	80元
總務科	科員	委	趙啓迪	60元	60元	60元	60元	60元	60元	60元
指導科	科員	委	周輔庭	60元	60元	60元	60元	60元	60元	60元
內部事務	事務員	雇	阮介平	50元	50元	50元	50元	50元	50元	50元
外勤事務	事務員	雇	陳寬	50元	50元	50元	50元	50元	50元	50元
外勤事務	事務員	雇	李國仕	50元	50元	50元	50元	50元	50元	50元
外勤事務	事務員	雇	余焯禮	50元	50元	50元	50元	50元	50元	50元

資料來源:「河口海口江門僑務局工作報告」,中國第二歷史檔案館館藏僑務委員會檔案,全宗號二二,案卷號504。

　　職員薪俸不高通常被視爲經費不足的表現。對於國民政府下撥的僑務經費,歷任僑務官員也多有怨言或表示了不滿〔註109〕,認爲「原有組織範圍太

〔註109〕見陳樹人:《兩年來之僑務行政工作》,《華僑青年》第 1 卷第 1 期;莊心

小、經費不多、實不足以應付現時僑務之需要」。〔註110〕以廣東僑務處爲例，1942 年時任處長的周雍能致僑委會函中談到：「關於鈞會交辦事項均經一一遵照辦理，惟力是視；而僑民請求事項亦均一一照辦，予以便利，惟因權力財力所限，不能爲充分之發展，常有借藉黨部及社會團體之力量作另闢途徑之實施」。經費不到位的情況也時有發生，在繼任處長張天爵 1943 年至陳樹人委員長信中便提到：「本處去年七八九月米代金本年一月至七月米及生活補助費及本年一月至七月接待所補助費均未收到。」〔註111〕

那麼，僑務委員會的經費情況究竟如何呢？我們用事實說話，筆者現就將所見到的僑委會經費數字匯總如下。

戰前的部分記錄

年　度 費用（元）	1928 年	1931 年	1932 年	1933 年	1934 年	1935 年	1936 年
經常費	149,100		213,656	283,200	288,100	288,000	288,000
臨時費	10,000	1,381.82		59,132	246,202	247,000	247,000

資料來源：轉李盈慧：《華僑政策與海外民族主義（1912～1949）》，第 77 頁。另這些經常費皆是實支費。

戰後，多有數據，此僅列所見之預算，並與當年國民政府的總預算相對比。

年　度 經費（元）	1945 年	1946 年	1947 年	1948 年下半年
僑委會經費預算	154,400,665	3,180,445,440	7,621,398,000	265,134,497,000
國民政府經費預算	1,363,576,911,772	7,022,709,378,568	9,370,406,740,000	323,621,500,896,000
僑務經費所佔比例	0.011%	0.045%	0.081%	0.082%

資料來源：《華僑月刊》第 1 卷第 3 期，第 22 頁。百分比爲筆者所計。

在：《僑務行政檢討》，《華僑月刊》第 1 卷第 3 期；李樸生：《廣東的僑務問題》，載李樸生：《華僑問題導論》；「革新僑務建議」，中國第二歷史檔案館館藏僑務委員會檔案，全宗號二二，案卷號 652。

〔註110〕「僑務委員會對於奉交審查五屆七中全會陳委員等提議增強僑務行政機構一案之意見」，中國第二歷史檔案館館藏僑務委員會檔案，全宗號二二，案卷號 7。

〔註111〕中國第二歷史檔案館館藏僑務委員會檔案，全宗號二二，案卷號 501。

　　抗戰時期的僑務經費情況，完整直接記錄下來的數據很少，但從當時一些僑務官員的言詞中可見一斑。如，僑委會委員長陳樹人曾言 1939 年全年經常費爲一百餘萬元〔註112〕。1947 年 4 月出版的《僑務十五年》中提到，僑委會從 1932 年成立起至 1944 年止，經費由九萬六千元增至二百五十餘萬元〔註113〕。如此等等。這還要考慮通貨膨脹的影響。

　　僑務經費如此，固與其時的中國正處於救亡圖存的國難時期有關，但也與蔣介石奉行行政經費「經營得法」的理念有關——「我們中國處此異常貧困緊迫時期之中，一切建設，如動需鉅額經費才可能舉辦，那麼甚麼事情永無成功的可能。所以我們做事以不花錢爲本，是政治上最大的要訣。」〔註114〕因爲對軍人出身的蔣氏而言，軍費開支是重中之重，能眞正用於行政建設的經費自然有限。〔註115〕

五、抗戰前僑務政策

　　1929 年 6 月國民黨在南京召開三屆二中全會，確立進入訓政時期，訓政的時限「定爲六年，於民國二十四年（1935 年）完成之。」〔註116〕規定在訓政期間，國民黨「始終以政權保姆自任」，「黨爲訓政之改動者，須有發動訓政之全權；政府爲訓政之執行者，須有執行之全責。」而國民黨中央政治會議，「對於黨爲其隸屬機關，但非處理黨務之機關，對於政府，爲其根本大計與政策所發源之機關，但非政府本身機關之一。換言之，政治會議，實際上總握訓政時期一切根本方針之決擇權，爲黨與政府間唯一之連鎖。」〔註117〕而據中央政治會議審核通過的《訓政時期國民政府施政綱領》可謂是訓政時期國民政府的施政最高原則，其中有關僑務政策的條文有：一、保護華僑，包括調查僑民生活及各種事業之狀況；整理關於僑務各機關；增進僑務地位。這方面由外交部執行。二、保住僑外工商，包括保護僑外勞工；設置駐外商

〔註112〕陳樹人：《兩年來之僑務行政工作》，《華僑青年》第 1 卷第 1 期，第 65 頁。
〔註113〕僑務委員會編印：《僑務十五年》，1947 年 4 月，第 6 頁。
〔註114〕參見周開慶：《蔣介石先生的思想體系》，正中書局，1946 年，第 91～99 頁。
〔註115〕相關的數據可參見姜良芹：《南京國民政府內債問題研究（1927～1937）——以內債政策及運作績效爲中心》，南京大學出版社，2003 年，第 95 頁表 3-3。
〔註116〕榮孟源主編：《中國國民黨歷次代表大會及中央全會資料》（上冊），光明日報出版社，1985 年，第 754 頁。
〔註117〕胡漢民：《訓政大綱提案說明書》，見溫鈕南：《訓政綱要》，中國國民黨中央執行委員會宣傳部印，1929 年，第 164、165、167 頁。

務委員；獎勵僑外工商投資興業。這部分政策由工商部執行。三、發展華僑教育，包括於適宜地點增設學校；考察華僑所辦教育事業並助其發展。這部分由大學院辦理。〔註118〕但筆者曾在一本1929年6月出版的《訓政綱要》一書中，見到最初意見是沒有大學院所掌管的「發展華僑教育」一項，〔註119〕是否也說明華僑事務似乎在當時國民黨意識中出現模糊現象？或者說，對華僑事務在國民黨要員看來並非是非常值得重視的事務？但不管如何，在1931年6月1日公佈的《中華民國訓政時期約法》第五十四條，1936年5月5日公佈的《中華民國憲法草案》第一百三十八條都相繼對華僑教育進行規定，要求政府應給予「獎勵或補助」。〔註120〕此無疑構成僑民教育政策的方針。同時抗戰前各屆國民會議、中國國民黨歷次黨代會相關提案的通過也構成華僑政策的其他方面的內容。

（一）登記政策

　　1935年12月14日行政院頒佈的《僑民登記規則》，要求「旅外僑民，無論何住當地，或來自國內，均須依照本規則登記。」而有關海外僑民登記的負責部門為「外交部督飭駐外領事館負責辦理，但遇該地尚未設立領事館時，得令使館或就近領館辦理之。」〔註121〕但考慮「我國海外華僑達九百萬，數倍美國，然現有領館，不過四十餘所，故僑民眾多之地而無領館者，比比皆是。」〔註122〕因而在登記程序中也存在著變通的方法：就是委託相關僑團辦理。而登記後的統計表「分送外交部及僑務委員會。」在登記時要交納少量的登記費，以補行政費用之用。登記主要為了明瞭散居各地的僑民數量，「及有以維護之」。〔註123〕而在國內為僑委會的僑民僑務處的移民科，具體處理的事務就包括：關於僑民狀況之調查事項；關於僑民回國出國登記，及發給護照等事項；關於僑民註冊事項等等；還有各口岸的僑務處局，辦理僑民之登

〔註118〕見中國第二歷史檔案館編：《中華民國史檔案資料彙編》第五輯第一編政治（一），第6、14、15頁。
〔註119〕溫鈕南：《訓政綱要》，第134～135頁。
〔註120〕中國第二歷史檔案館編：《中華民國史檔案資料彙編》第五輯第一編政治（一），第273、287頁。
〔註121〕《僑民登記規則》第一、二條，見星洲日報社編：《星洲十年（政治、市政）》，〔臺北〕文海出版社有限公司，1977年，第188頁。
〔註122〕章進主編：《中國外交年鑒（1934年1月～12月）》，上海世界書局，1935年版，第G三三頁。
〔註123〕星洲日報社編：《星洲十年（政治、市政）》，第194頁。

記與統計工作也是其工作內容之一。登記的內容包括「各埠成年男女人數統計比較」、「各埠未成年男女人數統計比較」、「各埠農工商業人數統計比較」、「各省籍人數統計比較」等。〔註124〕但有關僑民登記的效果並不是非常理想。以下為僑民登記情況的一些表格，雖是1942年的情況，但也可以對抗戰前有關僑民登記情況有所明瞭。

表一　國外華僑登記與未登記人數比較表（截至1942年9月底止）

僑　居　地　別	總　計	亞　洲	美　洲	歐　洲	海洋洲	非　洲
華僑每百人中之登記人數	5.30	4.29	35.29	16.19	28.95	1.05
共計	8615368	8270043	211325	62738	62198	9064
登記	458404	355443	74694	10161	18011	95
未登記	8156964	7914600	136631	52577	44187	8969

資料來源：根據駐外使領館報告；見行政院編印：《國民政府年鑑》，1943年11月，
　　　　　第324～325頁。

說明：（一）為統計國外各地歷年登記人數，故以前在游擊區及在日韓等地之僑民亦
　　　　　　列入表內。

　　　（二）國外僑民八百六十餘萬（系歷年使領館調查及估計或當地政府公佈者），
　　　　　　亞洲占百分之九十六。亞洲僑民百人中泰國占二十九人，馬來亞占二十
　　　　　　七人，荷屬東印度占六人，香港占十一人，安南占五人。但全體僑民每
　　　　　　百人中向使館登記者，只有五人左右。

表二　國外登記華僑職業別人數比較表（截至1942年9月止）

職業別	共　計	工	商	農　礦	其　他
登記人數	458404	240445	162770	24806	30383
百分數	100	52.47	35.49	5.42	6.62

資料來源：根據駐外使領館報告；行政院編印：《國民政府年鑑》，1943年11月，第
　　　　　325頁。

說明：（一）為統計國外各地歷年登記人數，故以前在游擊區及在日韓等地之僑民亦
　　　　　　列入表內。

　　　（二）登記僑民雖只有四十五萬餘人，如合於機遇法則，未登記僑民職業之百
　　　　　　分比，或與本表近似。

〔註124〕申報年鑑社編輯：《第三次申報年鑑》，第942頁。

表三　國外登記華僑省籍別人數比較表（截至 1942 年 9 月止）

籍貫別	共計	廣東	福建	湖北	山東	河北	浙江	江蘇	廣西	安徽	新疆	遼寧	吉林	其他
登記人數	458404	262724	145308	2104	24115	5220	4842	2068	9971	238	257	415	455	615
百分比	100	57.30	31.71	0.46	5.26	1.14	1.00	0.45	2.17	0.05	0.06	0.10	0.10	0.14

資料來源：根據駐外使領館報告；行政院編印：《國民政府年鑑》，1943 年 11 月，第 326 頁。

說明：（一）爲統計國外各地歷年登記人數，故以前在游擊區及在日韓等地之僑民亦列入表內。

（二）登記僑民雖只有四十五萬餘人，如合於機遇法則，未登記僑民職業之百分比，或與本表近似。

（三）在香港泰國及緬甸僑民之籍貫，以粵桂滇各省最多，因未登記。故未列入表內。

　　與登記政策有關的法規條例還有以下這些：《僑務委員會發給歸國僑民國內考察護照暫行辦法》（1933 年 9 月 15 日會令公佈；1936 年 4 月 25 日會令公佈修正）、《工人出國條例》（1935 年 10 月 21 日國民政府公佈）、《出國工人僱傭契約綱要》（1936 年 11 月 6 日會令公佈）、《募工承攬人取締規則》（1936 年 11 月 6 日會令公佈）《調查海外華僑專門技術人才則例》（1937 年 4 月 21 日行政院令核准備案）等等。正是通過登記政策，我國由以前不明海外僑民情況而到大概知道當時我國僑民人數的情況。如在 1935 年申報年鑑中，就有記載，「僅就華僑人數方面而言，統計在外僑民，共有七百八十三萬八千八百九十五人。」〔註125〕此無疑給我們留下一個人口學方面的資料。

　　除了僑民登記方面外，登記政策還包括對海外僑團與僑校的登記。

　　1933 年始，國民黨中央相繼公佈、修訂《海外華僑團體備案規程》、《指導海外僑民組織團體辦法》、《國內僑務團體組織辦法》等，要求對海內外的僑團進行備案登記管理。這些法規要求「凡歸國僑民所組織僑團，有以『華僑』二字命名，則須標明事業；或國外僑居地名」；以及提交相關團體的印

〔註125〕申報年鑑社編輯：《第三次申報年鑑》，第 942 頁。

鑒報告表，防止有遺漏或假冒之弊。爲何國民政府對海內外華僑團體另眼相看呢？因爲在國民黨看來，「僑民團體行動之向背，常足以左右華僑社會而與祖國有密切關係。」而「僑民之組織團體，每有特殊情形，不能與國內普通團體等量齊觀，故其管理方法，亦當相機應付。」因而當僑務委員會成立伊始，富有豐富海外鬥爭經驗的僑務官員「即釐定管理原則五項：（一）指導組織，（二）督促備案，（三）糾正錯誤，（四）統一意志，（五）整齊步驟。」〔註126〕以之對海內外僑團，尤其是海外僑團進行管理，以達海外僑社接受中央管理的目的。〔註127〕

　　據統計，至1942年止「國外華僑團體，計三千九百餘單位」，但截至1943年9月三十二年止，已向僑委會「備案者僅有三百八十餘單位」。〔註128〕以下爲抗戰期間一些海外僑團的數目情況。

團體 類別	總　　　計			職 業 團 體			社 會 團 體			救 國 團 體		
	總計	備案	未備 案	共計	備案	未備 案	共計	備案	未備 案	共計	備案	未備 案
1939年 底止	2181	314	1867	468	154	314	1064	137	927	649	23	626
1940年 底止	3713	331	3382	823	161	662	1971	143	1828	919	27	892
1941年 底止	3890	367	3523	878	165	713	2088	166	1922	924	36	888
1942年 底止	3926	380	3546	884	170	714	2110	172	1938	932	38	894
1943年 底止	3928	382	3546	885	169	716	2111	175	1936	932	38	894

資源來源：行政院編印：《國民政府年鑒》（第二回），1944年10月，第11頁～12頁。

　　教育部1929年11月18日公佈《修正華僑學校立案規程》第一條規定：凡中華民國人民，僑居他國者，在所在地設立學校，須由設立者或其代表，

〔註126〕行政院編輯：《國民政府年鑒》，1943年11月，第331～332頁。

〔註127〕另有學者考察，「國民黨對待海外僑商的總體政策是，採取派人赴各國宣傳和組織國內僑商團體等措施，『極力向其宣傳，使其繼續努力，以參加國民革命』」。見朱英：《國民黨推行商民運動的方略》，《江漢論壇》2004年第7期，第95頁。

〔註128〕行政院編印：《國民政府年鑒》（第二回），1944年10月，第11頁。

備具呈文，及附屬書類二份，呈由該管駐外領事，轉呈教育部，再由教育部將呈文書類一份，轉中央僑務委員會審核同意。〔註 129〕規定凡是向國民政府立案登記的海外僑校均有資格向國民黨政府申請一定的經費。據統計，至1937 年上半年度爲止，海外共有僑校 3438 所；其中亞洲爲 3243 所，美洲爲110 校，大洋洲爲 60 所，歐洲爲 2 所，非洲爲 23 校。但至 1941 年止，海外僑校在國民政府立案的只有 493 所。〔註 130〕

　　相對國內人民、社會而言，僑居海外的僑民社會，也許是一個比較特殊的社會。如何才能進行比較有效的管理？如何行使統治權？如何才能使用其資源？確是一個政府要好好思考的問題。畢竟對一個聲稱擁有其子民權的政府而言，僑民已屬國家「暴力統治」的範圍之外。在這裡，「非支配的統治」，也許是一個適當的描述。而這個「非支配的統治」的基礎也許就是來源於登記政策的實施。「查僑民人數，向無統計，來往情形，尤多隱秘……故今後欲爲根本整理僑務之計，必從確實調查僑民之人數，及其去來之情形入手而後可。」〔註 131〕「本來一個國家，對人民出入口，應該要有相當的指導與監督；而指導與監督，又須依據一定的政策才對。現在我們僑胞已移殖海外的，既有這樣的多，今後對移殖應如何調查，務須確定政策，這是僑務行政最重要的工作。今後人民出國，我們應該分別地方情形，決定什麼地方可以移殖，什麼地方是人口過多須要轉移別處，均應妥爲配置。且一方面須求自己有發展的機會，他方面又須消除外人排拒的惡意。」〔註 132〕

（二）保護政策：包括救濟政策與國內外保護政策

　　似乎對華僑對民國成立建設表現出來的功績有份受惠而要感恩圖報的心理，南京國民政府在「在今世界，工商業均陷於疲憊不景氣中，此千餘萬之

〔註 129〕見何仲蕭編：《華僑快覽》，中央僑務委員會印行，1931 年 9 月，第 87 頁。該規定雖爲僑委會歸屬中央系統時所制訂，但僑委會隸屬行政院後，此規定不變。

〔註 130〕《僑胞教育》，第 1～3 頁。另書中第 2 頁中所列的歐洲僑校原爲 20 所，有誤，應爲 2 所。參見教育部教育年鑑編纂委員會：《第二次中國教育年鑑》，商務印書館，1948 年，第十一編第一章，第 3 頁（總 1257 頁）。

〔註 131〕周啓剛：《整理僑務方案》，刊於莫子材編：《華僑問題彙刊》（第一集），第 95 頁。

〔註 132〕周啓剛：《華僑問題與僑務行政》，刊於周啓剛：《海外問題言論選輯》，第 13 頁。

華僑，自然不能逃脫恐慌之厄運」之際，急切有所表示。「軫念華僑建國之前動，當急為之維持救濟，如得環境許可，則所擬議各項，自必迎刃解決，救濟失業問題，其庶幾乎。」〔註133〕而華僑代表在相關會議也提出相關議案，獲得通過。如1932年國民會議，海外回國代表鄭螺生提出的「救濟被難華僑案」、第四次全國代表大會戴愧生提出的「普遍救濟失業華僑」案等相繼獲得通過，證明政府已關注華僑失業之情況，同時大批失業華僑相繼歸國之情形也令政府表示其為人民政府的表達。在1931年失業華工被遣國已有13萬人。1932年甚至被稱為「僑難」年。〔註134〕在筆者所見到的一份「救濟失業華僑辦法綱要」中，南京國民政府用提出一份雄心勃勃的綱領來表明他們打算。這份綱要包括國外救濟與國內救濟兩部分。國外方面，措施有：「海外實地調查統計失業人數」、「勸導華僑注意設立各種互助社會。如議會、三益會、協會、共濟會等，為友誼互助救濟」、「獎勵捐資救濟失業華僑」、「通令各領館，各華僑社團，盡量介紹失業華僑職業」、「擬由政府籌集相當款項，或聯合海內外有經濟能力者，組織信用合作社，薄利貸款」、建立「海外貿易公司」、倡導「失業保險」、「駐外使館，與僑務專員，聯合各僑團之負責者，審查該地需要，與各埠各業狀況，指導海外華僑執業」、「推廣職業教育」、「請中央銀行在海外設立支行」、「資遣回籍」等等。而對於國內救濟的計劃更是詳細。一是「出國審查」，要審查移民的年齡、體質、技能、智識、嗜好等，必須促使他們的素質適合目的地的要求。同時要隨時公佈各地農工商現況，使移民「明瞭海外情形，選擇其出國途徑，毋使以盲引盲，一誤再誤。」二是「指導華僑歸國投資興辦實業」。三為由政府撥款，或者招商開發西北，「盡量容納失業返國華僑之華工」。四是由政府經營或者由僑民投資指定墾牧區，收容歸僑。如江蘇練湖模範墾區和陝西延鄜及柳溝。五是免費運載歸僑回籍。六是對進口的設備免稅。七是「指定某段鐵路，或某段公路，由華僑投資建築或由政府出資建築，以收容失業華僑。」這些道路計劃包括：（1）建築廈龍鐵路計劃。（2）建築贛皖幹線輕便鐵路計劃。（3）建築首都無軌電車計劃。

〔註133〕「僑務法規及有關文書」，中國第二歷史檔案館館藏振濟委員會檔案，全宗號一一六，案卷號92。

〔註134〕梁作民：《國難期中——民國二十一年總檢閱》，《新亞細亞》第1卷第5期，第39頁。有學者認為1931年以後，華僑經濟衰退，回國人數日增，僅新加坡一地回國者就達41萬人之多。見林金枝：《近代華僑投資國內企業的幾個問題》，《南洋問題文叢》（第一集），廈門大學南洋研究所，1981年，第208頁。

（4）建築福馬公路計劃。八是籌辦工廠收容技術歸僑，如紙廠、火柴廠、水電廠、製呢廠、精鹽工廠、煤球製造廠、三酸工廠、磁廠、罐頭製造廠、酒精廠、寧夏四大特產工業等。經過詳細調查，可以考慮的計劃包括（1）籌辦閩南紙廠（2）籌辦浙江省永嘉磁廠（3）籌辦福州火柴製造廠（4）籌辦翁江水力發電廠（5）籌辦廣州呢絨製造廠（6）籌辦廣州精鹽工廠（7）籌辦武漢煤球製造廠（8）籌辦漢口三酸（硫化硝酸鹽酸）工廠（9）籌辦寧夏四大特產工業（皮毛湖鹽酴甘草）工廠（10）籌辦酒精工廠。九是「開辦中南航線」。十為招集擁有礦工經驗的歸僑開發礦產。如下礦區可以收容歸僑：如韓同（陝西之韓城及宜宮）煤礦、山西煤礦、蘇省蕭縣白土塞煤礦、廣東西沙群島燐礦、河南禹縣煤田、河南嵩縣西北區沙金礦、續辦大冶陽武山煤礦、開採大冶縣尖山鐵礦。此外如徐北煤田、浙省四大（長興縣、和平縣、橫山縣、銅官山）煤田、粵省西北二江礦產、雲浮鐵礦、瓊崖昌江金銅礦、儋縣錫礦、安定鐵礦、廣西富川錫礦、武宣鐵礦、奉議金礦、湖南綏寧銅界銅礦、耒陽縣馬水鎮筆鉛礦、四川會理通安銅礦、甘肅玉門縣石油礦、綏遠石拐溝煤田礦、大青山一帶礦田等也可以考慮。十一是「舉辦其他實業。於上列各種墾牧礦產外，尚有許多實業，適合華僑辦理者」。如舉辦廣東漁業公司、發展山東沿海漁業、整理湖北金水、興辦寧夏水利、整理寧夏水渠工程等，現在「均經詳細調查，有具體計劃」。其他如瓊崖造林、貴州黃果樹之水電、博愛縣丹沙九道堰之水電等，也已「調查大概。十二是「招募華工，須有切實生活保障」，「擬對於被雇出洋華工訂立專章，使雇主規定雇用年限，年中假期，工作時間，每月工金，療養疾病，代寄家費，平等待遇，保障生活，期滿資遣回國，或續訂僱約，皆身體自由，不受任何拘束等項，著攬工立約，以內地殷實店鋪擔保，交被僱者收執，呈請本會備案，再由本會令飭該地領事，及僑務專員，監督照約履行，隨時保護，使免中途虐待解雇，致遭失業，是亦救濟失業問題中，預防失業之辦法也。」

僑務官員不僅制定上述周全計劃，而且也在考慮計劃的資金來源。「各種計劃，參以目前環境需要，均可按照實施。其中有用獎勵法而救濟失業者，經費不多，執行固易，此外非有若大款項，不能舉辦者，故須國家經營，或由政府貸款與華僑辦理，或由華僑集資興辦，唯惟一目的，則在收容失業華僑，努力生產。」「茲就失業華僑職業中，分別技能，從事於各項事業進展，務使適合需求，著實辦理，然能救濟之法雖多，非集中經濟力量，則束

手無策，故救濟之道，宜先從籌集款項著手，籌款之法，有如擬議各項，苟籌款有著，則救濟失業問題，自可迎刃而解。今開具籌款方法，以供采擇焉。」〔註135〕僑委會計劃的籌款內容主要包括如下各點：

第一款　發行救濟失業華僑公債二千萬元。

該項公債，以所辦實業為擔保，由國外僑團，國內商會，分任推銷，所得現款，為舉辦上開各種事業，安置失業華僑，為國家生產，其章程另定之。

第二款　發行救濟失業華僑獎券籌足二千萬元。

此項獎券，每期發行五百萬元，除十分之六給獎外，所餘十分之四計得二百萬元，擬發行十期，籌足二千萬元，撥充辦理上開各種事業，收容失業華僑，其詳細辦法章則另定之。

第三款　發行墾牧公司股份若干萬元。

墾牧利益，盡人皆知，如能集合經濟力量，為大規模之墾牧，定可容納多數失業華僑，且其事業穩健，辦理簡單，較之他種事業，容易令人信仰，其詳細辦法，及推銷股份章則另定之。

第四款　借用庚子賠款若干萬元。

就各國退還庚子賠款，借撥若干萬元，購置生產機器，「如罐頭機器酒精機器織造機器汽車機器等」供應失業華僑，從事工作，其詳細章則另定之。

第五款　由政府指撥現款若干萬元。

在僑務官員看來，「以上所陳辦法，實以經濟為其樞紐，故救濟事業，發展至若何程度，須視經濟力量，如何以為轉移，如經濟問題解決，則救濟問題亦解決矣。」可惜上述僑委會的各項計劃，幾乎沒有一項能落實到實處。落實到實處的為僑樂村。「工商業所需之資本頗巨，一時殊難籌措，不如擇荒開墾較為得計。」僑樂村（取歸僑安樂之鄉村之意）是於1934年12月12日開始建築的。而之前已由僑委會向安徽財廳宣寧官產墾荒局，「價領慈谿圍、硯西圍等地官荒一萬一千餘畝」，也就是說僑樂村的地理位置是處在安徽慈谿、硯西一帶。1935年2月建成，但入村的歸僑並不很多：「先後奉僑委會發給許可證入村之墾民，共計151名，截至二十四年（1935年）九月一日止，持許可證向管理處報到者，凡82名，均為男性。」〔註136〕相對於幾十萬失業

〔註135〕「救濟失業華僑辦法」，中國第二歷史檔案館館藏振濟委員會檔案，全宗號一一六，案卷號92。

〔註136〕僑務委員會編輯：《僑樂村》，第2、44頁。

歸僑來說，明顯是作用性不大。可以說開辦僑樂村的救僑政策的價值觀意義大於實效意義！此項救僑政策除了賦予政府價值觀象徵意義之外，值得稱讚的還有其制度上的意義。僑樂村的制度上是比較完備的：《僑樂村招收墾民簡章》、《僑樂村管理處管理規程》（1935 年 5 月 13 日核准施行）、《僑樂村管理處農業技術訓練辦法》（1935 年 5 月 13 日核准施行）、《僑樂村墾民公共服務暫行辦法》（1937 年 3 月 30 日僑務委員會訓令施行）、《僑樂村管理處公有示範農場管理章程》（1936 年 9 月 2 日核准施行）、《僑樂村管理處訂定墾民領物規則》（1936 年 9 月 2 日核准備案）、《僑樂村守望隊規則》（1936 年 9 月 2 日核准備案）、《僑樂村管理處墾民農具種籽分配規則》（1936 年 9 月 2 日核准施行）、《僑樂村管理處訂定墾民領地辦法》（1936 年 9 月 3 日核准施行）、《僑樂村墾民伙食管理委員會簡章》（1936 年 9 月 7 日核准備案）《僑樂村墾民宿舍規則》（1936 年 9 月 7 日核准備案）等。

　　而對於保護華僑方面，戰前南京國民政府並沒有更多的措施，見之的往往只是一些文本內容，雖然當其時海外華僑的境遇很糟糕。1927 年 11 月，在當時富有輿論影響力的《東方雜誌》在第二十四卷第二十一號第一頁發表一篇信息「最近兩大慘殺華僑案件」，披露「多接受中國國民黨主義者，對於中國國民革命運動之讚助與宣傳」有功者——南洋華僑在東婆洲生瓦生瓦埠及法屬海防遭受慘殺的消息。同時也認為「南京的國民政府只令廣東交涉員就近嚴重抗議，而廣東的政治當局雖也曾議決派飛鷹軍艦前往海防保護華僑，但以種種關係，迄未實行」，「只怕也沒有甚麼好的結果可言咧！」〔註137〕隨後在 1931 年 7 月的第二十八卷第十三號發表多篇文章都有所談及、涉及外國對華僑虐待的情況。如張樑任《移民問題與中國》、周敦禮《各國虐待僑胞苛例之一斑和補救方策》、杉田祥夫《在荷屬東印度的華僑》等；而之前也刊有美人陶爾包著的《中國人仇視美國的原因》（第二十四卷第十四號），美人色里著《美國人歷年來對於華人的屠殺》（第二十四卷第十七號）等也都是涉及旅外華僑華人遭受不平等待遇的情況。這無疑說明了當其時旅外華僑華人在海外普受不公的情況。因而如何改善海外華僑華人的待遇自然是部分僑務官員要考慮的一個社會問題。「政策提案的來源，要取決於政府內外人們的興趣、權力和辦法。」〔註138〕這從抗戰前中央各次代表大會及國民會議的提案

〔註137〕《東方雜誌》第二十四卷第二十一號，第1～2頁。
〔註138〕查爾斯‧O‧焦尼斯、迪爾特‧馬瑟斯：《政策形成》，載於〔美〕斯圖亞特‧S‧那格爾編著，林明、龔裕、鮑克、韓春立等譯：《政策研究百科全書》，

中瞭解到。以1931年5月召開的國民會議為例，涉及要求政府保護華僑的提案就有：《秘魯政變土人乘機搶劫華僑商店及民居請政府嚴重交涉並早訂立新約保護華僑案》、《向日本政府交涉取消限制華僑入國及營業案》、《海外華僑身受虐待應急速交涉解除並飭駐外使領切實保護案》、《請國府與各國交涉取消虐待華僑諸苛例案》、《國府應從速與暹羅訂定條約以保護四百萬華僑案》、《華僑回國應予切實保護否則將負責長官嚴予懲辦案》等。〔註139〕及 1935年第四屆中央執行委員會第六次全體會議，關素人、周啟剛等五委員提議的《請確定海防慘案辦法案》。〔註140〕而在1929年已歸屬中央黨部的僑務委員會也多次致函國民政府，要求政府出面與美國交涉，取消美國對華僑赴美及美屬地的苛例。〔註141〕這些提案與黨政之間的函件構成了南京國民政府保護華僑政策的基準，形成部分保僑政策的文本內容。

（三）文教政策

　　一般做過民國時期華僑史研究的學者都瞭解到：「移殖保育」為南京國民政府僑務政策概括性之說，或者言方針，但對此四字之含義也許有不同的理解。當時僑委會副委員長的周啟剛說過：「『保育』問題，多半屬於僑民教育處，一年來該處工作，除擬制僑民教育實施綱要外，餘如規劃僑民教育補助經費，籌設僑教師資訓練班，設海外文化機關及僑教之調查，並修訂領事經理僑民教育行政規程，僑民中小學規程，僑民學校立案規程，僑民中小學校董會組織規程，僑務委員會指導僑生回國升學規程等法規，此其大要者。」〔註142〕1933年4月國民政府行政院第96次會議議決通過的《僑民教育實施綱要》對僑校進行相關的規劃，包括僑民教育的實施方針、教育行政、學校教育、社會教育及文化事業以及教育經費等五個方面。事實上由於環境因素的影響，有關華僑政策方面，國民政府是比較著重僑民教育這方面的。以下為南京國民政府抗戰前頒佈的有關僑民教育方面的主要法規一覽表：

科學技術文獻出版社，1990年，第102頁。
〔註139〕中國第二歷史檔案館編：《中華民國史檔案資料彙編》第五輯第一編政治（一），第245～247頁。
〔註140〕中國第二歷史檔案館編：《中華民國史檔案資料彙編》第五輯第一編外交（二），江蘇古籍出版社，1994年版，第1299～1301頁。
〔註141〕中國第二歷史檔案館編：《中華民國史檔案資料彙編》第五輯第一編外交（二），第1260～1270頁。
〔註142〕周啟剛：《由過去的經歷想到今後的方針和步驟 —— 僑委會兩週年紀念演詞》，周啟剛：《海外問題言論選輯》，第45頁。

法　規　名　稱	頒佈機構	頒佈時間及修正時間
《華僑學校立案條例》	大學院	1928 年
《華僑小學暫行條例》	同上	同上
《華僑視學員章程》	同上	同上
《華僑補習學校暫行條例》	同上	同上
《駐外華僑勸學員章程》	同上	同上
《華僑子弟回國就學辦法》	同上	1928 年；其後由後來的教育部於 1931 年 7 月修正。
《華僑捐資興學褒獎條例》	南京國民政府	1929 年 1 月；其後 1944 年 10 月、1945 年 5 月、1946 年 10 月、1947 年 6 月修正。
《駐外領事經理華僑教育行政規程》，1934 年更名為《領事經理華僑教育行政規程》	教育部	1929 年 5 月；1933 年 12 月 27 日奉行政院令核准修正；1934 年 4 月分別修正；1935 年 4 月 4 日外交部教育部僑務委員會會同修正公佈。
《華僑學校立案規程》	同上	1929 年 9 月 12 日；1934 年 3 月 20 日僑務委員會教育部會同修正公佈。
《華僑教育設計委員會組織條例》	同上	1929 年 12 月；1940 年 1 月 12 日教育部僑務委員會會令公佈。
《領事勸導華僑學校附設民眾學校辦法》	同上	1930 年 9 月
《華僑中小學規程》	同上	1931 年 1.16 日；1934 年 2 月 20 日僑務委員會教育部會同修正公佈。
《華僑教育會暫行規程》，後更名為《華僑教育會規程》	同上	1931 年 2 月，後 1937 年 7 月、1941 年 8 月修正
《華僑中小學校董會組織規程》	同上	1931 年 6 月
《海外各級黨部推進華僑教育辦法》	國民黨中央訓練部	1931 年 8 月
《華僑教育基金募集獎勵辦法》	教育部	1931 年 8 月
《華僑教育基金捐募獎勵辦法》	同上	同上
《華僑教育基金管理委員會組織條例》	同上	同上

《保送及介紹僑生升學規程》	僑務委員會	1932 年 7 月
《僑民教育實施綱要》	行政院	1933 年 4 月
《提倡僑民職業教育及擴充僑民補習教育令》	僑務委員會	1933 年 7 月 15 日
《僑務委員會指導僑生回國升學規程》	僑務委員會	1933 年 11 月 11 日
僑務委員會補助僑民學校辦法》	僑務委員會	1936 年 10 月 1 日

資料來源：「僑務法規及有關文書」，中國第二歷史檔案館館藏振濟委員會檔案，全宗號一一六，案卷號 92；及別必亮：《承傳與創新——近代華僑教育研究》，第 52～53 頁表。

　　上述這些法律條文構成了抗戰前僑教政策的主要內容。由這些法規我們大約瞭解抗戰前有關僑教政策方面主要是指導僑校〔註 143〕立案及僑生回國升學方面，況且主要爲僑校立案方面。如 1929 年 11 月 18 日南京國民政府教育部公佈了《修正華僑學校立案規程》第一條就規定：凡中華民國人民，僑居他國者，在所在地設立學校，須由設立者或其代表，備具呈文，及附屬書類二份，呈由該管駐外領事，轉呈教育部，再由教育部將呈文書類一份，轉中央僑務委員會審核同意。〔註 144〕

　　按照 1933 年 4 月 11 日行政院公佈的《僑民教育實施綱要》內容，僑民教育的實施方針是「以中華民國教育宗旨及其實施方針爲標準」，同時又顧及環境因素的影響，「依各地之特殊環境，實施方式，以不受事實之牽制，務達到培養民族意識，訓練自治組織能力，及改善生活，增進生產能力爲目的」，以及「以文化合作之精神，與各居留地政府，共謀僑民教育之發展。」正是居於此理念，南京國民政府要求對海外僑校進行統計立案，希望通過統計立案對僑校的師資、教材、經費等方面有所瞭解，從而對之進行有效的管理。畢竟「調查與統計應用很大，若是沒有眞確的調查與統計，我們對華僑的問題，定然得不到適當的解決；那麼，對僑務辦理，自然是不能有良好的結果。」〔註 145〕依據《僑民學校立案規程》，海外僑校「須具左列各項資格，方得呈請

〔註 143〕本文的僑校是指華僑或中國人開辦、經費以華僑或中國支出、以華僑子弟爲生源的學校。
〔註 144〕何仲蕭編：《華僑快覽》，第 87 頁。
〔註 145〕周啓剛：《華僑問題與僑務行政》，載於周啓剛：《海外問題言論選輯》（第一

立案。甲　經費　有確定之資產金資（資金）或有其他確實收入，足以維持學校之常年經費者。乙　設備　有相當之設備者。丙　教職員　（1）各教職員均能合格勝任者；（2）每學級有專任教員一人以上者；（3）校長由本國人充任者，但有特殊情形，必須聘外國人充任時須由該管領事或該校校董會全體，呈請僑務委員會商同教育部核准。」　在海外僑民學校呈請立案時，「須開具左列各事項，連同全校平面圖，及說明書，呈送審核。一、學校名稱（如有外國文名稱者亦應列入）二、學校種類。三、校址（中外文）。四、開辦經過。五、經常費來源，及經常臨時預算表，六、組織編製課程及各項規則。七、教科書及參考書目錄。八、圖書儀器本校具及關於體育衛生各種設備一覽表。九、教職員履歷表。十、學生一覽表，及歷年畢業生一覽表。」當然已經僑委會同意立案的海外僑校是擁有一定的好處的。1934 年 3 月 20 日經僑務委員會與教育部會同修正公佈的《僑民學校立案規程》第五條規定：「凡已立案之僑民學校，如有應行褒獎補助，及介紹學生回國升學事項，均得予以優異之待遇。」1936 年 10 月 1 日公佈的《僑務委員會補助僑民學校辦法》對於補助方面的內容規定得更為具體：「凡僑民學校經呈准本會及教育部立案後，辦理一學期以上，具有優良成績，而經費確屬困難者，得呈請本會補助。」「僑民學校之補助費，依各該校之辦理成績設備經濟狀況，分為甲乙兩種：甲種每年壹千五百元；乙種每年壹千二百元。初級中學：甲種每年壹千元。乙種每年八百元；小學及幼稚園甲種每年六百元。乙種每年四百元（均以國幣計算）」。但也許由於要求登記立案的手續過於繁瑣，如既要有校區的平面圖、體育衛生設備一覽表，圖書統計，儀器統計，教具校具統計，又要有各項規則、校董會章程、教職員履歷表、學生一覽表、歷年畢業生一覽表，以及詳細申述學校之設施經濟實際情形資料等等文字手續，再加上補助經費不是很多，故登記立案的海外僑校不是很多。1929 年立案僑校為 2 所，1930 年為 20 所，1931 年則為 64 所，但 1932 年為 27 所，1933 年 10 所，1934 年為 40 所，1935 年是 64 所，1936 年 79 所，抗戰正式爆發的 1937 年則為 75 所，戰爭無疑是影響立案僑校的成績，1938 年為 27 所。〔註146〕而據 1939 年 2 月

集），第 12 頁。

〔註146〕中國第二歷史檔案館編：《中華民國史檔案資料彙編》第五輯第二編教育（二），江蘇古籍出版社，1997 年，第 289 頁。

的僑委會僑民教育工作報告，其時立案的中小學僑校為 449 所，其中包括中學校數為 57 所，小學校數為 392 所，當其時的僑民中小學校數為 2450 所，其中中學為 120 所，小學為 2330 所。〔註 147〕據僑務委員會統計，截至 1940 年 12 月底，在教育部核准立案的僑校為 493 所，約占當時海外華僑學校總數 3231 所的六分之一弱。這些備案的僑校包括：中學 78 所，小學 402 所，師範學校 1 所，職業學校 4 所，補習學校 6 所，民眾學校 2 所。〔註 148〕

　　此外僑委會結合國內的教育形勢，也在海外僑民社會中提倡實用教育。在抗戰前，國民政府在教育政策方面是壓抑文科教育，努力發展實科教育。如朱家驊任教育部長期間（1932～1933 年）「為高等教育重定方針，企圖使大學教育離開『文科』方向向較為實利的科目發展。」〔註 149〕而王世杰於 1933 年 5 月接任教育部長之時，即「以三事自勉，並勗全部同人：（一）促進職業教育之發展；（二）謀中央及地方教育費之獨立；（三）促公務員考試制度之普及，為青年求正當之出路，兼鼓勵在校學生之努力。」雖然這些實利教育政策受到一些質疑（如居正就「抵近年中國教育行政為亡國教育。」〔註 150〕但實利教育政策卻仍得到很好發展。1931 年，「全國文科（文、法、商、教育等科）大學生數額，占大學生總額數百分之七十，共約二萬三千人，實科（理、農、醫、工）生僅占百分之三十，約九千多人。」〔註 151〕而 1934 年，「入學新生中的實科學生達三九七六人，幾乎同文科所招新生四〇二九人持平。」〔註 152〕而據統計，「1930～1937 年間，法科學生比例由百分之四十二點三下降到百分之二十二點八，幾乎減少一半。而實科類的理、工、農、醫四科，在這七年間，均有大幅度提高，1937 年比 1930 分別增長了百分之八十八點二、百分之八十六點九、百分之五十二點六、百分

〔註147〕據中國第二歷史檔案館編：《中華民國史檔案資料彙編》第五輯第二編教育（二），第 271～274 頁表格。

〔註148〕僑務委員會僑民教育處編：《立案僑民學校一覽冊・序言》，編者刊，1941 年 1 月版。轉自別必亮：《承傳與創新——近代華僑教育研究》，第 76 頁。

〔註149〕〔美〕柯偉林著，陳謙平等譯：《德國與中華民國》，江蘇人民出版社，2006 年，第 102 頁。

〔註150〕《王世杰日記》第一冊，〔臺北〕「中央研究院」近代史研究所，1990 年 3 月，第 1、48 頁。

〔註151〕《王世杰日記》第一冊，第 1～2 頁。

〔註152〕教育部統計室編：《二十三年全國高等教育統計》，轉見金以林：《近代中國大學研究：1895～1949》，中央文獻出版社，2000 年，第 201～202 頁。

之二百。一九三○年各科在校生所佔比例前四名為：法、文、工、理，而一九三七則變為法、工、理、文。理、工兩科人數之增加顯而易見。」〔註153〕1933 年 7 月 15 日僑委會在給駐外使領館的第 470 號令（《提倡僑民職業教育及擴充僑民補習教育令》）中要求：「為令遵事，查根據特殊環境，發展生產知能，為僑民教育宗旨之一，海外僑胞，以業商為最大多數，業農工業者次之，應視環境之需要，於普通學校中，注重商業化或農業化工業化課程，俾學生畢業後，能用所學，以執業務。又海外僑胞年長失學者為數甚多，應設補習學校以為救濟，或辦半日半夜學校，或設星期署期學校，務使失學僑胞，有受教育機會，以應付困難環境，提高僑民地位，除分令外，合行令仰該館迅即協同當地僑校暨教育團體，設法提倡僑民職業教育，及擴充僑民補習教育，俾得早日實現，仍將辦理情形具報。此令。」〔註154〕但從實際效果來看，部分僑區收效不大。戰時有關使領館的公函可能說到相關的原因〔註155〕：「查此間僑民除學生外，全屬青田商販，行蹤靡定，既無眷屬，自乏子弟。……除由本館隨時訓話授以駐在國居留營業法律上必要之知識外，殊無固定教育設施」（1941 年駐維也納領事館呈文）。「調查填報管轄區域內之職業教育狀況及僑生肄業當地職業學校情形各等因。查本館管轄區域內既無華僑教育團體之組織又無職業學校之設立」（1941 年駐巴黎總領事袁道童的呈文）。「查本館轄區內無職業教育而當地僑生，亦無肄業當地職業學校者」（1940 年駐瓜地馬拉總領事館呈文）。1940 年駐山打根領事館山字第 968 號呈文也呈稱：「……查報駐地職業教育狀況及僑生肄業當地職業學校情形等因；查本館轄內，迄無職業學校之設立。理合專文呈覆」。

（四）經濟政策

　　「儘管新的社會制度具有明確的共同原則和設計特色，它們都牢固地建立在以往的基礎上──並不總是意在改善。」〔註156〕抗戰前的南京國民政府

〔註153〕金以林：《近代中國大學研究：1895～1949》，第 203 頁。另筆者在此雖是列舉的為高等教育的數據，但卻是反映當時教育界的一種氣氛。

〔註154〕「僑務法規及有關文書」，中國第二歷史檔案館館藏振濟委員會檔案，全宗號一一六，案卷號 92。

〔註155〕「僑民教育」，中國第二歷史檔案館館藏僑務委員會檔案，全宗號二二，案卷號 72。

〔註156〕〔英〕霍華德‧格倫內斯特著，苗正民譯：《英國社會政策論文集》，第 12 頁。

的僑務政策的經濟政策方面正是如此，它不僅承接晚清、北洋政府時期的吸引華僑投資政策〔註 157〕，而且更是國民黨廣州國民政府時期僑務政策的延續。1923 年，孫中山在廣州建立了國民政府，其後相繼頒佈了《僑務局章程》、《僑務局經理華僑註冊簡章》、《內政部僑務局保護僑民專章》等法律、法規。從《僑務局章程》、《保護僑民專章》等這些涉僑法律、法規可以看到孫中山執政時華僑政策的一般特點，「即：(1) 運用立法手段，保護華僑政治、經濟等方面的權益。從法律上確認了「僑民」的身份，『中華民國人民旅居外國及回國者，皆稱僑民』，回國僑民須向僑務局註冊領取證明書。同時，對於僑民在海內海外的各項權益進行保護。(2) 鼓勵華僑回國投資興辦實業及公益事業。僑務局給予具體的指導與扶助。實業部等部門還制定了獎勵興辦實業有貢獻的華僑和保護華僑在投資中權益的條例或章程。孫中山執政時的這種僑務辦法也是後來南京國民政府所遵循的基本原則。」〔註 158〕隨後 1926 年中國國民黨在廣州召開第二次代表大會，在通過的最近政綱 108 條中有關華僑的有三條：(1) 設法使華僑在居留地得到平等待遇。(2) 華僑子弟歸國求學者給予相當便利。(3) 華僑回國興辦實業者予以特別保證。這是國民政府最初步的華僑政策，也是國民黨政權最早見諸政綱的華僑政策。這些法規、政策都強調吸收僑資。

而 1929 年 2 月，國民政府立法院制定了《華僑回國興辦實業獎勵法》，可謂是國民黨政府關於華僑回國投資的第一部立法。「呈件均悉。查此案經交內政，財政，實業，交通，鐵道，五部及該會會同審查，認為十八年二月頒佈之華僑回國興辦實業獎勵法其第四、五，六，七，各條，規定獎勵指導保護之法，尚屬周備。其興辦重要工業，應予以特殊獎勵者，又有特種工業獎勵法，足資援引。華僑回國興辦實業獎勵法，實無修改之必要。擬請由行政院令飭財政，實業，交通，鐵道，各部，及各省市政府，對於華僑回國興辦各種實業，務請須切實指導保護，其應減免稅項及予以運輸上便利者，尤應依法切實辦理，以達鼓勵華僑投資之目的。查核查意見，尚屬妥適，應准照辦。除令行財政實業交通鐵道四部及省市政府遵辦並令知內政部外。仰即知

〔註 157〕有關清政府吸引僑資政策的內容可參考黃小用博士論文第七章第二節內容；有關北洋政府吸引僑資政策可參考杜裕根：《北洋政府的僑資政策及其評價》一文（《華人華僑歷史研究》2004 年第 9 期）。

〔註 158〕巫樂華主編：《華僑史概要》，第 352～353 頁。

照。此令」〔註159〕相對而言，抗戰前，南京國民政府的吸引僑資政策是收到一定的效果的。華僑投資「從各地調查資料的情況看來，主要集中在 1927～1931 年間，此後即由高潮轉向萎縮。以福建爲例，1927～1937 年華僑投資企業共 2272 個，投資金額共七千萬。其中 1927～1931 年的投資額則占投資總數的 80%，而 1932～1937 年的投資額僅占 20%。」〔註160〕1934 年 4 月《海外月刊》第十九期也記有一些有關僑資投資國內的情況：在 1933 年，由於世界經濟不景氣，國外僑商紛紛回國發展，除廣州外，上海也是華僑投資的熱點。華僑在滬投資領域主要包括：銀行、證券、地產、印刷、紡織及農業等。如銀行方面有位於四川路與香港路交界處的華僑信託公司銀行部（資本金爲100 萬元）；位於九江路的華僑銀行，該行原名和豐銀行，1933 年春與南洋華僑銀行、中華銀行合併而成的。印刷方面以民享印務公司最大，它位於蓬路 5 號，資本金爲 30 萬元，是由紐約招股回國成立的。紡織方面有「美回國華僑黃君，在上海開設中國內衣公司……營業過百萬元，又有旅坎（加拿大）回國華僑關君，開設富民織造廠，於上海康腦脫路」。農業方面，「上海農業首推元元農場有限公司，係菲島華僑何佛及臺山華僑梅其駒等聯合滬上士商所辦。華託有投資。此農場在大西路林肯路佔地二百餘畝，養有外國乳牛數百頭，專出牛乳以供滬上人士之用。……而何弗（佛）君，又在滬創辦互助米倉公司，資本二十萬元，在常州奔牛設立磨米廠華信託亦投資於該互助公司。」〔註161〕據統計，上海作爲近代我國吸引僑資比較大宗的地方，是近代「華僑投資的重點地區」，「華僑資本約占上海民族資本的 5～10%。」〔註162〕

除上海外，它如廣東等僑鄉也在積極吸引僑資的活動。如廣東就在八個領域鼓勵華僑投資：交通事業；國貨工廠；漁撈事業；合作事業；商港市場事業；墾殖事業；礦冶事業；陶瓷工業改良。〔註163〕

〔註159〕「附各部會奉行行政院發交審查擬具意見呈覆核准照辦令」，中國第二歷史檔案館館藏振濟委員會檔案，全宗號一一六，案卷號 92。呈件是指「呈一件呈送修正華僑回國興辦實業獎勵條例草案乞轉呈國府交立法院核議公佈俾僑民投資獎勵之請求有所依據由」。

〔註160〕林金枝：《近代華僑投資國內企業的幾個問題》，《近代史研究》1980 年第 1 期，第 207 頁。

〔註161〕《海外月刊》第十九期，第 93～94 頁。

〔註162〕林金枝：《近代華僑在上海的投資》，吳澤主編：《華僑史研究論集（一）》，第 276、278 頁。

〔註163〕「粵五區專署 鼓勵華僑投資」，《中央日報》1937 年 3 月 4 日 6 版。

　　總的來說，在抗戰前南京國民政府爲了有效地管理海外華僑華人，試圖對僑務主體機構進行調整，雖然「好事多磨」，但僑務委員會最終明確了作爲僑務行政機關的地位，這意味著將僑務事務作爲一項國家行政事務來處理，此次確立直到 1949 年未有改變。作爲全面負責僑務工作的核心機關，僑委會不僅有完善機構設置、人事安排、管理機制，而且出臺不少比較務實的僑務政策，幾乎涉及了僑務工作的方方面面，其對僑務工作的勤勉用力是甚可褒獎的。同時，這些工作也有效地調動了海外華僑華人擁護國民政府作爲中央政府的積極性，增強了海外華僑華人與祖籍國之間的向心力，爲抗戰爆發後海外華僑華人積極參加祖國救亡運動奠定了一定的基礎。

第四章 抗戰期間僑務機構之調整

　　僑務工作從某種意義講都是政府行政工作內容的一部分，抗戰期間涉及僑務內容的機構除了上述僑務委員會外，還有外交部、教育部、經濟部等等。但是在抗戰期間有關處理僑務工作機構的一個最大的變化就是國民黨中央海外部的出現，它的出現促使了抗戰期間處理僑務格局的變化，由戰前一個中樞（僑委會），變爲二個中樞（僑委會與中央海外部），造成了在中央僑務工作上同時存在兩個行政運行中樞的二元體制政體的格局。當然此時，外交部的駐外使領館仍然遵循戰前的舊例對僑民進行調查、登記、調解等工作，但是駐外使領館在僑務工作上無論是戰前還是戰後都是處於一個協助的地位，並沒有作爲領導，或者一個協調者的地位。可無論如何在僑務政策方面，在實際運作過程涉及黨務、僑務、外交體系已是一個不爭史實，〔註1〕上面我們已瞭解到僑委會的情況，在這裡我們再來瞭解有關外交機構方面及中央海外部方面的情況，且由於主次地位的情況，對兩者的介紹略有偏重的差異。

一、中央海外部的沿革

　　國民黨中央海外部從組織性質上言之，是一個黨務系統。對於國民政府

〔註 1〕 李盈慧：《抗日與附日 —— 華僑・國民政府・汪政權》，〔臺北〕水牛圖書出版事業有限公司，2003 年，第二章。張存武在《菲律賓華僑抗日活動（1928～1945）》一文中也認爲：「南京國民政府以僑務、外交、黨務、情報相互配合，向海外推行三民主義教育及文宣。」（載於〔臺北〕華僑協會總會主編：《華僑與抗日戰爭論文集》（上冊），〔臺北〕正中書局，1999 年 7 月，第 281 頁。

時期，國民黨的黨政關係問題，不僅學者已有諸多的研究，當時國民黨高層也曾論述過。如蔣介石就曾提出過黨控制國家並不意味著黨員應該壟斷政權的觀點。蔣在 1926 年 8 月的一次講話中稱：「『以黨治國』這句話，不是說我們黨員統統做官，統統到政府裏面去治國，而是要拿黨來做中心，根據黨的主義、政綱、政策決定了政治方案，交給政府去實行。黨不是直接施政的，是透過政府做發號施令的機關」。建都南京後，蔣在 1928 年 7 月的一次講話中再次強調「以黨治國，並不是說以黨員治國，是以黨義治國」。〔註2〕

　　以上蔣氏所言，大致勾勒出國民黨訓政前期的地方黨政關係形態：機構分開，職能分開，人事分開。地方黨部和地方政府分屬兩個不同的組織系統，分別由國民黨中央黨部和國民政府領導；黨只管黨，即使是中央黨部也不能直接向地方政府發號施令，而必須通過中政會和國民政府。地方黨部與地方政府處於一種互不統屬，互不干涉而互相監督的地位。但抗戰發生後，國民黨在黨政關係如何處理國家事務的問題上發生了巨大的變化，尤其是在對待海外工作那部分，在 1938 年臨時代表大會決定成立黨務系統海外部起，即以規定海外部對於海外僑運工作具有領導之職權，因海外華僑有一大部分為國民黨黨員。而「中央黨部分部辦公，各有系統」，「所有華僑黨務，中央已設海外部專管。」〔註3〕但由於國民黨內部的變化，海外黨務的主管部門也曾多次發生變更，我們因此有必要先對海外部的沿革、演變、發展理清線索，以便瞭解其僑務政策、僑務工作的歷史背景。

　　中國國民黨發源於海外，與華僑關係相當密切。清朝滅亡前的多次起義、辛亥革命、護法運動、北伐等，中國國民黨或其前身皆以海外為根據地進行活動，華僑貢獻巨大，孫中山先生曾譽之為「革命之母」。關於這方面已有多方論述（如任貴祥《華僑與中國民族民主革命》一書），此處不再多論。國民黨的海外組織也向具華僑基礎，其早期組織即與華僑存在直接關聯。1894 年孫中山先生就是與二十多個華僑在檀香山成立了興中會，這些華僑既有資本家、銀行經理，也有小販、工人。其後經過同盟會、國民黨、中華革命黨等的演變，1924 年中華革命黨改組為中國國民黨，並在廣州成立廣

〔註2〕轉王奇生：《黨政關係：國民黨黨治在地方層級的運作（1927～1937）》，《中國社會科學》2001 年第 3 期，第 194 頁。

〔註3〕陳希豪：《過去三十五年中之中國國民黨》，商務印書館，1929 年，第 112、146 頁。

州國民政府，與當時北洋軍閥把持的中央政府相對峙，即史上所謂南北政府。同年中國國民黨一大召開，通過《中國國民黨總章》，以全國代表大會為最高權力機關，大會選舉出中央執行委員，組成中央執行委員會，為閉會期間最高權力機關，下設各部，執行黨務。雖然海外華僑在民國建國史上做出巨大貢獻，且當時中國國民黨海外組織也十分龐大——據統計，到 1926 年 1 月，國民黨的海外黨員數量為 87065 名，占其黨員總數的 33%；〔註4〕10 月，「海外國民黨組織總支部有 14 個，所轄支部 88 個，分部 524 個，區分部 875 個，交通部 1 個，總分部 1 個」，〔註5〕但當時剛改組完成的中國國民黨中央執行委員會一開始並沒有設立主管海外黨務的專責單位。其後，因黨內華僑代表提出，經孫同意，遂於 2 月 6 日中執委第三次會議上通過了《海外黨務方案》，決定設立中央海外部，在海外各僑居地設 18 個總支部。據此，廣州國民政府於 1924 年 2 月 15 日正式建立國民黨中央海外部，由林森任部長，直屬中執會。其主要職責是：「登記海外各總支部、分部及區分部所在地的黨員人數；對於海外總支部、分部、區分部之組織，查核是否依照黨章辦理；促進海外各黨部關於本黨進行事宜；對於海外本黨報館、學術及具有宣傳性質者時常檢閱或調查之，並指示其進行方法；調查海外華僑現狀；招待海外歸國華僑同志等。」〔註6〕華僑事務躍然其上。與此同時，孫中山又於內政部下設立僑務局管理海外僑民事務，陳樹人被任命為局長。海外部與僑委會的機構雛形同時產生，似乎預示了二者將共擔海外僑務內容之未來。也是因為不少的海外華僑都是國民黨黨員，黨務與僑務必然會多少聯繫在一起。1926 年 10 月正式公佈的《國民黨最近政綱》中進一步提到了相關的僑務政策：「設法使華僑在居留地得受平等待遇」；「華僑子弟回國求學者，須予以相當便利」；「華僑回國興辦實業者，須予以特別保護」。〔註7〕主管黨務工作的海外部成立不久，組織機構就有所擴大。「本部從前只設部長一、秘

〔註4〕　〔日〕土田哲夫：《中國國民黨構成的特徵和變化——以抗戰時期為中心》，第四次中華民國史國際學術討論會論文，轉陳紅民：《「新國民黨」在海外的活動：1932～1936 年》，《民國檔案》2002 年第 1 期，第 64 頁。

〔註5〕　許肖生：《華僑與第一次國共合作》，暨南大學出版社，1993 年，第 61～64、68 頁；同時許書言此時國民黨海外黨員人數為 97455 人。轉見任貴祥、趙紅英：《華僑華人與國共關係》，武漢出版社，1999 年，第 95 頁。

〔註6〕　任貴祥、趙紅英：《華僑華人與國共關係》，第 93 頁。

〔註7〕　華僑革命史編纂委員會編：《華僑革命史》（上），〔臺北〕正中書局，1981 年，第 106 頁。

書一、書記三、錄事一，分任部內工作。」其後因「黨務之日見繁劇，故組織比前較大，內部分爲文書、編輯、組織、僑務、交際、收發、會計、庶務八科，各科由秘書、幹事、助理、錄事各職員分任之，對外工作則設海外黨務專員及組織員、宣傳員、調查員等。」〔註8〕不過很快，1928年2月第二屆中國國民黨中執委第四次全體會議上產生了一個改組海外部的提案：「本黨同志滿布全球各地，故本黨黨部之組織有省市黨部及海外總支各部之別稱，然名稱之有異，全係空間上之劃分與區別，駐法總支部與廣東省黨部之別，猶之廣東省黨部與山東省黨部之別，縱使國內外之情形微有不同，按之黨的系統均應歸中央組織部之直轄指揮，則絕無疑義，乃過去之中央黨部於中央組織部外復設立海外部，以總轄各總支部，是劃分海內外之界線猶小，妨礙黨的集中組織其害爲大，此過去之錯誤，亟宜糾正者也，此裁撤海外部之理由也」〔註9〕。會議通過了「改組中央黨部案」的決議，將海外部原有工作大部分納入組織部之海外科。此舉當時即受到國民黨內部分人的質疑，認爲不利於「海外黨義之宣傳，海外黨員之訓練，海外華僑之運動」等〔註10〕，但決議仍然執行，海外部被撤銷。1932年，爲了加強海外工作的運作，國民黨中執委常務委員會決定在其下設立海外黨務委員會，主任委員周啓剛，副主任委員陳耀垣，委員則有蕭吉珊、詹菊似、謝作民、關素人、鄭占南、黃慕松、戴愧生、李綺庵、曾仲鳴、李次溫、黃復生、曾養甫、崔廣秀、丁超五、黃吉宸。〔註11〕這些委員大部分具有海外工作的經驗。但該機構性質爲「咨詢機關，工作集中於海外黨務之調查與設計」〔註12〕，對海外事務只有建議權，與原海外部性質有所不同，並沒有什麼實權的存在，顯示國民黨核心高層對擁有龐大海外黨員的海外黨務工作仍不夠重視。其後雖然有諸多海外黨員抱怨及提案，如1935年李顯庭提案：「一、中央對海外黨務之指

〔註8〕陳鵬仁主編，劉維開編輯：《中國國民黨黨務發展史料：海外黨務工作》，〔臺北〕近代中國發行，1998年，第12、20頁。

〔註9〕陳鵬仁主編，劉維開編輯：《中國國民黨黨務發展史料：海外黨務工作》，第30頁。

〔註10〕可亟：《海外部存廢問題》，載莫子材編：《華僑問題彙刊》（第一集），第43頁。

〔註11〕李雲漢主編，林養志編輯：《中國國民黨黨務發展史料：中央常務委員會黨務報告》，〔臺北〕近代中國發行，1995年，第290頁。

〔註12〕陳鵬仁主編，劉維開編輯：《中國國民黨黨務發展史料：海外黨務工作》，第91頁。

導監督，應設立一專會或專部，以免紛歧。……」但國民黨中央不僅仍然「決議：原案除（一）（二）兩點留待總章審議委員會合併討論，……」〔註13〕而且更是將海外黨務委員會改名海外黨務計劃委員會，不僅仍屬咨詢機構，而且工作「範圍比前較爲縮小」，組織機構也十分簡單。據其組織條例，該委員會設主任一人，副主任二人、委員十一人，秘書一人，總幹事及助理三人至五人，錄事二人。〔註14〕包括委員在內合共二十人至二十二人。從一定意義上說，國民黨海外勢力在國民黨權力內部中受到冷落，雖然「華僑仍中國革命之母」之口號仍時常獲得宣傳。一直到1937年，日本對中國的壓力越來越大，抗戰全面爆發，中國國民黨才於1938年3月在武漢召開臨時全國代表大會，策定抗戰建國方針，通過《抗戰建國綱領》等。是年4月，第五屆中執委第四次全體會議決議調整中央組織，恢復設立海外部，「掌理海外各級黨部之組織與黨員之訓練及海外宣傳事宜。」〔註15〕部設部長一人，副部長二人。從某種意義上說明海外華僑華人的力量重新獲得國民黨政府高層的認識。在1939年11月第五屆中央執行委員會第六次全體會議通過的「調整黨政軍行政機構案」中，擬將「海外部改爲海外黨務委員會，爲設計推進之機關，其織織（組織）宣傳工作，應分別劃歸組織部宣傳部主管以主劃一。」〔註16〕但不知何故，該項決議並沒有得到實施，海外部作爲中央執行委員會的一部，仍然活躍在抗戰時的政治舞臺上。但該項決議案的另一項決議，即將中執會的社會部改隸行政院，卻得到實施。其後海外部作爲中執會的一個部屬機構一直延續，顯示了海外勢力在國民黨內部獲得了重視，也爲以後國民黨海外勢力在國民黨政府中具有舉足輕重的力量奠定了基礎。自1938年，先後擔任過海外部部長的有：陳樹人（1938年4月任）、吳鐵城（1939年11月任）、劉維熾（1941年4月任）、張道藩（1943年10月任）、梁寒操（1944年11月任）、陳慶雲（1945年1月任）；副部長有：周啓剛（1938年4月）、蕭吉珊（1938年4月）、陳慶雲（1941年4月）、戴愧

〔註13〕中國第二歷史檔案館編：《中華民國史檔案資料彙編》第五輯第一編政治（二），第511頁。

〔註14〕陳鵬仁主編，劉維開編輯：《中國國民黨黨務發展史料：海外黨務工作》，第98、99頁。時任主任委員爲周啓剛，副主任委員爲蕭吉珊與陳耀垣。

〔註15〕「修正中央執行委員會組織大綱」，中國第二歷史檔案館編：《中華民國史檔案資料彙編》第五輯第二編政治（一），第428頁。

〔註16〕中國第二歷史檔案館編：《中華民國史檔案資料彙編》第五輯第二編政治（一），第477頁。

生（1941 年 4 月）、賴璉（1945 年 1 月）。〔註 17〕

二、中央海外部之人事組織

　　我們先來看看剛剛成立時國民黨海外部的人事組織情況。在 1924 年國民黨一大時響應海外代表的要求而成立的海外部，其組織是比較簡單的。「海外部裏頭的組織，有部長一人，秘書一人，和書記三人，書記分任工作，一個是關於美洲方面的，一個是關於南洋方面的；還有一個是關於其他各地的。」而工作內容並不是簡單的。「在本部所辦的事情是怎麼呢？分開起來，就是下面的幾項：1、登記海外黨部的地點，2、登記黨員的人數，……總支部有十三個，支部有七十五個，分部四百三十個，區分部就許多了，已經登記的黨員是很多很多，大概有 87065──這個報告不過由黨務報告得來的，……3、指導黨務的進行，4、指導學校和宣傳機關，5、發給黨證印花，6、彙集議案交中央黨部，7、捐款。」〔註 18〕而到 1926 年，由於國內環境的影響，國民黨海外黨務的作用仍在國民黨黨內佔據相當重要的位置，海外黨務工作仍是比較繁多的。「惟自第二次全國代表大會閉會後，海外黨務日形發展，且工作計劃力求改善。故最近工作除照前時辦理外，其要點如次：（甲）允答覆海外各級黨部，二個人函件必求詳細，並注意發煌主義、政策，力闢謠言，關於時局情形尤為詳述。（乙）出版海外週刊以通真正消息。（丙）領導海外黨部駐粵各機關分任革命工作以活潑其進行。（丁）華僑同志返埠為之證明，俾便到罷工會領取通過證，以示本黨愛護華僑之美意。以上工作現經次第實行，餘如華僑運動亦極力指導。」由於機構主持工作的增多，海外部也要求其人事組織擴大。「因黨務之日見繁劇，故組織比前較大，內部分為文書、編輯、組織、僑務、交際、收發、會計、庶務八科，各科由秘書、幹事、助理、錄事各職員分任之，對外工作則設海外黨務專員及組織員、宣傳員、調查員等。」〔註 19〕但工作人員面對黨務與僑務雙重的工作內容，有種人手不夠的感覺。他們的具體分工是如此：「故本部原有職員不敷分配，現自部長秘書而外，設

〔註 17〕中國第二歷史檔案館編：《中華民國史檔案資料彙編》第五輯第二編政治（一），第 693～694 頁。
〔註 18〕陳鵬仁主編，劉維開編輯：《中國國民黨黨務發展史料：海外黨務工作》，第 1～2 頁。
〔註 19〕陳鵬仁主編，劉維開編輯：《中國國民黨黨務發展史料：海外黨務工作》，第 20 頁。

幹事（即前時書記）四人（一任交際兼理英文、一掌理南洋方面黨務、一掌理美洲方面黨務、一掌理其他黨務）助理二人（一掌理收發郵件書籍等事宜、一助理編輯、海外周刊及檢閱海外報紙）書記（即前時錄事）二人（一職掌抄寫、一審查華僑同志返埠證）此本部組織之情形也。」這時的部長是具有左傾傾向的彭澤民。由於僑務機構並沒有建立起來，有關海外僑務的內容也是海外部主管的主要內容。「本部管理以上各黨部數月來大概具體工作如左：（1）收入函件共八百二十六件。（2）發出函件共 1083 件。（3）介紹華僑訟事與政府辦理共十五宗。（4）介紹華僑同志入黨校共 44 件。（5）發出華僑返埠通過證共 952 件。（6）組織華僑會參加各界群眾運動。（7）編輯每星期海外周刊。（8）召集回國華僑各團體及代表開十餘次會議，其要旨多為反帝國運動。（9）提出中央常務會議議案共 25 件。（10）招待海外各處回國同志及組織華僑參觀團，介紹回國華僑往黃埔及石井兵工廠等處參觀。（11）搜集本會各部宣傳品寄住海外各黨部約數十種統計數萬冊。」這也為以後國民黨在僑務與黨務之間難以清晰劃分埋下伏筆。而繁瑣的僑務工作似乎讓組織部門有限、並非是行政機構的海外部有些忙不過來。「本部特提出以下數點認為今後應注意者：（甲）應設僑務局：海外黨務之發展與僑務有極密切之關係，如國民政府能於短時間規復僑務局更佳，否則海外部不能不設法擴大範圍，注重僑務各事……」〔註 20〕其後海外部以統一地域被撤銷，雖說有關海外黨部的內容分別由組織部、訓練部來接管，但面對對民國具有重大意義的海外黨部，以及強大政治資源及影響力的海外黨員，國民黨中央似乎是不敢掉以輕心。在《中國國民黨中央執行委員會為改組中央黨部案告海外同志書》中國民黨向海外詳細解釋了海外部被撤銷的原因：「查本黨在十三年（1924 年）改組之際始定議設立組織宣傳農人工人商人青年婦女軍人海外九部。其時容共方始，黨內一切政策規劃多於有形無形中受鮑羅庭之操縱，關於本黨利害得失之點，在本黨忠實同志亦復未遑深察。故其結果既使整個的民眾離析為種種階級自成個體，不相聯合。又復疏忽黨與民眾相互卷第之原理，以致民眾運動在在有自樹一幟，離黨獨立。……本屆中央全體會議鑒於已往之組織易為陰謀破壞者所操縱利用，因有改善中央黨部組織之決議。除組織宣傳兩部均仍舊制外，將海外部歸併組織部，而訓練事宜獨設一部……並因應事實上

〔註20〕陳鵬仁主編，劉維開編輯：《中國國民黨黨務發展史料：海外黨務工作》，第 11～17 頁。

的需要設各項特種委員會，如經濟設計委員會、政治設計委員會及黨史編纂委員會等。此項改組辦法含有兩個重大意義，其一在使黨的本身有集中的組織統一的宣傳與切實的訓練，俾成為有主義有紀律有實力的黨，以科學的方法與整齊的步驟表現偉大的革命力量完成以黨治國的重任。其二在使全體被壓迫的民眾歸在黨的領導之下，為整個的，與有計劃的，以求發揮革命的精神在實行全民互助而非有利害的衝動存乎其間。……近自海外部併入組織部後亦有誤認中央對於海外黨務與僑民利益不復注意者，不知海外總支各部與省市黨部同一性質，其名稱異致只是地域上的劃分，國內外之情形間有未同……本黨對於海外黨務僑胞利益不獨未嘗稍有軒輊意存忽視，抑且擴大計劃積極進行。除由組織部特設海外組織科指導海外黨務組織事項外，復於宣傳部特種宣傳科設海外股指導海外宣傳工作；於民眾訓練委員會設海外科規劃增進僑胞政治上的地位；於經濟設計委員會設商業經濟組及社會經濟組規劃增進僑胞經濟上的地位。」〔註21〕當然國民黨這份解釋與蔣介石等人在整理黨務的提案中理由給人感覺輕重點稍有不同。「本黨黨部之組織有省市黨部及海外總支各部之別稱，然名稱之有異，全係空間上之劃分與區別，駐法總支部與廣東省黨部之別，猶之廣東省黨部與山東省黨部之別，縱使國內外之情形微有不同，按之黨的系統均應歸中央組織部之直轄指揮，則絕無疑義，乃過去之中央黨部於中央組織部外復設立海外部，以總轄各總支部，是劃分海內外之界線猶小，妨礙黨的集中組織其害為大，此過去之錯誤，亟宜糾正者也，此裁撤海外部之理由也」不管如何，國民黨在海外黨員代表的提案下，（《提議另設海外黨務委員會案》（提案人：王志遠。）復在組織部及宣傳部外，再設立一海外黨務委員會，屬咨詢機關，「組織原分設計、調查、總務三科，設計科下分設計、審理股，調查科下分調查、編造兩股，總務科下分文書、事務兩股。嗣經本會委員會議決定：「暫不設科長」，故全會工作分由各股主管。」〔註22〕經費也是由中央財務委員會最初預算每月定額的五千元，經再造預算，被核准為每月經費預算六千五百元。〔註23〕其後雖有名稱上變

〔註21〕中央組織部印行：《中國國民黨整理黨務法令彙刊》，1928年7月，第343～346頁。
〔註22〕陳鵬仁主編，劉維開編輯：《中國國民黨黨務發展史料：海外黨務工作》，第30、81頁。
〔註23〕中國第二歷史檔案館編：《中國國民黨中央執行委員會常務委員會會議錄》（十七），第15、115、129、191頁。

化——「中央海外黨務計劃委員會」——但其性質、及組織結構的變化卻是不大。

　　1938 年，因戰事的需要，國民黨中央執行委員會第四次全體會議決議決定恢復成立中央海外部。設部長一人綜理該部事宜，副部長二人襄理部務。該部於 1938 年 5 月 7 日起首先在漢口江漢路正式開始辦公。按 1938 年 4 月 20 日第五屆中央常務委員會第 75 次會議通過的《中央執行委員會海外部組織條例》，中央海外部「設主任秘書一人，秘書二人，承部長副部長之命處理本部事宜」；「第一處設文書事務兩科」，「文書科一、撰擬並繕校各項文電；二、保管本部印信檔案及收發文件；三、辦理本部會議記錄編纂工作報告；四、編印有關海外黨務之各種法令規章；五、辦理海外黨員人事之統計及一般調查。」而事務科則職掌「一、辦理本部職員人事事宜；二、辦理本部庶務及交際事宜。」第二處則設指導科、訓練科及登記科，其職務情況大概如此：「指導科　一、指導海外黨部之組織及活動並考覈其成績；二、辦理關於推進海外黨務各項方案之設計事宜；三、審核海外黨部之工作計劃及工作報告；四、征集及整理海外黨務僑務情報並指示海外黨部必要之措置；五、答覆關於海外黨務組織方面之詢問。」訓練科職掌「一、指導海外黨部關於黨員之訓練事宜並考覈其成績；二、編審海外黨部關於黨員訓練之各項方案並督促其實現。」登記科職責範圍為：「一、審查海外黨員入黨志願書及入黨表；二、編造及保管海外黨員證書及黨員名冊卡片；三、統計海外黨員數量質量並繪製圖表；四、分配黨費印花；五、審查登記海外黨員之移轉及變動。」第三處設宣傳、編纂與社會三科，其職務如此：「甲、宣傳科　一、規劃海外各級黨部之宣傳方案並督促其實施；二、指導海外黨部宣傳工作之進行並考覈其成績；三、審核海外黨部宣傳工作報告及宣傳品；四、指導本黨海外各地報社通訊社與其他刊物之言論及其業務之進行；五、接洽並介紹有利宣傳之電影片分赴海外各地放映；六、答覆關於海外宣傳方面之詢問。乙、編纂科　一、編發發行關於海外宣傳之書籍雜誌及一切刊物；二、調查登記海外一般報社及通訊社之情形並供給宣傳材料及新聞；三、征集審查各種宣傳圖書照片及其他宣傳品；四、征集國內政情及生產事業之進行狀況。丙、社會科　一、辦理僑民團體之組織指導事項；二、指導聯絡海外各地救國團體並協助其進行；三、聯絡海外一般文化團體並協助其事業之發展；四、征集僑

民團體之各種材料。」〔註24〕在這次常務會議上，中央海外部部長陳樹人提請任用郭威白為主任秘書（1939 年吳鐵城任部長時，郭氏辭職，童行白被派為主任秘書），李樸生、駱介子為處長，黃天爵、陳重堪、胡仲維三人為科長。而到了 5、6 月則繼續調整相關的人事：任用覃煥徵、吳士超為秘書，羅浮仙為指導科科長、汪仲讓為訓練科科長、余超英為登記科科長、陳曙風為編纂科科長、潘炳融為社會科科長，劉翼凌為事務科科長。而原來提任為科長的黃天爵則改任為第一處處長。〔註 25〕但是否這些人都到任沒有不得而知，因在 1938 年 9 月，中央海外部又向中執會呈文，以覃煥徵任海外《覺民日報》職務，不能分身回國，改任沈靈修為秘書。且對於國民政府時期的海外工作，國民政府相關官員往往由於身處海外，並非都是到任的，如諸多的僑務委員等。隨著環境的變化，及海外工作的變動，部分到任的海外官員也隨之發生變化的。如 1941 年第三處處長駱介子被派往澳洲處理黨務工作，其職由薛農山接任；陳曙風辭去編纂科科長之職，由徐銓接任。其後隨著海外工作的繁多，先後增設人事室（由李繼淵任主任）、電務室，統計科，及在第三處增設廣播科。而統計科原為統計股，隸屬第二處，擁有統計員一人，助理幹事二人，負責事項包括：海外黨員總報到統計、徵求海外新黨員統計、海外僑民救國運動統計、訓練海外幹部統計、訓練海外黨員人數統計、海外黨務概況統計、海外黨務視導統計、海外宣傳統計、海外華僑團體及其組織統計、海外華僑救國捐輸統計、海外華僑文化活動統計。〔註26〕據 1939 年的中央秘書處人事處的統計，當時海外部的工作人員為 57 名。〔註27〕一般而言，海外部的主要任職官員與海外華僑社會都有密切的關係，甚至在海外擔任職務。1940年海外部以「工作增多，原有機構及人員均不足以適應事實之必要，擬援照組織部成例，增設專門委員七人及編審九人，以充實人才增進工作效率。計

〔註24〕中國第二歷史檔案館編：《中國國民黨中央執行委員會常務委員會會議錄》（二十二冊），第 380～385 頁。

〔註25〕中國第二歷史檔案館編：《中國國民黨中央執行委員會常務委員會會議錄》（二十二冊），第 264、345、491 頁。

〔註26〕中國第二歷史檔案館編：《中國國民黨中央執行委員會常務委員會會議錄》（三十三冊），第 141、153～154 頁。

〔註27〕中國第二歷史檔案館編：《中國國民黨中央執行委員會常務委員會會議錄》（二十五冊），第 402 頁。另國民黨中央其他三部的人員情況如此：組織部的人員為 100 名、宣傳部為 99 名，社會部為 100 名。

月須增經費四千七百六十元。」〔註28〕後來包括王星舟、孫甄陶、繆培基、陳恩成、梁大鵬、陳宗周、龍大鈞、黃菩生等九人被任命為專門委員。〔註29〕按相關規定，這些專門委員之名額似是固定的，如孫甄陶專門辭職，其「遺缺派黃鐵錚補充」〔註30〕；「專門委員覃煥徵久未到職，改派黃志大充任」。〔註31〕但情況似乎又並非如此，如在 1941 年 6 月派趙鼇為專門委員；1942 年 2 月派趙里鵬兼任海外部專門委員；1942 年 12 月繼續「派鄭兆辰、陳柏青、趙班斧、金祖懋為中央海外部專門委員。」〔註32〕1942 年在「修正中央海外部組織條例案」中也提出「專門委員繫於二十九年設置，其名額及職掌應予規定。」〔註33〕除上述專門委員、處、科、室外，中央海外部還設有黨務計劃委員會及部分駐外機構（包括駐海外的）。駐南洋辦事處是於 1941 年初在新加坡成立，代表海外部「就近監督並指導下列各區域之黨務：1、馬來亞；2、婆羅洲；3、荷屬東印度。」（見「駐南洋辦事處組織條例」〔註34〕）戴愧生為主任，童行白為副主任，設有總幹事、幹事、助理幹事若干人。〔註35〕

〔註28〕 中國第二歷史檔案館編：《中國國民黨中央執行委員會常務委員會會議錄》（三十冊），第 244 頁。
〔註29〕 中國第二歷史檔案館編：《中國國民黨中央執行委員會常務委員會會議錄》（三十一冊），第 11 頁。中央組織部擴充機構增加經費案是在第 144 次常會提出並獲得通過的。見中國第二歷史檔案館編：《中國國民黨中央執行委員會常務委員會會議錄》（二十九冊），第 275 頁。
〔註30〕 中國第二歷史檔案館編：《中國國民黨中央執行委員會常務委員會會議錄》（三十四冊），第 43 頁。
〔註31〕 中國第二歷史檔案館編：《中國國民黨中央執行委員會常務委員會會議錄》（三十五冊），第 9 頁。
〔註32〕 《中國國民黨中央執行委員會常務委員會會議錄》（三十六冊），第 49 頁。另有資料載「1940 年 9 月設專門委員室，置專門委員 11 人」。《中央海外部之沿革及歷年來工作概況》，（臺北，中國國民黨黨史館藏，檔號：495/59。）轉李盈慧：《抗日與附日 —— 華僑‧國民政府‧汪政權》，第 76 頁。
〔註33〕 《中國國民黨中央執行委員會常務委員會會議錄》（三十五冊），第 5 頁。
〔註34〕 中國第二歷史檔案館編：《中國國民黨中央執行委員會常務委員會會議錄》（三十三冊），第 302～303 頁。吳鐵城任海外部部長時，即擬「應付南洋局勢發展海外黨務辦法綱要」，其中提出「設置海外部南洋辦事處（駐新加坡）就地指導一切黨務僑務之進行」，辦事處「設正副主任各一人，指導員三人至五人，承海外部之命，直接處理南洋各屬黨務僑務之進行，以資迅速。」見陳鵬仁主編，劉維開編輯：《中國國民黨黨務發展史料：海外黨務工作》，第 254 頁。
〔註35〕 中國第二歷史檔案館編：《中國國民黨中央執行委員會常務委員會會議錄》（三十四冊），第 23 頁。

但據經費支出情況來看，該辦事處至少在 1942 年 11 月停止業務。1941 年 3 月國民黨中執會通過了《中國國民黨駐馬來亞黨務評議會組織簡則》，要求設立駐馬來亞黨務評議會，作為馬來亞黨務最高設計及咨詢機關，以之發展國民黨在馬來亞的黨務工作。〔註36〕1940 年 10 月，考慮「南洋戰事發動，我旅泰緬越馬各地僑民勢必遭受影響」，海外部要求設立西南邊境特派員辦事處獲得批准〔註37〕，但筆者沒有得到相關史料證實該辦事處得到實際運作。而早於 1940 年 8 月海外部已在越南設置越南辦事處，該辦事處是「藉營業為掩護」，營業內容包括「收買糧食藥品燃料等貨品」等，以之作為掩護從事工作的〔註38〕。越南辦事處後改組為越南泰國黨務特派員辦事處，主任為邢森洲。1942 年 2 月 10 日，海外部駐緬臨時辦事處在臘戍成立，主要任務包括協助入緬軍隊策動戰時工作。〔註39〕1940 年 1 月中執會第 139 次會議通過海外部擬設置黨務計劃委員會的規程。規程規定設「委員十五人至二十一人」，由海外部「聘請國內外負有資望兼熟悉海外黨務情形的人員充任之」。〔註40〕1942 年 10 月設立的海外黨務計劃委員會主要是「負責計劃各種推進海外黨務之法規方案建議」。1942 年 11 月為了「安置海外歸國對黨有歷史」的海外黨員起見，增設員額，「所需經費，即在停發之南洋辦事處經費內撥充之。」〔註41〕在 1943 年第 220 次中執會常務會議中，李竹瞻、酈金保、王吉士、胡少炎、黃

〔註36〕中國第二歷史檔案館編：《中國國民黨中央執行委員會常務委員會會議錄》（三十三冊），第 207 頁。

〔註37〕中國第二歷史檔案館編：《中國國民黨中央執行委員會常務委員會會議錄》（三十一冊），第 282～283 頁。

〔註38〕中國第二歷史檔案館編：《中國國民黨中央執行委員會常務委員會會議錄》（三十四冊），第 441 頁。

〔註39〕王如鸞編著：《胞波情》（回顧篇）（內部資料），《胞波情》編委會出版，2004 年 8 月，第 51 頁。

〔註40〕中國第二歷史檔案館編：《中國國民黨中央執行委員會常務委員會會議錄》（二十八冊），第 225 頁。

〔註41〕中國第二歷史檔案館編：《中國國民黨中央執行委員會常務委員會會議錄》（三十五冊），第 209 頁。另李盈慧女士據另一份史料認為 1942 年「10 月海外黨務計劃委員會成立，編制名額 68 人」。《中央海外部之沿革及歷年來工作概況》，（民國三十三年十月，臺北，中國國民黨黨史館藏，檔號：495/59。）李盈慧：《抗日與附日——華僑‧國民政府‧汪政權》，第 76 頁。另王如鸞編著《胞波情》記：（1942 年 10 月 1 日）「中央黨部令海外部設立海外黨務計劃委員會，及海外黨務研究會，安置留渝失業之海外黨務工作人員，其中緬甸黨員占多數。」（第 51 頁。）

素雲、崔傑南、趙昱（1943年12月15日辭職）、駱介子、陳立人、朱瑞石、鄭善政、譚貞林、張絢、黃炳庚、陳雁聲（1944年11月15日因病出缺）、李恩轅（1943年11月15日辭職）、林福元〔註42〕等人任命爲海外部黨務計劃委員會委員。〔註43〕其後，還有溫劍南、鄭滿霖、吳碧巖、陳宗珍、馬元放、羅浮仙、葉挺生、陳景唐、葉崇濂被任命爲委員。〔註44〕在1942年5月25日獲得通過的修正中央海外部組織條例案中，海外部要求在職掌上擴大內容，海外部要求增加指導僑民運動事項〔註45〕。其後王振相，黃樹芬、陳宏典、劉伯群、張子田、邱新樣、洪天慶、劉兗光、李瑞門、李道轅〔註46〕、梁衛蒼（1943年9月20日辭職）、陳肇基、陳孝奇、王之五、譚永生、余愷湛、劉子清、周日東、香玉堂、何國材、吳碧巖、許人堉、蔡咸快、陳榮芳、藍東海、韓家、陳恩成（1943年10月4日辭職）、甄友廉、梁偉成、何尚平、陳其仁、張珠、許秉武、陶笏廷、劉翼淩、翟有佛、梅伯強等被推爲僑民運動指導委員。〔註47〕僑民運動指導委員具有無定額、不支薪的特點。此外，海外部還與相關機構在海外共同設立其他機構。如與振濟委員會等在緬甸臘戍設立南洋華僑疏散協助委員會〔註48〕；與中央調查統計局（軍統）設置南洋戰時通訊網等。

三、戰時海外黨部之情況

眾所周知，國民黨是海外發家的，故國民黨與海外華僑的關係是比較密切的。在海外僑社裏面，國民黨都普遍設立海外黨部。對於海外黨部的情況，國民黨中央執委會秘書長吳鐵城在中國國民黨第六次全國代表大會上做的《黨務檢討報告》裏提到「計有總支部十個，直屬支部九十個，支部四十七

〔註42〕劉維開編輯：《中國國民黨職名錄》，〔臺北〕中國國民黨中央委員會黨史委員會，1994年，沒有此人。
〔註43〕《中國國民黨中央執行委員會常務委員會會議錄》（三十六冊），第313頁。
〔註44〕劉維開編輯：《中國國民黨職名錄》，第150～151頁。
〔註45〕《中國國民黨中央執行委員會常務委員會會議錄》（三十五冊），第5頁。
〔註46〕中國第二歷史檔案館編：《中國國民黨中央執行委員會常務委員會會議錄》（三十四冊）記爲「李道軫」，第313頁。
〔註47〕劉維開編輯：《中國國民黨職名錄》，第152～153頁。
〔註48〕曾養甫任主任委員，下設福利、招待、宣傳和輔導四組，分別由謝仁剴、汪竹一、蔣建白和李樸生擔任組主任。見李樸生：《在緬工作三月記》，李樸生：《華僑問題導論》，第182～183頁。

個，分部九百九十個，並有歸國僑胞區黨部十八個。」〔註49〕這十個總支部是：駐美國總支部、駐加拿大總支部、駐古巴總支部、駐檀香山總支部、駐澳洲總支部、駐印度總支部、駐菲律賓總支部、駐港澳總支部、駐緬甸總支部與駐法國總支部。早在 1923 年孫中山已讚賞其海外黨部組織之完備：「今日吾黨革命之成功，實以外洋支部為原動力；總理撐揭於內，外洋援助於外。彼外洋支部所以得而援助者，以有較完備之組織耳。」〔註50〕國民黨海外黨部最小的組織是海外通訊處，凡海外僑社國民黨黨員滿三人以上十五人以下的，即可以設立通訊處，由上級黨部指定一人為主任，辦理一切黨務事宜。通訊處之上的組織是海外分部，分部設有執行委員三人至五人，由黨員代表大會或開會，或通過通訊投票的方式產生；執行委員中互選一人為常務委員，負責日常事務。分部還設置有僑運委員、組織委員、宣傳委員、總務委員各一人，由執行委員分別擔任。其後為海外支部，同選舉出執行委員五人至七人，同互選常務委員一人。分部設置秘書一人，由中央指派擔任。「秘書之下分科辦事」〔註51〕，設有僑民科、宣傳科、組織科、總務科及會計科，科內設有若干幹事。而直屬支部是直屬於中央的，在這個海外黨務組織裏，是以僑民指導委員會來代替僑民科，財務委員會代替會計科。在海外相當於國內省黨部的是海外總支部，也是海外最高級的黨務機構，設有執行委員七人至十一人，由這些委員中互推三人為常務委員；且由中央直接委派一人為書記長，書記長之下也是實行分科辦事的原則，組織結構與海外支部的情形相同。

自近代以來，我國中央政府在財政方面實行預算制度，預算制度成為管理國家行政事務的一項工具。1938 年 7 月 21 日國民黨第五屆中執會第 86 次常務委員會會議通過 1938 年度國民黨中央經常費每月支出預算，海外部每月經常費為 16000 元（含生活費、事業費、事務費及特別費），占中央本部總預算的 9.16%（總預算為 174748 元）。而同期的中央經常費為 374871.90 元，若包括經領專任經費在內則總數達 529604.40 元。〔註52〕在這裡，相對而言，多

〔註49〕中國第二歷史檔案館編：《中華民國史檔案資料彙編》第五輯第二編政治（一），
　　　　第 786 頁。
〔註50〕廣東省社會科學歷史研究室等：《孫中山全集》第八卷，第 390 頁。
〔註51〕陳之邁：《中國政府》（第一冊），上海商務印書館，1946 年，第 68 頁。
〔註52〕中國第二歷史檔案館編：《中國國民黨中央執行委員會常務委員會會議錄》
　　　　（二十三冊），第 271、268 頁。

少有些難以明瞭海外部經費在當時國民黨黨務經費中所佔的比例。但 1940
年 10 月 23 日召開的中央財務委員會記錄，情況相對清楚許多。據這次會
議，1941 年中央黨務經常費每月支出概算爲 968283.66 元，比 1940 年度每
月概算的 871703.99 元多 96579.67 元。而在這個總數中，海外部的概算爲
30230 元（1940 年爲 21000 元），占其 3.12%（1940 年度的爲 2.41%）。〔註
53〕八千元的每月經費面對抗戰時期的巨大業務，無疑是不夠的。故在 1939
年 8 月 10 日中常會第一二七次裏，在中央各部會追加六個月中心工作經費
預算案裏，海外部要求增撥 42340 元，約占中央增撥的 17.13%（要求增撥經
費總額爲 247192 元）。正是考慮抗戰時期的特殊情況，在 1940 年的中央部
會經費預算中，中央調整了原來的預算計劃，除了原來的生活費（即薪俸）
8000 元不變外，經常費在 1939 年 8000 元的基礎上增加 30%，總額達 10400
元（其他社會部、宣傳部、組織部及秘書處也是在原來的基礎上增加三成）。
〔註54〕其後海外部又以郵電費透支過大，要求增撥五千元郵電費，中執會最

〔註53〕見中國第二歷史檔案館編：《中國國民黨中央執行委員會常務委員會會議
　　　錄》（三十一冊），第 344〜347 頁各表。但臺灣學者陳存恭與香港學者鄧德
　　　濂同據國民黨第五屆中央執行委員會常務委員會會議記錄，表述情況是這
　　　樣：（一）1938 年 7 月 21 日「中常會第八十六次，報備中央黨部每月經常
　　　費爲 374871.9 元，海外部爲 3605.6 元，占 6.81%」（按兩數的百分比應爲
　　　0.96%，不知如何算？）（二）1939 年 8 月 10 日「中常會第一二七次，報備
　　　六個月中心工作增撥經費，計 247192 元，海外部爲 42340 元，占 17.73%。」
　　　（按應爲 17.13%）（三）1943 年 3 月 8 日「中常會第二二二次，報備三十
　　　二年度（即 1943 年度）工作計劃及經費簡表，合計 56763558，海外部爲
　　　1485682 元，占 2.62%。」（四）1943 年 12 月 13 日「中常會第二四四次，
　　　報備三十三年度（即 1944 年度）工作計劃及經費簡表。茲刪去地方部份，
　　　中央黨部總預算爲 46247355 元，海外部爲 2076755 元，占 4.49%。」（五）
　　　1944 年 11 月 13 日「中常會第二六九會，通過」三十四年度計劃及黨務費
　　　概算案「總計 829863921 元（比三十三年度多出 290881190 元），海外部計
　　　14304000 元，占 1.72%。」見中國國民黨中央委員會秘書處編：《中國國民
　　　黨第五屆中央執行委員會常務委員會議紀錄彙編》，黨史會藏（未刊行，
　　　但已公開），見陳存恭、鄧德濂：《抗戰時期中國國民黨的海外黨務》，胡春
　　　惠主編：《紀念抗日戰爭勝利五十週年學術討論會論文集》，（香港）珠海書
　　　院亞洲研究中心，1996 年 3 月，第 55〜56 頁。筆者認爲作者引用相關的數
　　　字作爲中央海外部經費有些表述，如（一）項值得商榷。此筆者在下文會
　　　涉及之。
〔註54〕中國第二歷史檔案館編：《中國國民黨中央執行委員會常務委員會會議錄》（二
　　　十八冊），第 162 頁。

後決議核發二千五百元。〔註55〕這就是我們在另一 1940 年預算表格中見到海外部的事務特別費等的金額 12900 元。〔註56〕故有學者認爲：「將黨務經費分散開支，是國民黨避免國內外輿論指責的辦法之一，也是這一問題極其複雜、難以理清的根源所在。」〔註57〕眞可謂是一針對血的！其實從某種意義上說，我們應從實際情況來看待這些數字，對待它的理解要放在整個社會環境之下。從現實情況來看，預算制度無疑是中央政府的行政計劃在財政資金上的具體化，是國家爲行使其職能而有計劃地集中和分配資金的一項手段；但是預算畢竟只是一種計劃，在特殊之時代，預算內的經費能否得到保障無疑是一個問題；同時，能否突破預算內之經費也是一個值得關注的一個問題。在當時戰爭年代，環境會不斷發生變化，相關費用也在產生相應的變化，從而促使國民黨中央通過追加費用的方式增加經費。而相關追加費用的項目卻是非常多，且金額並非是少數的。如考慮到要新設立海外部南洋辦事處，國民黨中央決定增加 86732 元的臨時開辦與經常費；〔註58〕爲了培訓海外黨務，國民黨中央決定追加三十萬元的馬來亞回國僑胞招待及訓練臨時費；〔註59〕1940 年海外黨務輔導員旅費及高級幹部人員選訓任用經費共 404549 元，也獲得決議通過。〔註60〕1942 年，「海外部函：據駐某地辦事處電稱，茲以環境惡劣，各單位工作之推進須藉營業爲掩護……請合撥營業資金拾伍萬捌千元（以當地幣別計）（即 158000 元）……經提海外黨務高級幹部會議討論，認屬必要」，其後中央決定撥越幣十五萬八千元。〔註61〕1943 年駐港澳總支部要求撥發開辦費 100000 元，雖相關專門委員會的審查意見認爲購置費及房屋

〔註55〕中國第二歷史檔案館編：《中國國民黨中央執行委員會常務委員會會議錄》（三十冊），第 244 頁。

〔註56〕中國第二歷史檔案館編：《中國國民黨中央執行委員會常務委員會會議錄》（三十一冊），第 347 頁表格。

〔註57〕崔之清主編：《國民黨政治與社會結構之演變（1905～1949）》（下編），社會科學文獻出版社，2007 年，第 1205 頁。

〔註58〕中國第二歷史檔案館編：《中國國民黨中央執行委員會常務委員會會議錄》（三十一冊），第 342 頁。

〔註59〕中國第二歷史檔案館編：《中國國民黨中央執行委員會常務委員會會議錄》（三十二冊），第 190 頁。

〔註60〕中國第二歷史檔案館編：《中國國民黨中央執行委員會常務委員會會議錄》（三十一冊），第 22 頁。

〔註61〕見 1942 年中央財務委員會第 15 次會議，中國第二歷史檔案館編：《中國國民黨中央執行委員會常務委員會會議錄》（三十四冊），第 441 頁。

修繕費可「酌列五萬元，令其就額統籌勻支，專案具報，其餘視察旅費籌款統應，由經常費內開支，擬悉予刪除」，但中央高層還是決議照發十萬元。〔註62〕而在一份請求案中，海外部以 1941 年度事務費預算「雖奉先後核准通案加成在案，但以戰局日漸開展，海外工作日趨繁重，各項額外開支、原有經費實屬不敷應付，其中如招待及救助歸國僑胞同志、駐港辦事處費用、海外各地通訊郵電、以及特約對外廣播人員等皆為必不可少之工作，凡此各款，近雖先後請准分列獨立預算，但三十年度（即 1941 年度）內□共透支」101927.17 元，要求如數補發。〔註63〕此外，還有海外新聞事業獎勵金從五千元，由於環境的變化，工作重點的改變，而上昇到二萬元等，理應都歸屬海外部海外工作的內容，其經費也都理應歸屬於海外部事務經費內，但在相關預算內都沒有體現。因而對相關資料中顯示的預算經費金額，我們應該謹慎看待。若認為「海外部經費占中央經費的比例不高，下降，而且大部份支出用於海外宣傳」，〔註64〕是值得商榷的，此是需要將所有為海外部實際用於海外工作使用的範圍的費用統計、相加，再進行比較，始能認定，否則就按相關預算表的內容來判斷，這種手法在戰爭年代是值得慎重的。而按之前那份中央各部會六個月中心工作經費預算報告，我們大概知道中央海外部經費的的主要去向：經常費包括支出函授學校經費、僑民夜校補助費、黨務通訊網經費；而臨時經費則包括宣傳書籍經費、紙版費、郵電費、印刷費。而海外部另一工作範圍 —— 招待海外黨部回國受訓人員 —— 的經費則由中央訓練團支持。〔註65〕

　　至於戰前黨部工作人員生活費，根據中央的規定，與日常國民政府的工作人員收入並沒有很大的區別。下表為 1931 年中央財務委員會規定的黨部人員的生活費情況：

〔註62〕中國第二歷史檔案館編：《中國國民黨中央執行委員會常務委員會會議錄》（三十六冊），第 219 頁。

〔註63〕中國第二歷史檔案館編：《中國國民黨中央執行委員會常務委員會會議錄》（三十四冊），第 224 頁。

〔註64〕陳存恭、鄧德濂：《抗戰時期中國國民黨的海外黨務》，胡春惠主編：《紀念抗日戰爭勝利五十週年學術討論會論文集》，〔香港〕珠海書院亞洲研究中心，1996 年 3 月，第 56 頁。

〔註65〕中國第二歷史檔案館編：《中國國民黨中央執行委員會常務委員會會議錄》（二十六冊），第 278、290 頁。

中央財務委員會第 63 次會議修正中央黨部職員生活費（單位：元）（1931 年）

職　別		秘書長	秘　書	主　任	幹　事	助　理	錄　事
生活費	一級	300	260	240	200	100	70
	二級			220	190	90	60
	三級			200	180	80	50
	四級				170	70	40
	五級				160	60	
	六級				150		
	七級				140		
	八級				130		
	九級				120		
	十級				110		

資料來源：中國第二歷史檔案館編：《中國國民黨中央執行委員會常務委員會會議錄》（十六），第 62 頁。另原表沒有單位及數字爲大寫。附注：（一）科主任生活費由部長或秘書長及秘書按各科事務之繁簡責任之輕重分別技術與事務以定支領等級。（二）幹事助理及錄事之生活費由各部長秘書長及秘書考察其工作能力以定支領等級。（三）凡各部處會工作人員如在中央或各行政機關兼任職務者，不得領取兼職之生活費及公費津貼車馬費。

其後由於物價的上漲，中央對於黨部工作人員薪俸也給予相對應的調整。下表爲戰後調整後黨部工作人員的俸薪情況。

黨部工作人員等級薪給表

職　務	薪　級		數額（元）
秘書長／部長／主任委員	特級		800
副秘書長／副部長／副主任委員	一等級		680
主任秘書	二等級		640
	三等級		600
秘書	四等級		560
	五等級	各部委員	520
處長	六等級		490
	七等級		460
	八等級		430

	一等級		400
科長	二等級		380
	三等級		360
	四等級	各部專員	340
室主任	五等級		320
	六等級		300
	七等級		280

資料來源：中央執行委員會黨史史料編纂委員會編：《中國國民黨現行黨務法規輯要》，中央執行委員會黨史史料編纂委員會，1943 年，第 118 頁。

四、外交機構的情況概述

綜觀各屆中國國民黨各次全體會議，對於外交部分的報告，一般都會提到有關僑務之情況，也就是說僑務與外交有著密切之聯繫，僑務是外交事務的一部分。其實外交與僑務之關係由來已久，中國駐外使領館之設立就是為了保護華僑、僑工而設立的。「領館最大的職責就是維護海外華僑利益。」「清朝領事制度的建立標誌著清政府對海外華人社會有了較正確的認識，是其護僑政策的集中體現，領事館對於培養海外華人的民族主義情緒有著不可低估的重要性。」〔註 66〕到了國民黨執政時期，國民黨同樣將駐外使領館作為其管理海外僑務的主要機構，「總領事、領事館領事、副領事館副領事承外交部之指揮，保護駐在地本國僑民及本國在外商業」。〔註 67〕在面對如何進行保僑工作時，國民黨中央的方法之一也是考慮多設立使領館：「保僑工作　1、由中央轉國府令飭外交部擬具中南美設領計劃，並限其於最短時間實現。……」〔註 68〕在整個民國時期，國民黨將海外黨務系統、僑務系統與外交中的駐外使領館系統三者緊緊地結合在一起，作為管理海外僑民事務的綜合系統。而海外華僑華人更是將中國駐外使領館當作任務行政組織來看待。〔註 69〕而在實際運作上，駐外使領館擁有雙重領導的框架。按西南聯大的行政制度研究

〔註 66〕 黃小用未刊博士論文《晚清華僑政策研究》，第 155、122 頁。
〔註 67〕 中國第二歷史檔案館編：《中華民國史檔案資料彙編》第五輯第一編外交（一），江蘇古籍出版社，1994 年，第 5 頁。
〔註 68〕 中國第二歷史檔案館編：《中國國民黨中央執行委員會常務委員會會議錄》（十六），第 15 頁。
〔註 69〕 見星洲日報社編：《星洲十年（政治·市政）》，第七章「我國駐馬來半島僑務行政組織」，第 180～198 頁。

者陳體強的說法，就是：「英國領事由外務部與貿易部共同指揮，我國可說是由外交部同僑務委員會共管。」〔註70〕同時，毫不諱言的是，在僑務權力運作層面看來，駐外使領館相對僑委會與海外部而言，作用性相對弱小些，因而在這裡我們只是概述性地瞭解下駐外使領館的情況。

民國的外交部是承清朝的外務部演變而來，機構組織及其職能曾有多次的變化〔註71〕。但作為中央政府「管理國際交涉及關於在外僑民居留外人中外商業之一切事務」〔註72〕行政機構在國民政府時期並無異議。據1928年12月頒佈的外交部組織法，外交部設有五司：總務司、國際司、亞洲司、歐美司及情報司；同時「於必要時得置各委員會，其組織另定之。」〔註73〕而據1934年的《中國外交年鑒》，當其時外交部組織結構的情況為：情報司下屬有四個科（第一科至第四科）；歐美司也為四個科（第一科至第四科）；亞洲司同有四個科（第一科至第四科）；國際司則設有六個科（第一科至第六科）；總務司則分為文書科、典職科、電報科、交際科、會計科、出納科、庶務科；一個委員會：條約委員會；以及駐外各總領事館、駐外各領事館、駐外副領事館、駐外各大使館、駐外各公使館、秘書處、參事廳、駐國聯代表辦事處、商務委員辦事處、各特派員辦事處、各視察員辦事處、北平檔案保管處、駐滬辦事處、各簽港貨單人員辦事處等。〔註74〕據1928年的組織法，在各司中只有國際司掌有僑民保護之事務，但也是「保護在外之本國僑民遊學事項。」〔註75〕而有關海外僑民的保護工作主要為駐外領事館履行。「總領事館（設）總領事一人，副領事一人或二人，承外交部的指揮，保護本國僑民及本國在外商務」。「領事館（設）領事一人，承外交部的指揮，保護駐在地本國僑民，及本國在外商業」。〔註76〕其後，外交部機構發生變動，改「置部長一人，綜理全部事務。政務次長常務次長各一人，輔助部長處理部務，其下有秘書六人至

〔註70〕陳體強：《中國外交行政》，第184頁。

〔註71〕相關的內容可參閱陳體強：《中國外交行政》，第51～56頁。

〔註72〕行政院編印：《國民政府年鑒》，1943年11月，第31頁。

〔註73〕中國第二歷史檔案館編：《中華民國史檔案資料彙編》第五輯第一編外交（一），第1頁。

〔註74〕章進主編：《中國外交年鑒（1934年1月～12月）》，上海世界書局，1935年，第9頁；另有關各司之各科及條約委員會的職責可參考該書的第16～22頁。

〔註75〕中國第二歷史檔案館編：《中華民國史檔案資料彙編》第五輯第一編外交（一），第2頁。

〔註76〕朱子爽：《中國國民黨外交政策》，國民圖書出版社，1942年，第92頁。

八人，參事二人至四人，設總務、亞東、亞西、歐洲、美洲、條約、情報七司，各置司長一人，司下分科，共有科長二十人至三十五人，科員一百人至一百六十人。並設會計主任統計主任各一人。因事務上之必要時，得聘用顧問及專門人員，並得置各委員會，其組織以法律定之。」〔註77〕1943 年 7 月 10 日，國民政府修正公佈外交部組織法，於原有 7 司之外，「增設禮賓司，掌理關於我國駐外及各國駐華使節之徵詢同意及遞交國書，各國駐華使領館之設置變更，使領人員到任離任，及其他關於國際禮節往來等等事項。並增設人事處，依人事管理條例之規定，管理外交部人事管理事務。」〔註78〕處長爲鄭震宇。而外交部所管轄之駐外使領館，使館分大使館，公使館、代辦使館三類，承外交部之指揮，辦理本國與所駐國之外交事務，監督所屬職員及領事。大使館設全權大使一人，參事一人，秘書二人至三人，隨員一人至二人，主事一人至三人；公使館設全權公使一人，秘書一人至三人，隨員一人或二人，主事一人至三人；代辦使館設代辦一人，秘書一人或二人。領事館分總領事館，領事館，副領事館三類，承外交部之指揮，保護駐在地本國僑民及本國在外商業，並監督所屬職員。總領事館設總領事一人，副領事一人或二人，隨習領事一人或二人，主事一人或二人；領事館設領事一人，隨習領事一人或二人，主事一人或二人；副領事館設副領事一人，隨習領事一人或二人。必要時總領事館得增設領事一人，領事館得增設副領事一人。未設領事館之地，得酌設通商事務員或酌派名譽領事或名譽副領事。〔註79〕除了上述總領事館，領事館，副領事館外，在處理海外僑務商務工作的還有領事館辦事處、簽證貨單辦事處及商務委員辦事處。1934 年，中國駐外領事館方面有：「駐海參崴總領事館、駐俄屬黑河總領事館、駐伯利總領事館、駐伊爾庫次克總領事館、駐塔什干總領事館、駐新西比利亞總領事館、駐赤塔領事館、駐雙城子領事館、駐特羅邑領事館、駐廟街領事館、駐阿拉木圖領事館、駐安集延領事館、駐宰桑領事館、駐斜米領事館、駐脫利斯脫領事館、駐倫敦總領事館、駐曼哲斯特副領事館、駐奧太瓦總領事館、駐新加坡總領事館、駐雪梨總領事館、駐約翰尼斯堡總領事館、駐加爾各答總領事館、駐山打根領事館、

〔註77〕行政院編印：《國民政府年鑒》，第 31 頁。
〔註78〕行政院編印：《國民政府年鑒（第二回）》，1944 年 10 月，第二章外交第 1 頁。
〔註79〕中國第二歷史檔案館編：《中華民國史檔案資料彙編》第五輯第一編外交（一），第 3～6 頁；行政院編印：《國民政府年鑒（第二回）》，第 31 頁。

駐仰光領事館、駐溫哥華領事館、駐惠靈頓領事館、駐檳榔嶼領事館、駐利物浦領事館、駐吉隆坡領事館、駐阿披亞副領事館、駐孟買副領事館、駐蘇瓦分館、駐巴黎總領事館、駐巴黎總領事館博都辦事處、駐巴黎總領事館里昂辦事處、駐馬賽領事館、駐金山總領事館、駐馬尼剌總領事館、駐紐約總領事館、駐芝加哥總領事館、駐火奴魯魯總領事館、駐西雅圖領事館、駐坡特崙領事館、駐紐阿連副領事館、駐羅安琪副領事館、駐靈斯敦副領事館、駐橫濱總領事館、駐橫濱總領事館函館辦事處、駐神戶總領事館、駐神戶總領事館大阪辦事處、駐神戶總領事館名古屋辦事處、駐京城總領事館、駐臺北總領事館、駐長崎領事館、駐長崎領事館門司辦事處、駐釜山領事館、駐新義州領事館、駐清津領事館、駐元山副領事館、駐巴達維亞總領事館、駐阿姆斯得達姆領事館、駐泗水領事館、駐巨港領事館、駐棉蘭領事館、駐望加錫領事館、駐漢堡領事館、駐昂維斯副領事館、駐順拏臘領事館、駐覃必古領事館、駐米市加利副領事館、駐馬沙打冷副領事館、駐夏灣拿總領事館、駐馬拿瓜總領事館、駐瓜地馬拉總領事館、駐香港簽證貨單辦事處、駐暹羅商務委員、駐南圻簽證貨單專員、駐北圻簽證貨單專員。」〔註80〕面對「凡有海水的地方都有華僑」「哪裏有煙與火，哪裏就有中國人」的情況，上述行使海外華僑華人職責的使領館是明顯不夠的。雖然早在 1929 年 7 月 11 日外交部就提議過通過增設駐外領館以便進行保護海外華僑及便利商務的建議，其提案文略謂：「東西各國，類於世界商業要區，遍設領館。若僑民較多之地，無論如何僻遠，亦必籌設領事，或請他國領事兼領，以資保護。夷考美國駐外領館共有四百餘所，而在亞洲者數居八十以上，宜其對於僑務商務維護周至也。我國海外華僑達九百萬，數倍美國，然現有領館，不過四十餘所，故僑民眾多之地而無領館者，比比皆是。以美國幅員之廣，旅美僑民之眾，只有紐約、金山二館，一處極東，一處極西，中隔幾及萬里，僑民遇事接洽，備極困難。英屬印度，尚未設館，僑民需一護照，須至數千里外之新加坡或仰光請領，勞費不資。至若遭土人之虐待，受官廳之歧視，幾無地無之，尤為僑民所痛心疾首而急求改善者也。……迭准僑務委員會函牘，及各地僑民代表請求，均以添設領館為當務之急。爰擬一初步整理計劃。計增設置總領館五，領館十三，副領館十。約需經常費每月六三、三六八元，臨時費每月一〇、二六六元，各館開辦費一一二、〇〇〇元，館員川資一一二、三一八元，

製裝費六一、六○○元。目下國庫支絀，擬定分期舉辦之法，先擇其最重要者七八館，於本年內設立。」〔註81〕但由於經費、政治環境等因素，一直到 1934 年，中國的駐外使領館還沒有達到一定的數量。

五、抗戰時期駐外使領館之變動

　　近代駐外使領館的設置是條約制度的產物，國與國之間若需要設立駐外使領館，必須兩國之間建立條約關係。「領事之設置，則必待於國際通商相當發達之後始成必要。」「遣使不當然是法律的權利，設領更非權利，所以一國欲在一國設置領事，必須以條約規定之。」〔註82〕1937 年抗戰爆發後，國際局勢發生急劇動盪，產生了極複雜的國際關係，從而促使我國駐外使領館的情形也發生了若干重要的變動。抗戰前，我國駐外大使館〔註83〕計有蘇聯、英國、美國、日本、法國、德國、意大利、比利時 8 處。抗戰爆發後，首先受影響的當然是駐日大使館。但由於當時中日兩國並未正式宣戰，兩國之間的邦交在國際法的意義並未正式斷絕，所以駐日大使許世英在七七事變後相當長一段時間仍繼續停留在日本執行職務。1938 年 1 月，許氏請假回國，日本外務省即單方面表示留駐使館之中國官員均將喪失外交官特權，僅能視作中國的僑民對待。南京國民政府以日方違反國際法，壓迫我使館人員為由，遂於 6 月間訓令駐日使館參事楊雲竹率同全部職員下旗回國，關閉使館。駐日本大使館遂暫時停閉。1941 年 7 月，由於德國與意大利政府相繼承認南京偽組織，中國外交部部長郭泰祺即於 7 月 1 日電令我駐德國大使陳介及駐意大利代辦（之前由意與日本的關係，駐意大使已被撤回）率領駐德駐意兩使館全體人員撤退回國。次日，中國政府發表宣言宣佈與德意兩國斷絕邦交，由此中國駐德、意兩國大使館遂告撤銷。

　　1940 年，德國侵犯比利時，軍事佔領比利時，比利時國王屈服，後成立

〔註81〕申報年鑑社編輯：《申報年鑑》，申報館，1933 年，第 G 三三頁。

〔註82〕陳體強：《中國外交行政》，第 150、151 頁。1941 年，顧維鈞也用事實證明之：「我正式調往倫敦一事，尚需等待英國人發出同意任命的覆信。」見中國社會科學院近代史研究所譯：《顧維鈞回憶錄》第四分冊，中華書局，1986 年，第 563 頁。

〔註83〕大使館作為負責「辦理本國與所在駐國的外交事務」的機構，也在處理日常的非外交事務中起重要作用。如 1939 年在美國發生一起「廣源輪」船舶買賣事件，但因船隻涉及載廢鐵赴日，故中國駐美大使積極干預，指揮中國駐舊金山總領事進行訴訟。見陳體強：《中國外交行政》，第 188 頁。

的傀儡政府實際上無法行使獨立的職權，中國使館自然不能行使正常的外交權，因而亦無繼續駐箚之必要。中國外交部乃於 7 月間訓令駐比大使館撤退。由於中比兩國並未正式絕交，此與中德中意絕交的性質相異，故撤館也只是歸屬暫時性質。1941 年 6 月，中國政府乃派金問泗出任為駐比大使館代辦使事，與流亡在倫敦的比政府辦理交涉事務。中國這樣的與流亡政府處理外交事務的情況隨著歐戰的變化而增多，但往往是採用一種謹慎態度處理之。「由於當時中國理所當然地要注意謹慎從事，所以中國政府並不急於承認在倫敦的各國流亡政府，更不急於把戰前派駐各個被佔領國的外交代表派到倫敦去。」〔註 84〕而中法之間的情況比較複雜些。1940 年，法國維琪政府成立，雖然法方於 9 月與日本簽訂條約，允許日軍在安南登陸，假道安南攻擊中國，但中國政府仍「對維琪政府一再忍讓，維琪政府駐華大使戈思默仍然留在重慶，重慶與維琪政府依舊保持外交關係。」〔註 85〕1942 年隨著維琪政府越來越破壞中法關係的行徑，1943 年國民政府宣佈於 8 月與法國維琪政府斷絕外交關係。同時於 8 月 27 日正式宣佈承認戴高樂領導的「法國解放委員會」。

在對駐大使館調整的同時，國民政府也對其他相關的駐外機構進行調整。1941 年的《國民政府年鑑》有載：「使館方面，對於中南美各國及中東方面有利我之國家，均已增設，加強聯絡，計增設者，有駐澳洲、加拿大、哥斯大（即達）黎加、伊朗及埃及等公使館。此外並設置駐印度專員公署，恢復駐捷克公使館，並將駐波蘭和蘭公使館升格為大使館。領館方面，已增設者計有駐溫哥華總領館、多朗多領館及雪黎總領館波史（即珀斯）辦事處等。」〔註 86〕1943 年的《國民政府年鑑》又有記：「1943 年內公使館之升格為大使館者，計有駐巴西公使館，駐墨西哥公使館及駐挪威公使館等三館。1943 年新設之領事館，計有駐英屬千里達領事館、駐和屬威廉斯坦領事館、駐英屬佐治城領事館、駐英屬京斯敦領事館、駐法屬阿耳及爾領事館、駐美屬波士頓副領事館，及駐大溪地領事館辦事處。」〔註 87〕除了機構外，也包括人事

〔註 84〕 中國社會科學院近代史研究所譯：《顧維鈞回憶錄》第四分冊，第 582 頁。

〔註 85〕 陳雁：《抗日戰爭時期中國外交制度研究》，復旦大學出版社，2002 年，第 155 頁。

〔註 86〕 行政院編印：《國民政府年鑑》，第 36 頁。

〔註 87〕 行政院編印：《國民政府年鑑（第二回）》，第二章第 4～5 頁。另：部分駐外大使、公使、領事名單可參考《國民政府年鑑》第 38 頁；《國民政府年鑑（第二回）》，第二章第 5～6 頁及陳雁：《抗日戰爭時期中國外交制度研究》第 191 ～206 頁的表十八、二十、二十一。

方面進行調整：「外交部對於駐外使領之調整，年來採行內外互調之辦法，務使部中人員，均能熟悉國內國外之情勢。」〔註88〕而具有領事館性質的四大駐外商務機構情況則是如此：「駐香港簽證貨單專員辦事處原設專員一人，直隸外交部，下設幫辦一人，科員三人，辦事員一人，並得酌用僱員二人。民國二十七年四月二十日外交部令修正駐香港簽證貨單專員辦事處經費表，所定組織計有專員一人，主任科員一人，科員三人，辦事員一人，僱員一人。駐南、北圻簽證貨單專員辦事處組織相同，各設專員一人，由外交部選派當地有聲望之華僑充任之。專員為名譽職，因繕寫文件及其他事務及酌用僱員二人至四人，由公費開支。駐暹羅商務委員辦事處之組織與此略同，但委員為有給職。」〔註89〕

在對戰時駐外機構組織人事調整的同時，國民政府也對駐外使領館的一些工作程序、內容進行調整。1938年10月26日，外交部下令廢止1934年9月公佈的《駐外使館主事經辦館務暫行規則》，代以《駐外使館會計人員辦理會計事務暫行規則》，規定新的館內會計工作流程。〔註90〕在相互聯繫方面加大聯繫力度，「幾乎每日有電報致各館，傳知國內消息，以供使館的參考。」同時也要求駐外使領館定期彙報工作：「報告的內容應關於下列各項：一、外交門：（一）駐在國與本國相關之事；（二）駐在國與他國相關之事；（三）駐在國議訂各種條約或協定情事。二、政治門：（一）駐在國政治方針及其進行狀況；（二）駐在國朝野各政黨策略及其勢力之消長；（三）駐在國議會之舉動及其論著；（四）駐在國要人略歷及其論著；（五）駐在國各機關用人行政大要。三、法律門：（一）駐在國憲綱憲法及現行法規；（二）駐在國新頒之法令或條例。四、條約門：（一）駐在國與他國所訂普通條約；（二）駐在國所訂密約；（三）駐在國特訂專約。五、軍事門：（一）駐在國陸海軍航空之組織及現狀；（二）駐在國軍事上之動作。六、財政門：（一）駐在國現在之財政情形；（二）駐在國未來之經濟策略；（三）駐在國殖民政策。七、商務門：（一）駐在國與本國之商務關係；（二）駐在國與本國之商務近況；（三）駐在國國內農工商業等各項現狀。八、僑務門：（一）駐在國華僑之黨務；（二）駐在國華僑工商事業及經濟之狀況人數之增減；（三）駐在國對於華僑之待

〔註88〕行政院編印：《國民政府年鑑》，第36頁。
〔註89〕陳體強：《中國外交行政》，第180頁。
〔註90〕陳體強：《中國外交行政》，第183頁。

遇；（四）駐在國之華僑派別爭潮；（五）駐在國之華僑教育。各館上項報告關於外交門、政治門、軍事門、商務門、僑務門者定爲十日一次，其他門類定爲一月一次，但必要時自得隨時報告。」而對於僑務工作更是加大力度，增多內容。1939 年「外交部爲督促僑民愛國運動，鼓勵僑捐，並調解僑民團體糾紛，增進僑民團結計，曾訓令駐使及駐領巡視轄區各地，並繕具報告呈部備核。歐戰爆發，我僑民戰區各地之工人青田小販，由駐外使領館就近介紹往他處工廠工作或酌予救濟，或遣送回國，免致淪落。」〔註91〕1939 年 6 月，爲提倡僑民家屬移居川滇黔內地並投資生產事業，僑委會訓令各駐外領事館協助指導：「查此次對日抗戰，爲國家民族生死存亡所關，必堅定信念，忍受痛苦，軍事建設，雙方並進，而後前途勝利，乃可預期。自戰事延及華南以後，僑民家屬恒相率徙居海外，以暫求一時之安。不知此種行爲，在個人僅爲消極之辦法，在國家實失外匯之來源。現戰局漸趨有利，政府對川滇黔各省正極力從事建設，以奠定復興基礎。而地方廣闊，實業繁多，滇緬公路、滇越鐵路又復聯絡貫通。我華僑處此，或投資生產事業，以振興公私之利益，或移家入居各省，以籌謀家族之安寧。我政府均當分別保護，予以種種便利。除分令外，合行令仰遵照，對當地之僑團僑民，積極提倡，以增加抗建之實力……是爲至要，此令。」其後駐外領事館有所行動。如駐西貢領事館即發出通告：「駐貢領事館通告（第一〇九號），案奉僑務委員會廿八年（1939 年）六月十三日荒渝甲字第一五四六號訓令內開：……查抗戰形勢日益好轉，國內各項經濟建設，亦在積極進行中，而西南交通綱（網）之完成，意義尤爲深長，凡我僑胞，此時誠應積極投資國內生產事業，或移家入居西南各省，不特國家財政將因外匯而益趨安定，抑且可謀家族之安寧，望我僑胞其急起力行，奉令前因，合行通告周知此布（逸）。」〔註92〕

　　除了在工作量上及聯絡方面，國民政府對駐外使領館進行加強外，在對駐外使領館的經費投入力度方面也有所加強。「如 1941 年……開設駐阿根廷使館，巴西、巴拿馬兩館各加月費六百元，以爲兼館之用，阿根廷使館年需公費 28800 元，俸薪 6 萬元，開辦費及川裝費 53590 元。」〔註93〕「在伊

〔註91〕陳體強：《中國外交行政》，第 191～197 頁。
〔註92〕中國第二歷史檔案館編：《中華民國史檔案資料彙編》第五輯第二編政治（四），第 743～745 頁。
〔註93〕陳雁：《抗日戰爭時期中國外交制度研究》，第 161 頁。

朗開設使館，預算『年需公費二萬八千八百元，薪俸六萬元，開辦費及川裝共需三萬三千二百六十二元』。在毛里求斯設領館，公費 8400 元，俸薪 36000 元，開辦及川裝 16182 元；特里尼達領館公費 8400 元，俸薪 36000 元，開辦及川裝 25870 元；馬達加斯加領館的公費 8400 元，俸薪 36000 元，開辦及川裝 16312 元。在菲律賓中部的宿務和南部的納宛設領事館，年需要公費 8400 元，俸薪 36000 元，開辦及川裝 9972 元」〔註 94〕。而在駐外使領館的宣傳費方面也是增加的：「民國二十八年九月間，外交部曾議定辦法，令駐南洋各領館密查敵人反宣傳，外交部第二期行政計劃中亦有改進宣傳之方案，各使領館宣傳經費迭有增發。於二十八年上半年增發之館，計有十餘處之多。」〔註 95〕

　　總的來說，相對於戰前，國民政府對於駐外使領館的工作的有所加強的。

六、僑務政策執行系統的中樞情況之演變

　　通過上述的概述，我們得知，在抗戰前與抗戰後，國民黨在處理海外僑務工作的制度方面發生了改變。戰前，隸屬於黨務系統的海外部被撤銷，海外黨務設計委員會只屬於咨詢機構，沒有實際行政管理權力。而經過多次變革的僑委會隸屬於行政院，位居部級機構，歸屬行政系統，從法理上全權處理海外僑務事務。而由於沒有駐外機構的存在，僑委會通過指揮駐外使領館，以之處理海外僑社的事務。駐外使領館在外交部與僑委會的雙重領導下，實地執行相關僑務政策的內容。但抗戰爆發後，由於國民黨中央決定重新恢復海外部，以之管轄海外各地黨部，負責管理海外工作（包括海外僑運工作）。而僑委會沒有駐外機構的現實，促使僑委會在處理海外僑社僑務時，處於權力的邊緣。從而促使了戰時國民政府在執行僑務政策時，產生了兩大中樞系統：海外的僑務政策更多是由海外部負責，而國內的僑務工作則是以僑委會為領導核心。

（一）抗戰前的僑務工作

　　在對抗戰前的僑務進行分析之前，我們還是首先來對「僑務」一詞進行一些界定或辨析，否則會產生諸多異議。顧名思義，僑務僑務，凡是與華僑

〔註 94〕〔臺北〕「國史館」藏：外交檔 0768-2，外交部三十年度工作計劃及概算案。轉陳雁：《抗日戰爭時期中國外交制度研究》，第 161 頁。
〔註 95〕陳體強：《中國外交行政》，第 194 頁。

有關的事務即為僑務。也就是說它涉及到的範圍非常廣。「僑務工作是一項綜合性的社會工作，它涉及的面很廣。」〔註96〕中華民國《國籍法》秉承《大清國籍條例》的血統主義為原則，規定凡具有中國血統的人民皆為中國公民，而中國公民僑居於國外謀生達一定年限者即為華僑〔註97〕。作為掌管華僑事務的最高行政機關——僑務委員會，按1932年僑委會走上正軌那年修正公佈的《僑務委員會組織法》規定其職責為「掌理本國僑民之移殖、保育等事項。」何謂為其時之僑務呢，按該組織法的第七、第八條內容具體為：「（一）關於僑民狀況之調查及統計事項，（二）關於僑民移殖之指導及監督事項，（三）關於僑民糾紛之處理事項，（四）關於僑民團體之管理事項，（五）關於回國僑民投資興辦實業及遊歷參觀等之指導或介紹事項，（六）關於僑民之獎勵或補助，（七）關於僑民教育之指導監督及調查事項，（八）關於僑民回國求學之指導事項，（九）關於僑民教育經費之補助事項，（十）關於文化之宣傳事項。」〔註98〕也就是說僑務內容主要涉及到僑民之調查、移民指導、經濟、文化、教育等方面。但是我們如仔細一考慮，就會發覺問題出現了。如「關於僑民糾紛之處理」一項，因僑民所處環境為國外，他們的糾紛可能為僑民與僑民之間的，也可能為僑民與所在居留地政府的，或者是與居留地土著居民。但僑委會並沒有駐國外機構。在民國時期，國民黨的海外機構主要有兩大類：一是外交部的各駐外使領館，二是國民黨海外支分部。一般而言各駐外使領館在日常業務中都要求保護僑民及指導教育。但是一來由於駐地的原因，二來由於人手的原因，三是弱國無外交。故此自然而然地，在國外與僑務發生密切關係的難免為黨務工作範圍。更何況「夫海外黨務隨華僑足跡以發佈於各地，近如南洋群島，遠如歐、美、澳、菲諸洲，既有華僑之居留，莫不有黨務之活動」。〔註99〕此外，僑委會屬於政府行政部門，主要依靠其機構存在行使職權，而其機構幾番變故，經歷了停辦、隸屬關係

〔註96〕毛起雄、林曉東編著：《中國僑務政策概述》，中國華僑出版社，1993年，第20頁。

〔註97〕上海華僑聯合會的章程就規定：「凡在國外僑居二年以上的，即為華僑。」（魯葆如：《荷印華僑經濟志》上冊，香港南洋出版社，1941年，第3頁。）轉李學民、黃昆章：《印尼華僑史（古代至1949年）》，第8頁。

〔註98〕中國第二歷史檔案館編：《中華民國史檔案資料彙編》第五輯第一編政治（五），第582頁。

〔註99〕陳鵬仁主編，劉維開編輯：《中國國民黨黨務發展史料：海外黨務工作》，第93頁。

變遷、相關僑務委員不能到職等對這種行使行政職權的政府機構的運作產生重大影響的多起事件,這勢必影響到它的行政權力公信性效力。然而,海外黨務早在海外部設立之前就順利開展多年,主要依賴的是中央黨部和各總支部之間的聯繫,因此海外黨部成立以後雖也多次調整甚至撤並,但其黨務工作卻從未間斷,更主要的是其工作基礎牢厚、溝通渠道通暢。故曾幾何時,「海外部的任務,非常廣博,無論什麼運動,如農工學等也一齊包括在內」,華僑捐款、華僑返埠為之證明、介紹華僑訟事與政府辦理、組織華僑會參加各界群眾運動、組織華僑參觀團、介紹華僑子弟回國求學等等,有關華僑方面的事務都是由海外部這類管理海外黨務的機構來處理。這類事務的繁多似乎讓之稍有些不勝暇接。1926 年,海外部「特提出以下數點認為今後應注意者:(甲)應設僑務局:海外黨務之發展與僑務有極密切之關係,如國民政府能於短時間規復僑務局更佳,否則海外部不能不設法擴大範圍,注重僑務各事。……」〔註100〕1928 年南京國民政府決定成立僑務委員會來主管僑務行政工作,且同時將海外部撤銷,相關業務併入中執會的組織部及宣傳部。其後設置的海外黨務委員會、海外黨務計劃委員會,「但那不過是一個設計機關,沒有負擔直接推進海外黨務的責任。」〔註101〕即使面對海外僑運也是要求負責咨詢事宜。但此時黨務僑務似乎仍是糾纏不清的。「組織宣傳僑運等事項外,如子弟回國之升學,國內事業之探發,人事經濟之查詢,回國觀光之嚮導,莫不期望本會為之負責處理,本會(按指海外黨務(計劃)委員會)顧名思義,均經一一妥予辦理,數年來進行尚稱順利」,而這些內容無異隸屬於僑委會管理行政工作的。只不過由於「海外黨務與僑團之活動,向多關係,黨部、報館、學校、商肆、會館、書報社、俱樂部、甚至運動會、懇親會、慈善會、雖名義各殊,其內容結構皆互有連繫,而各社團之主要份子,向來多為本黨同志,黨務稍有糾紛,則牽連四起,不速平息,便重波疊浪,搖動全局矣。」〔註102〕故此即使在僑委會已成立之後,海外黨部對海外僑務還是多有涉及的。

〔註100〕陳鵬仁主編,劉維開編輯:《中國國民黨黨務發展史料:海外黨務工作》,第5~17 頁。

〔註101〕陳樹人:《海外黨務研討會開幕訓詞》,《華僑先鋒》第 1 卷第 15 期,第 2頁。

〔註102〕陳鵬仁主編,劉維開編輯:《中國國民黨黨務發展史料:海外黨務工作》,第93~98 頁。

　　一項工作、一個政策同時交由黨、政機構負責管理，從法理上而言是不正常的，更兼如果沒有明確彼此間的工作關係和權力界限，難免會導致部門之間執事效力的內耗。因此，當時最高權力機關中央執行委員會就一些方面作出過相關規定，比如：華僑團體方面應屬僑務委員會主管。〔註103〕但是主管海外黨務的機構卻是再三規範其工作範圍：「工作對象者：一、推進華僑教育；二、提倡體育運動；三、注意僑民生計及一般的調查；四、設計調整健全各地僑民之組織；五、識字運動，推銷國貨運動，新生活運動，國民經濟建設運動等應按照時地，分別為合理之設計，並實行之。六、宣傳中央政府之政績，傳播中國社會進步之情形，喚起外人對中國之新的觀感，與正確的認識；七、注意聯絡各地方政府及地方人士；八、推行各種救國運動。」尤其強調海外的「本黨同志應直接間接予以指導，使能密切聯繫，團結一致，立於不敗之地」，〔註104〕不能「動輒以『黨權高於一切』、『僑胞應受黨部指導』之驕矜態度施諸僑胞」，否則就會「不但不能獲得僑胞之信仰與同情，抑且招致莫大之反感」，促使黨務無法發展。故此海外各黨支部「與僑團之間保持相當距離，凡所指導，只居於督促地位，不得橫加干涉，黨員則以身作則，樹立良好楷模，以博取僑胞之信仰與同情。」〔註105〕似乎尋求黨政分開的局面。由此可見，在法理上，國民黨政府要求其海外黨部在處理有關海外僑務時，只能是指導監督的角色。行政管理角色還是讓僑務委員會來擔當。故此在抗戰前夕，在處理僑務工作——無論是海內還是海外——的主角從某種意義上說還是成立後的僑委會。1935年10月，國民政府立法院頒佈了《工人出國條例》，僑委會即根據這個條例的精神又制定了《募工承攬人取締規則》和《出國工人雇傭契約綱要》等，禁止外國人以「賣豬仔」的方式招募華工。1933年及1934年則會同教育部先後制訂了《僑民教育實施綱要》、《僑民學校立案規程》、《僑民中小學規程》等規章制度。如在1935年12月14日頒佈的《華僑登記規則》第九條規定：「登記請求書係用三聯式，一聯存領館，其餘二聯以一聯呈送外交部，一聯由領館迻送僑務委員

〔註103〕陳鵬仁主編，劉維開編輯：《中國國民黨黨務發展史料：海外黨務工作》，第37頁。

〔註104〕中國第二歷史檔案館編：《中華民國史檔案資料彙編》第五輯第一編政治（二），第606～607、567頁。

〔註105〕陳鵬仁主編，劉維開編輯：《中國國民黨黨務發展史料：海外黨務工作》，第140頁。

會。」而在國民政府頒佈的《僑務委員會組織法》中早已規定：「僑務委員會關於主管事項，對於駐外領事得指揮之。」〔註 106〕僑民團體之管理、僑民回國出國登記，及發給護照等事項、僑民教育之計劃、僑民學校註冊事項、僑民教育經費之補助事項、僑民教育之指導監督及調查事項、僑民風俗習慣之改善事項等等皆由僑委會管理、執行。〔註 107〕這在戰時海外部黨務報告中多少得到一些證實：「國內各大中學頗多僑生，平日彼此殊少聯絡，而與本部更無密切聯繫」。〔註 108〕而對於僑民之救濟更是僑委會的主要任務工作。1929 年世界出現了經濟大滑坡，這自然而然地影響到海外僑胞的就業問題。我國僑胞出國謀生，經濟是最重要的因素，一旦出現經濟問題，他們就會被迫歸國。1929 年這場經濟危機導致了我國僑胞歸國潮。面對這場難僑危機，民國政府在 1933 年出臺有救濟失業歸國之決議，隨後又有救濟失業華僑委員會之設立（但於 1935 年 6 月 30 日即取銷。）。採用辦法有二：一為臨時救濟，其二為根本救濟。臨時救濟主要為在上海派員接待歸僑力加慰問。根本救濟則是於安徽慈谿建立僑樂村，安置歸國失業僑民。據統計，持有僑委會發給許可證可村的僑民有 151 名，因各種原因而實到者 82 人。這些工作主要是由僑委會來進行。「救濟失業歸僑一切事宜，乃概由僑務委員會辦理。」〔註 109〕

（二）抗戰後的僑務工作

1937 年抗戰爆發後，國民黨在中央層面實行「以黨統政」的政策，同時決定國民黨實行總裁制，選舉蔣介石為總裁，從而促使了「蔣介石從制度上確立了在國民黨內的獨裁地位。」〔註 110〕此外在黨務上強調重視海外黨務工作。「今後本黨，應該特別著重海外黨務之發展」〔註 111〕，這是 1939 年 1 月

〔註 106〕中國第二歷史檔案館編：《中華民國史檔案資料彙編》第五輯第一編政治（五），第 584、582 頁。

〔註 107〕「僑務法規及有關文書」，中國第二歷史檔案館館藏振濟委員會檔案，全宗號一一六，案卷號 92。

〔註 108〕陳鵬仁主編，劉維開編輯：《中國國民黨黨務發展史料：海外黨務工作》，第 261 頁。

〔註 109〕僑務委員會編輯：《僑樂村》，第 44、15 頁。

〔註 110〕〔日〕家近亮子著，王士花譯：《蔣介石與南京國民政府》，社會科學文獻出版社，2005 年，第 132 頁。

〔註 111〕《中國國民黨歷次全國代表大會暨中央執行委員會全體會議對海外黨務任務重要決議案》，第 13 頁。

29 日，國民黨第五屆中央執行委員會的一項決議，也是在 1926 年國民黨「二大」正式宣告「黨的基礎已由國外而移到國內」﹝註112﹞之後，又重新開始強調海外黨務的重要性。隨後 1938 年 4 月成立的海外部更爲黨的最高機關裏面四部之一（組織部、訓練部、社會部與海外部。其後社會部裁併入行政院。），任命的海外部部長與副部長陳樹人、周啓剛、蕭吉珊等同時也都是僑委會的高層。1940 年 6 月 1 日，蔣介石對海外黨務人員的訓話，強調「海外黨務是以僑務爲依歸的」﹝註113﹞，要求黨務工作的開展必須與僑務的內容緊密聯繫，此舉無疑促使海外黨務內容與海外僑務內容的交叉。實際上蔣氏此言之出發點是要求國民黨深入僑社，以便促使國民黨得到更大的支持。畢竟長期之「黨內人事嘗發生糾紛」，以致使了國民黨的「向心力大減，遊離散漫」，此也爲海外黨員人數比以前銳減之最重要原因。﹝註114﹞維有深入華僑社會，通過宣傳、辦慈事、強調國民黨在抗戰的努力，始能重攜帶國民黨在華僑社會的僑心。這裡也是與其當時的整個戰略要求是一致的，就是集全民之力，一致對日。但無可否認的是，這樣一來，整個僑務政策之執行從此發生一個變化，就是促使僑務政策執行出現黨政雙軌二元執行模式，出現了政黨具有十分明顯的政策執行之功能。1941 年的海外黨務報告裏就有這幾個方面的僑務工作（當然國民黨認爲是僑運工作而已）：「一爲義款之捐募，一爲藥品之征集，一爲青年及婦女運動之領導，一爲重要僑團僑領之調查與聯繫，一爲對於閩粵返國僑胞之脅助，進行以來，頗稱順利」，但應注意「及改造之點」包括「海外黨務之一切設施，必須以協助發展僑務爲依歸」。﹝註115﹞「海外黨務以僑務爲依歸」成爲 1940 年後海外部一個主要原則，「關於海外黨務之一切設施，必須以協助發展僑務爲依歸」，﹝註116﹞此也多少與 1938 年恢復海外部之初衷並非非常吻合：「新設海外部，掌理海外各級黨部之組織與黨員之訓練及海外

﹝註112﹞譚平山：「黨務總報告」（1926 年 1 月 7 日）；見李雲漢主編，林養志編輯：《中國國民黨黨務發展史料——中央常務委員會黨務報告》，〔臺北〕近代中國出版社，1995 年，第 72 頁

﹝註113﹞見陳立人：《現階段的海外黨務》，《華僑先鋒》第 5 卷第 1 期，第 19 頁。

﹝註114﹞陳鵬仁主編，劉維開編輯：《中國國民黨黨務發展史料：海外黨務工作》，第 223 頁。

﹝註115﹞李雲漢主編，林養志編輯：《中國國民黨黨務發展史料——中央常務委員會黨務報告》，第 536～537 頁。

﹝註116﹞《中國國民黨歷次全國代表大會暨中央執行委員會全體會議對海外黨務任務重要決議案》，第 15 頁。

宣傳事宜。」〔註117〕1941年12月太平洋戰事發生後以及日本推行南進政策，黨務系統在僑務、僑運工作中發揮著更大的作用。「海外部爲謀統一指導海外戰時工作，起身於太平洋戰事發生後，即，邀請僑務委員會、外交部、軍令部及三民主義青年團等與海外工作有關機關，派出高級人員組織『指導海外戰時工作聯席會議』，每周舉行一次，共同決定海外工作之原則，並通令海外各單位，由黨部、團部、領館及重要僑團、僑領依照指示，成立戰時聯席會議，並指示其範圍即：（一）指導疏散僑民，（二）成立防衛組織或參加義勇隊，（三）辦理救護事宜，（四）加強宣傳工作，（五）舉行官兵及有關戰時工作人員慰勞，（六）募捐，（七）防奸調查，（八）軍事情報，（九）救濟戰地淪陷僑民等項。」〔註118〕在這裡無疑已突顯出海外部對一些海外僑務已擁有干涉之權。在這裡，我們也可以從僑委會的檔案資料中得到一些證實。如在「駐暹羅總支部執行委員馮燦利上訴該部兩委員」相關事件中，僑委會是這樣處理的：「燦利先生大鑒，接讀二十九年十一月十四日呈，爲條陳駐暹羅總支部委員陳寄虛包辦黨部選舉、破壞僑運、侵佔黨費、及引誘人妻等犯罪行爲，祇悉。除已令行陳寄虛對於國醫館暹羅分館長地位勒索僑界醫利用師每人登記費暹幣六銖，及引誘雲某之妻張玉瓊女士，實行同居兩款切實答辯，以憑辦理外，查來呈所列舉其他各款，繫屬黨務範圍，應向主管黨部告訴，據呈前情，相應函覆」〔註119〕。而在1940年以前則是「查破壞救國捐款，繫屬行政範圍，應由貴會徑予核辦。」〔註120〕此爲海外部1938年10月8日致僑委會的函件。不僅如此，在內地僑務工作中，身爲黨務機構的海外部也是處處發揮其影響力的，但也多少考慮僑委會在國內僑務工作的地位。如在南洋機工回國支持祖國一事，就是海外部首先「嗣查回國機工中，因不滿意訓練所之嚴格管理，熱誠而來，失望而去者有數十人」，「管理人員對於機工則認爲失業僑民，常存鄙視」，「本部深恐此事布之海外，發生不良影響，乃將華僑之生活習慣與特性電告宋處長子良，以供管理之參考」，同時「將上項情

〔註117〕李雲漢主編，林養志編輯：《中國國民黨黨務發展史料——中央常務委員會黨務報告》，第478頁。

〔註118〕陳鵬仁主編，劉維開編輯：《中國國民黨黨務發展史料：海外黨務工作》，第342頁。

〔註119〕「關於各地華僑控訴處理」，中國第二歷史檔案館館藏僑務委員會檔案，全宗號二二，案卷號277。

〔註120〕「關於海外黨部、僑校、報社控訴處理」，中國第二歷史檔案館館藏僑務委員會檔案，全宗號二二，案卷號266。

形呈報總裁，並請由本部與僑委會各派一人，參加華僑回國機工訓練所，擔任機工生活指導，常川駐所，一面對管理人員使用明瞭海外華僑之心理與習慣，研求適應之管理方法，一面對機工曉以抗戰期間國內物質供給之困難，務須有強度之忍耐，期雙方化除隔閡，消弭誤會，以免華僑技術人才回國服務前途發生不良之影響」。〔註121〕這些工作從某種意義來說，雖是從行政上隸屬僑委會的範圍，但由於海外部的主動積極參與，發生的效果是大大有益於抗戰的。這也是當其時，國民黨「黨國」原則的強化，促使黨務機構在某些事務中相對於一些行政機關而言，更具方便之處（如經費方面：廣東周雍能處長致僑委會函（三十一年五月六日）就大歎：「僑民請求事項亦均一一照辦，予以便利，惟因權力財力所限，不能為充分之發展，常有借藉黨部及社會團體之力量作另闢途徑之實施」〔註122〕。）我們也毫無奇怪在 1942 年面臨突如其來的難僑潮時，蔣介石是派海外部部長劉維熾暨僑務委員會委員長陳樹人，聯袂赴昆明處理事件。〔註123〕故有學者言：「僑務黨化是南京國民政府僑務政策的一大特點」，〔註124〕此無疑是看到南京國民政府僑務政策的複雜性，但是是否是「堅持海外黨務、僑務一體化，以黨務促僑務」，筆者認為是可以商榷的，至少在時間方面應值得商榷。畢竟每一個政府在實施每一項政策時往往會考慮環境的變化的。環境不同，政策執行手段、程序也會發生改變，具體的目標也會發生一些轉變。「政策作為政府行為的表現，它是一種有目標的活動過程，而這種目標是旨在處理和解決正在發生的各種社會問題。這時，我們也可以把政策看成是政府為處理環境的關係達成既定的目標而採取的手段。」〔註125〕

是否抗戰時期僑務工作在海外部的涉足之下，已沒有僑委會之立足之地了？是否誠如一直就有時人批判所言，其只是浪費經費而已？並非如此，從

〔註121〕陳鵬仁主編，劉維開編輯：《中國國民黨黨務發展史料：海外黨務工作》，第190～191頁。

〔註122〕「廣東及汕頭僑務局處工作報告」，中國第二歷史檔案館館藏僑務委員會檔案，全宗號二二，案卷號 501。

〔註123〕「劉部長、陳委員長聯袂赴昆」，《中央日報》1942 年 6 月 2 日第五版；陳鵬仁主編，劉維開編輯：《中國國民黨黨務發展史料：海外黨務工作》，第 344頁。

〔註124〕實文金：《南京國民政府僑務工作剖析（1927～1949 年）》，《八桂僑史》1996年第 4 期，第 48 頁

〔註125〕張金馬主編：《公共政策分析：概念‧過程‧方法》，第 42 頁。

某種意義來說，抗戰發生後，僑委會的工作重點主要轉移到國內。範圍包括：指導華僑回國辦理墾殖、指導僑生回國升學、救濟僑民僑眷事項、指導歸僑督促僑眷推廣多耕、辦理僑民委託事項（如代歸僑訪尋親屬）、籌設僑童教養院、辦理華僑出入國之有關事項（辦理華僑出入國僑民之登記、特種僑民之登記──所謂特種僑民指有專門技能之僑民而言。）也就是說隸屬於「保育」這一方面。如廣東僑務處的「僑務中心側重於救僑方面……救僑工作包括搶救、急賑、收容、輸送、安置等事」，其後由於「中央指定粵省方面由緊急救僑會統籌辦理後，本處工作自應側重於協理聯絡方面」，但其後各省的緊急救僑會已於 1942 年陸續結束，相應救僑工作自然是落在僑務機關──僑委會及其屬下各處局。而那些救濟指導事項無疑是「極為衝繁」的，但僑務機關的經費卻是極其有限的。「年內入達百餘美元以上，際茲糧價激漲之秋，於戰時後方生產，不無什補也。」〔註126〕處在號稱全國最大僑鄉的廣東僑務處全年經費只有 25774 元（每月 2247 元）〔註127〕，以如此少的經費，處理如此龐大的事務，對他們之工作成績有多少讚譽實不為過。此外，抗戰以來，僑委會工作主要轉移到國內，並不是說，其海外工作已全部由海外部接手。「抗戰發生僑委會之另一主要任務，為鼓勵僑民捐款救國。」〔註128〕如就在七七蘆溝橋事件至八一三上海事件期間，僑委會就先後發出元電、寒電等，發動全世界僑胞「一致起來，挽救祖國」；其後又發佈「為全面抗戰告僑胞書」及非常時期各項通告，「鼓勵僑胞，輸財出力，貢獻政府，以及長期抗戰之準備」。而包括委員長陳樹人在內僑委會委員十餘人更是人「自備旅費，分赴海外各地，慰問與獎勵。同時指導其組織救國團體，舉行各種義捐、特別捐、慈善救濟捐、常月捐，及演劇、賣花，縮食節約、義賣籌款等。」〔註129〕據統計，1937 年 7 月至 1939 年 2 月，「海外華僑捐助抗日戰費達一億二千四百四十萬六千五百五十四角一分，抗戰開始前三年，海外華僑捐助戰費占中國總戰費百分之四十以上。」〔註130〕而整個抗日戰爭期間，據言海外華僑捐款達 13.2

〔註126〕「廣東僑務處處長張天爵致僑委會委員長陳樹人函」，見中國第二歷史檔案館館藏僑務委員會檔案，全宗號二二，案卷號 501。
〔註127〕見李樸生：《廣東的僑務問題》，李樸生：《華僑問題導論》，第 108 頁。
〔註128〕「僑務委員會向國民參政會四屆一次大會提出工作報告」，中國第二歷史檔案館館藏行政院檔案，全宗號二，案卷號 6667，微縮號 16J-1331。
〔註129〕陳樹人：《抗戰期中的僑務工作》，《現代華僑》第 2 卷第 5 期，第 4 頁。
〔註130〕〔臺灣〕「僑務委員會」編印：《光輝的軌跡：僑務委員會六十週年會慶實錄》，第 18 頁。

億元。〔註131〕除此之外，在海外僑務工作中僑委會還進行：「宣傳抗建情況、防止反動宣傳」、「鼓勵僑胞回國投資」、「指導僑民辨別貨物、抵制仇貨」、「指導僑民推行節約及儲金運動」、「推進僑民精神動員」、「推進僑教」、「補助僑校」、「補助海外僑報」及進行「溝通僑匯」等方面的努力。只不過此時僑務中樞由戰前一個變為二個而已，海外部的僑務功能更大。

（三）小議僑務系統的兩大中樞產生

由上所述，我們可知，在中國國民黨執政時期，出現了其黨務與僑務糾纏在一起之現象，尤其是抗戰發生後不久，更是出現了黨務跨越僑務行政範圍的嫌疑。事實上我們在分析這段歷史時，我們最好不要跨越歷史的特定環境，在這裡我們要注意到三個歷史史實：其一是國民黨是在海外發家的，在海外向具組織。如它們的基層組織就劃分為總支部、直屬支部、區分部、直屬區分部等，形成一個組織嚴密的系統；且在海外一些地方它們甚至歸屬於合法社團的行列，能在當地社會公開活動。其二是海外僑社各類團體、學校一般都有國民黨人員參與，甚至不少地方還是國民黨黨員直接控制，如美國「總支部同志，在救國總會內充任重要職員者多人」；「駐秘魯利馬直屬支部……領導僑眾，致力於抗日救國種種工作，甚為努力……當地人士皆認該部為華僑最有力量之團體」；「巴西之華僑共有四百四十六名，所有黨員雖未超過全僑之半數，然所有僑團領袖，及有志之士，皆屬本黨同志」；駐孟加錫直屬支部「與領館發動組織錫江華僑籌賑災民委員會，歷屆籌委會委員，十九為支部同志，又另辦華僑日報，以廣宣傳」。〔註132〕事實上國民黨在要求其黨員深入僑社，加入僑團，最終就是為了控制僑社。海外「黨務工作最大對象在乎民眾之領導與運用」，〔註133〕工作要點就是掌握僑團，然後運用僑團推進工作，最終「使（海外）會館黨部化，黨部會館化」。其三是行政系統的僑務委員會諸多常務委員與黨務系統的海外部諸多高層人員是重疊的，如周啓剛、蕭吉珊、李樸生、曾養甫、李綺庵、周雍能等，〔註134〕故這也是國民黨

〔註131〕華僑革命史編纂委員會編：《華僑革命史》（下），〔臺北〕正中書局，1981年，第705～706頁。

〔註132〕中國國民黨中央委員會第三組：《中國國民黨在海外——各地黨部史料初稿彙編》，出版社不詳，1961年11月12日，第30、63、119、358頁。

〔註133〕陳鵬仁主編，劉維開編輯：《中國國民黨黨務發展史料：海外黨務工作》，第94頁。

〔註134〕注：1939年廣東僑務處處長周雍能向僑委會致函：「呈報澳門政府本年九月

人員再三強調之處：「海外黨務之設施，以發展僑務爲依歸，是以僑運工作之推進與海外黨務之發展，實有不可分離之關係。」「蓋海外黨務之基礎，純然建造於歷史相傳的道義精神之上，原非一般條文法規盡能拘制，尤其征諸各地實況，自有其不成文慣例存在，中央體察利用，一切處理自不至發生多大困難，倘囿於一定之條文規章，是等閉門造車，反見捍格不通，難切實用耳。」〔註135〕因而我們在考察一項社會工作的效能時，重點是放在考察其行動、效果，及目標之達成。誠如有國外學者在評論社會工作的指導原則——政策時，是這樣所言的：「首要的是要理解政策不僅僅是一種決定——它也是一系列的行動。」〔註136〕實際上，目前學術界涉及到民國僑務政策、工作方面的研究成果，對抗戰時期國民政府僑務工作是持肯定態度的。〔註137〕只是相關研究涉及到的則主要是僑委會而已，對於海外部則是粗略提及。實際上行政雖然是政府機構組織運用相關的公共權力、公共資源來達成其社會目標，但是我們不要忽視指導行政的政策往往是與執行黨有著密切的關係，何況在孫中山時期，國民黨已奠定「以黨治國」的執政理念了。而在 1928 年的「修正中華民國國民政府組織法」第一條更是提出：「國民政府受中國國民黨中央執行委員會之指導及監督，掌理全國政務。」而之前的只是籠統提出受中國國民黨之指導與監督。在 1931 年 12 月的「修正中華民國國民政府組織法」裏則進一步強化國民黨中央執行委員會的權力：「國民政府主席……不負實際政治責任」，「行政、司法、監察、考試各院各自對中國國民黨中央執行委員會負責。」〔註138〕這些規定無疑在整個體制上確立國家行政事務從屬於黨務的體制。故此，當整個社會環境產生威脅其執政地位時，其勢必運用國家一

十六日派警搜查國民黨支部誤入職駐澳辦事處實情由」時就抱怨過：「惟職職司僑務，又兼理黨務，若不常到港澳尚有何事可辦？」見中國第二歷史檔案館館藏僑務委員會檔案，全宗號二二，案卷號 501。

〔註135〕陳鵬仁主編，劉維開編輯：《中國國民黨黨務發展史料：海外黨務工作》，第311、92 頁。

〔註136〕〔英〕米切爾・黑堯（Michael Hill）著，趙成根譯：《現代國家的政策過程》，第 6 頁。

〔註137〕見曾景忠編：《中華民國史研究述略》中國社會科學出版社，1992 年，第 401頁；武菁：《抗戰時期的僑務政策與華僑的歷史作用》（刊於《安徽大學學報（哲學社會科學版）》2006 年第 1 期）；李盈慧：《華僑政策與海外民族主義（1912～1949）》等等。

〔註138〕中國第二歷史檔案館編：《中華民國史檔案資料彙編》第五輯第一編政治（一），第 21、35～36 頁。

切公共資源來維護之。至於在已建立抗日戰爭統一戰線時，海外部對中國共產黨於海外籌款抗戰的行為進行猛烈打壓，這種行為，在整個祖國出現存亡之危難時機，無異是置政黨高於國家的行為！忘記國家的民族利益高於一切的行為，對此我們要進行強烈的批判！而在抗戰發生後，尤其是在 1940 年以後，海外部置海外一部分僑務為自己業務範圍，是否為「以黨代政」的行為？是否會「黨政兩套機構同步增長，必然助長了官僚主義」呢？從目前所見到的效果來看，似乎在這兩機構上並沒有出現這兩種的現象。事實上，作為一個執政黨，在國家政策問題上，它不僅只具政策的制定、實施與監控功能，而且在特定的環境之下，它還可能具有十分明顯的政策執行功能。因而考察一項社會政策、社會工作，我們更應關心的是政策執行後的效果和反應及其有效性目標的達成。

但是我們也不要忽視，雖然黨務系統的海外部加入僑務政策的執行系統，有助於僑務政策的有力執行，可它同時也在削弱法理上的僑務主管機構——僑委會的行政權力，加速僑委會權力邊緣化的進程！中央海外部不僅在「辦理海外僑胞的黨務」，指導海外僑社的僑運工作，而且在僑教、文化等隸屬行政範疇的內容方面也進行努力。「本部工作計劃以……推廣函授學校及華僑夜校……等則為策動華僑社會之中心工作。」「異黨份子，近乘國家多難之際，潛赴海外，假借救國名義，以售其種種陰謀，並私設夜校，招收不識字或智識較低僑胞，名為授課，實即宣傳，師生關係，最易蠱惑，本部有鑒及此，爰頒發海外總支部直屬支部附設僑民夜校規程，通令海外總支部直屬支部酌量當地情形及經濟狀況，設立僑民夜校一所或二所，招收不識字之本黨黨員與青年僑胞，教以國語習字及各種職業常識，並須注重精神講話，灌輸本黨主義，校長及教職員，由黨部工作人員及所屬黨員分任之，為義務職，經費以當地黨部自籌為原則，本部得斟酌情形，按月予以補助，（本部六個月工作計劃中，已奉批准每月補助費三千元）現海外各黨部，有已籌備就緒者，亦有正在籌備中者，而據報已開學者，則有換鹿、星加坡、澳門、帝文、模里斯、麻鼇柏板等直屬支部及菲律賓所屬蘇洛支部。」〔註 139〕有關僑民教育方面的指導與監督工作，按僑務委員會組織法等條例，理應由僑委會會同教育部來指導處理，但在這裡，海外部卻似有越權的嫌疑。「僑民

〔註 139〕陳鵬仁主編，劉維開編輯：《中國國民黨黨務發展史料：海外黨務工作》，第
141、167 頁。

教育處之職掌如左：一、關於僑民教育之指導監督及調查事項。二、關於僑民回國求學之指導事項。三、關於僑民教育經費之補助事項。四、關於文化之宣傳事項。」（「僑務委員會組織法」第八條。）「關於教育行政事項，依據僑務委員會組織法第八條之規定，由僑務委員會與教育部商同辦理之。」「關於僑民教育之指導監督，依據僑務委員會組織法第九條第二項之規定，得由僑務委員會指揮駐外領事辦理。」〔註140〕「領事經理僑民教育行政之範圍如下：一、受教育部及僑務委員會之指揮。考察並處理僑民教育事宜。二、報告僑民教育狀況於教育部，及僑務委員會，每年至少一次。三、接受僑民學校，及僑民教育團體呈請立案文件，核轉僑務委員會。四、勸導僑民興辦教育事業。五、處理僑民子弟回國就學事項。六、處理熱心教育僑民之褒獎事項。七、協助教育部及僑務委員會派往各駐在地及兼轄區域調查或辦理僑民教育之人員，進行一切事務。」「領事對於僑民教育之處理，其事項如左：一、宣達中央教育法令，並監督其實行。二、介紹本黨黨義教育方法，並指導其實行。三、調查在學兒童，及失學兒童數。四、調查經費之來源額數，及其管理分配，預算決算等。五、查察學校行政，教學，訓育，及其他團體之教學狀況。六、考覈教育成績。七、指導教育改良。八、設講習會，研究會等，增進中小學教職員關於教育之知識技能。九、褒獎優良教職員。」「領事赴任前，應向教育部及僑務委員會請示，關於該地僑民教育之一切事宜。」〔註141〕海外部不僅對海外僑教進行干預，而且對歸國僑生的教育學業也進行一些行政行動。「中央海外部函：本部擬於本年（即1943年）二月派員出發舉行大學中學及師範學校僑生講習會，請查照轉陳備案由。」〔註142〕「對回國就學或服務之華僑青年予以正確之指導外，關於如何救濟一案，並經決議由有關部會分別負責辦理，其實施辦法如下：1、由本部擬具「海外各地設立華僑青年回國就學服務指導處辦法」草案，呈請中央執行委員會核准施行。2、由本部僑委會及外交部會銜代電駐海外各地領館，依照設立指導處辦法，於電到一星期內召集當地黨部僑團成立指導處。3、華僑

〔註140〕「僑民教育實施綱要」，見中國第二歷史檔案館館藏振濟委員會檔案，全宗號一一六，案卷號123。

〔註141〕「領事經理僑民教育行政規程」第二、三四條。見中國第二歷史檔案館館藏振濟委員會檔案，全宗號一一六，案卷號123。

〔註142〕中國第二歷史檔案館編：《中國國民黨中央執行委員會常務委員會會議錄》（三十六冊），第329頁。

青年回國就學或服務於抵達國門時，由三民主義青年團各地招待所予以招待，其招待辦法，由三民主義青年團另定之。……」〔註 143〕僑生回國事務本由僑委會與教育部會同處理，但由於海外部的干預，在這裡卻由三民主義青年團來招待，明顯的是以黨務干涉行政。相關法律雖然規定海外僑社「關於文化之宣傳事項」是由僑委會負責，但海外部還是進行實際的行政行為。「海外黨報二十餘家，僑胞或稱非黨報亦六十餘家，遍佈五大洲，宣傳影響之力甚鉅，關於此類黨報及非黨報逐日重要，電訊之供給、時事新聞之報導及言論思想之指示頗為嚴重問題，本部已計劃在港籌設較大規模之華僑通訊社一所，以為供應海外各地報紙新聞材料之總機構。」「本黨黨義書刊推廣海外發行，實為當前重要宣傳工作之一，本部業與中國文化服務社總社商訂計劃大綱，先在南洋、新加坡、巴達維亞、菲律賓、安南、緬甸及美國紐約、三藩市、檀香山等重要地點設立文化服務支社或分社，並令各地黨部依照計劃發起組織。各次要地區，如澳洲、南美洲及南非洲等處，亦限於本年內著手籌備完成本黨書刊海外發行綱，現馬來亞、菲律賓兩地本黨文化界負責同志亦有以個人名義分別發動籌備進行中國文化服務社總社，並以香港辦事處為供給海外書刊總站，依照所擬定之優待辦法，給各地分社以種種便利，供給大量書刊。」〔註 144〕對待僑務事務的多重領導、指揮，勢必是對僑務行政內容的一種破壞，也是造成僑務行政主管機構趨向權力邊緣化的一種主要因素，對此身處僑務行政第一線的工作人員是深有體會的。加強僑務行政機構的建設，理清僑務職權的關係自抗戰以來一直都是僑務官員呼籲的聲音。1944 年，身居中央委員的幾個僑務委員相繼領銜提案要求加強僑務行政機構的建設。蕭吉珊等三十二人提「請明定系統，劃清職權，以利僑務案」；周啓剛等六人提「確定海外黨務僑政方針，建議國際制定互利移民政策，以利戰後事業發展」案；王泉笙等六人提「改進僑務行政機構，以加強僑務工作」案。〔註 145〕而之前在 1940 年周啓剛已提「確定護僑方針，健全僑政機構，

〔註 143〕陳鵬仁主編，劉維開編輯：《中國國民黨黨務發展史料：海外黨務工作》，第207～208 頁。
〔註 144〕陳鵬仁主編，劉維開編輯：《中國國民黨黨務發展史料：海外黨務工作》，第233 頁。
〔註 145〕中國第二歷史檔案館編：《中國國民黨中央執行委員會常務委員會會議錄》（三十七冊），第 450～451 頁。

加強僑民運動，以維國本而慰僑情」案送交國防最高委員會核議。〔註 146〕
這些中央委員的提案無疑說明，僑務機構疊床架屋，職權不清的情況已嚴重
到一定的程度。但國民黨中央似乎還是以一種不痛不癢的態度處理之。1944
年七月國防最高委員會秘書廳在致行政院秘書處一函中談及到〔註 147〕：准
院義陸字第 15535 號函送關於明定系統劃清職權以利僑務暨改進僑務行政機
構兩案。審查記錄囑查照轉陳核定見覆等由經陳奉批「交法制專門委員會核
復」。茲收審查報告稱，「查僑務行政及其指揮監督事宜近年以來不免政令紛
岐，確有明定管轄劃清職權之必要，行政院對於提案所擬意見尚屬妥適，請
准予備案，呈原函所稱改進僑務行政機構一案前經十二中全會決議『交常會
參考』副復經中央常會決議，送國防最高委員會參考，自可毋庸另行置議」
等語，復奉批「上審查意見轉報中央執行委員會」除函中央執行委員會秘書
處轉陳外相應覆請查照。由此可見，行政制度的改革是需要一定的決心與能
力的。

　　抗戰爆發後，僑務機構最重要的變動就是國民黨中央海外部的恢復，而
國民黨與華僑向來關係之基礎，海外黨部（含總部、支部、分部等）與海外
華僑社團之密切聯繫，為其開展海外僑務工作提供了極大的方便。海外部因
此逐步顯示出較僑委會更為強勢的施政能力和權力介入，成為又一大僑務工
作中樞機構。以使領館為代表的駐外機構也因戰爭的影響多有調整，但整體
上來說僑務工作對其的依賴亦有增加。至於僑委會，依然本份工作，但在前
二者特別是海外部作用得以強化的對比之下，其僑務工作的影響力顯出明顯
的弱勢。

〔註 146〕中國第二歷史檔案館編：《中國國民黨中央執行委員會常務委員會會議錄》
　　　　（三十冊），第 324 頁。
〔註 147〕「加強僑務行政機構資料四」，中國第二歷史檔案館館藏僑務委員會檔案，全
　　　　宗號二二，案卷號 7。